utb 4947

utb.

W0291026

Eine Arbeitsgemeinschaft der Verlage

W. Bertelsmann Verlag · Bielefeld
Böhlau Verlag · Wien · Köln · Weimar
Verlag Barbara Budrich · Opladen · Toronto
facultas · Wien
Wilhelm Fink · Paderborn
A. Francke Verlag · Tübingen
Haupt Verlag · Bern
Verlag Julius Klinkhardt · Bad Heilbrunn
Mohr Siebeck · Tübingen
Ernst Reinhardt Verlag · München
Ferdinand Schöningh · Paderborn
Eugen Ulmer Verlag · Stuttgart
UVK Verlagsgesellschaft · Konstanz, mit UVK/Lucius · München
Vandenhoeck & Ruprecht · Göttingen
Waxmann · Münster · New York

Soziale Arbeit studieren
Herausgegeben von Prof. Dr. Ulrike Urban-Stahl

Barbara Bräutigam

Grundkurs Psychologie für die Soziale Arbeit

Mit Online-Zusatzmaterial

Ernst Reinhardt Verlag München

Prof. Dr. *Barbara Bräutigam* lehrt Psychologie, Beratung und Psychotherapie an der Hochschule Neubrandenburg, Fachbereich Soziale Arbeit, Bildung und Erziehung.

In der Reihe Soziale Arbeit studieren bereits erschienen:

Walter, Uta M.: Grundkurs methodisches Handeln in der Sozialen Arbeit (2017, ISBN: 978-3-8252-4846-8)

Bibliografische Information der Deutschen Nationalbibliothek

Die Deutsche Nationalbibliothek verzeichnet diese Publikation in der Deutschen Nationalbibliografie; detaillierte bibliografische Daten sind im Internet über <http://dnb.d-nb.de> abrufbar.

UTB-Band-Nr.: 4947
ISBN 978-3-8252-4947-2

Printed in Germany
Einbandgestaltung: Atelier Reichert, Stuttgart
Cover unter Verwendung eines Fotos von © bloomicon / Fotolia
Satz: FELSBERG Satz & Layout, Göttingen

Ernst Reinhardt Verlag, Kemnatenstr. 46, D-80639 München
Net: www.reinhardt-verlag.de E-Mail: info@reinhardt-verlag.de

Inhalt

Hinweise zur Benutzung dieses Lehrbuches

Folgende Icons werden im Buch verwendet:

Zusammenfassung

Definition

Übungsaufgabe

Beispiel

Literatur- und Websiteempfehlungen

In den einzelnen Kapiteln gibt es Übungsaufgaben und Reflexionsfragen. Beispiellösungen finden Sie auf der Homepage des Ernst Reinhardt Verlages und der UTB GmbH bei der Darstellung dieses Titels: www.reinhardt-verlag.de, www.utb.de

Einleitung: „Alles steht Kopf" – Psychologie trifft auf Soziale Arbeit

Der US-amerikanische Computeranimationsfilm „Alles steht Kopf" von Pixar stellt auf höchst kunstvolle und sehr eingängige Art und Weise den Einfluss von Gefühlen auf das menschliche Verhalten und Erleben von Geburt an dar. Nun beschäftigt sich Psychologie nicht nur mit Gefühlen, sondern sehr viel allgemeiner mit der Beschreibung und Erklärung von menschlichem **Verhalten** und **Erleben**. Dennoch sind insbesondere die Erkenntnisse, die die Psychologie über das soziale und emotionale Erleben und Verhalten von Menschen herausgefunden hat, besonders spannend für die Soziale Arbeit:

> „Die menschliche Gattung, unsere Gewohnheiten und Sitten und die Beschaffenheit unserer Seele haben sich im Laufe der Zeit in einem unendlichen Prozess herausgebildet, der nicht mit fünf oder fünfzehn oder fünfzig oder fünfundneunzig Jahren endet […] In diesem Prozess arbeiten und konkurrieren viele Kräfte miteinander und es wäre nicht korrekt, eine davon für überlegen zu erklären. Und die Alchimie, mit der diese Wirkkräfte interagieren, ist größtenteils unbekannt, und aus diesem Grunde tut der Psychologe, der durch einen tiefen dunklen Wald tappt, gut daran, ein gerütteltes Maß an Demut und Ehrfurcht mitzubringen" (Shpancer 2011, 217).

Das gerüttelte Maß an Demut und Ehrfurcht, von dem in dem obigen Zitat die Rede ist, ist eine Haltung, die PsychologInnen und SozialarbeiterInnen gut zu Gesicht steht. Beide Professionen beschäftigen sich mit Menschen, die Psychologie wie gesagt mit der Beschreibung und Erklärung des Erlebens und Verhaltens von Menschen und die Soziale Arbeit mit Überlegungen zu Hilfe- und Unterstützungsmaßnahmen für Menschen in benachteiligten Lebenslagen. Im Unterschied zu der wissenschaftlichen Beschäftigung mit unbelebter Materie oder auch mit Objekten, wie z.B. Pflanzen oder Tieren, die uns fremder sind als Menschen, verführen Professionen, die sich mit dem Menschen beschäftigen, dazu, vorschnell davon auszugehen, dass man den anderen „verstehe". Ein eiliges und alltägliches „Ich verstehe Dich/Sie" kann nicht nur Jugendliche in den Wahnsinn treiben, sondern es führt auch dazu, dass sich z.B. KlientInnen nicht ernst und in ihrer Einzigartigkeit nicht wahrgenommen fühlen. Insofern haben Psychologie und Soziale Arbeit gemeinsam, dass sie bewusst hinter ihr Alltagswissen zurücktreten und sich einen neuen und quasi frischen Blick auf die vielfältigen und staunenswerten menschlichen Phänomene aneignen müssen, um Neues und Unerwartetes entdecken zu können und so ein tiefergehendes Verständnis ihres jeweiligen Gegenübers aufzubauen.

Die Soziale Arbeit gehört zu den Sozialwissenschaften, während Psychologie manchmal den Geisteswissenschaften und manchmal auch den Naturwissenschaften zugerechnet wird. Walach (2013) spricht sich für ein komplementäres Verständnis zwischen diesen beiden Orientierungen der Psychologie aus:

> „Psychologie muss *sowohl* Natur- *als auch* Geisteswissenschaft sein, wenn sie den Menschen in seiner Doppelnatur entsprechend verstehen und begreifen will. Denn der Mensch stellt selbst eine solche komplementäre Verbindung zweier anscheinend nicht miteinander kompatiblen Seiten dar. Er ist durch und durch Teil der materiellen Realität, Naturwesen und Produkt der Evolution und insofern auch legitimer Gegenstand der Naturwissenschaft. Auf der anderen Seite ist er der Quell- und Kernpunkt dessen, was wir unter Geist und Bewusstsein verstehen. Er produziert als Kulturwesen auch geistige, kulturelle Äußerungen, die nur mit Mitteln der Geisteswissenschaft zu verstehen und zu handhaben sind" (Walach 2013, 76).

Soziale Arbeit sieht Psychologie – neben Soziologie und Jura – seit jeher als eine ihrer zentralen Bezugswissenschaften an. Es ist nicht immer eine Liebesbeziehung gewesen; der Vorwurf soziales Leid zu individualisieren, ging in der Regel auf ein übermäßig psychologisiertes Verständnis Sozialer Arbeit zurück. Die Wichtigkeit psychologischer Erkenntnisse für die Soziale Arbeit ist allerdings nie angezweifelt worden. Die Psychologie als akademische Disziplin orientiert sich an der Medizin oder den Gesundheitswissenschaften und ignoriert die Soziale Arbeit weitgehend. In der psychologischen Praxis hingegen ist die Bedeutsamkeit Sozialer Arbeit unumstritten und auch unübersehbar; deutlich wurde dies jüngst wieder bei der psychosozialen Unterstützung von geflüchteten Menschen, die für ihre seelische Balance zwingend die Klärung äußerer Rahmenbedingungen benötigen.

Dieses Buch richtet sich an Studierende und Lehrende der Sozialen Arbeit und bietet eine Einführung in psychologische Perspektiven und Erkenntnisse. Dabei sind sämtliche Themen unter der Fragestellung aufbereitet, inwiefern die psychologische Perspektive für die Soziale Arbeit nützlich und hilfreich ist. Dieses Buch ist in der tiefen Überzeugung verfasst, dass dieser Nutzen nicht ein-, sondern wechselseitig besteht, sodass eine Einführung in die Soziale Arbeit für Studierende der Psychologie ein ebenso lohnenswertes Unterfangen wäre.

Begonnen wird mit einem kurzen historischen Überblick über die Entstehung der Psychologie als Wissenschaft, daran schließen sich drei Kapitel über entwicklungs-, allgemein- und sozialpsychologische Grundlagen an. Kapitel 5 und 6 befassen sich mit Schwerpunkten der angewandten Psychologie und vermittelt familien-, erziehungs- und klinisch-psychologische Erkenntnisse. Kapitel 7 fokussiert sich auf Methoden und persönliche Kompetenzen, in die relevante psychologische Kenntnisse einfließen und die für die Soziale Arbeit zentral sind. Im abschließenden Kapitel 8 wird beschrieben, welche Angebote in den Kontexten Bildung, Gesundheit und psychosoziale Hilfen zu welchem Zeitpunkt für wen hilfreich sein könnten und in welchen Handlungsfeldern die VertreterInnen der Psychologie und der Sozialen Arbeit sich begegnen. Zu Beginn jedes Kapitels gibt es eine kurze Zusammenfassung der wichtigsten beschriebenen Themen. Am Ende jeden Kapitels finden sich Lernfragen und Anregungen zur Diskussion sowie weiterführende Literaturhinweise.

Der mittlerweile sehr bekannte französische Soziologe Didier Eribon beschrieb eine für sich zentrale Erkenntnis seines Lebens folgendermaßen:

> „Der folgende Satz aus Sartres *Saint Genet* war entscheidend für mich: ‚Es kommt nicht darauf an, was man aus uns gemacht hat, sondern darauf, was wir aus dem machen, was man aus uns gemacht hat.' Er wurde zum Prinzip meines Lebens" (Eribon 2016, 219).

Dieses Prinzip verdeutlicht, dass Psychologie und Soziale Arbeit mit ihren unterschiedlichen Denk- und Herangehensweisen sehr eng miteinander verknüpft und in gewisser Weise auch aufeinander angewiesen sind.

1 Kleine Geschichte(n) der Psychologie

Psychologie beschäftigt sich im Wesentlichen mit den Eigenheiten des menschlichen Geistes – sie ist die Wissenschaft vom menschlichen Verhalten und Erleben. Im Rahmen dieses Kapitels soll ein Einblick in die historischen Wurzeln und einige ideengeschichtlichen Aspekte des Fachs Psychologie gegeben werden. In der Antike widmeten sich die **Medizin** der Körperheilkunde und die **Philosophie** der **Seelenheilkunde**. Eine wesentliche Frage, die die Psychologie geprägt hat, ist die, wie Menschen zu Erkenntnissen gelangen. Die unterschiedlichen Herangehensweisen empirischer, rationalistischer und hermeneutischer Strömungen weisen auf die Zwitterstellung der Psychologie zwischen Natur- und Geisteswissenschaft hin. Im 19. Jahrhundert beginnt sich die Psychologie in verschiedene Teildisziplinen zu differenzieren. Insgesamt kann zwischen der empirischen, der verstehenden und der experimentellen Psychologie unterschieden werden. Zunehmend profilierte sich die Psychologie zu Beginn des 20. Jahrhunderts als Wissenschaft vom individuellen Bewusstsein, es entwickelten sich nun drei theoretische Richtungen – der Behaviourismus, die Psychoanalyse und der Kognitivismus. Heute zählen neben dem Gesundheitsbereich Wirtschaftspsychologie, Werbepsychologie, Schulpsychologie, Rechtspsychologie, Verkehrspsychologie und Sportpsychologie zu relevanten Praxisfeldern von heute tätigen Psychologen. In der psychologischen Wissenschaft sind Ende des 20. und Anfang des 21. Jahrhunderts insbesondere Erkenntnisse aus der Traumaforschung, den Neurowissenschaften, sowie der Psychoimmunologie von großer Bedeutung.

Die Überschrift des Kapitels deutet bereits daraufhin, dass es mehr als gewagt wäre, **die** Geschichte der Psychologie erzählen zu wollen. Es werden jedoch einige ideengeschichtlichen Aspekte des Fachs skizziert, die für die Soziale Arbeit relevant erscheinen.

1.1 Frühe Vorstellungen

Psychologie ist ein griechischer Begriff und bedeutet wörtlich übersetzt die **„Lehre von der Seele"**. Erste wesentliche Überlegungen zur Beschaffenheit der Seele stammen aus der Antike und aus der griechischen Philosophie. In der Antike beschäftigte sich die Medizin mit der Körperheilkunde und die Philosophie mit der Seelenheilkunde. Bereits im 6. Jahrhundert v. Chr. entwarf die Bewegung der Orphiker eine Lehre der Seele, die auf einem **Dualismus von Körper und Seele** basierte, bei dem der Körper im Diesseits verhaftet und das Gefängnis der Seele darstelle (Schönpflug 2013). Sie stützten sich dabei auf den – mittlerweile vielfach variierten – Mythos von Orpheus und Eurydike. Dem Mythos zufolge versucht Orpheus seine geliebte verstorbene Frau Eurydike aus der Totenwelt und dem Jenseits zurückzuholen und scheitert, weil er die Bedingung der Götter, sich nach seiner Frau nicht umzusehen, nicht erfüllen kann. Bis heute symbolisiert dieser Mythos die Sehnsucht nach Unsterblichkeit.

Platon (428–348 v. Chr.) vertrat ebenfalls die Auffassung, dass Körper erst dann leben, wenn sie beseelt seien. Er verglich die Seele mit einem Gespann, das von einem Rappen und einem Schimmel gezogen würde; der Rappe verkörpere die Begierde und ziehe den Wagen in Richtung der materiellen Welt, während der Schimmel nach etwas Höherem strebe. Der Wagenlenker habe Kraft seiner Vernunft die Aufgabe, dieses Gespann durch die Welt zu steuern. Die Parallelen zu Sigmund Freuds **Strukturmodell**, bei dem das **Ich** zwischen dem **Es**, das für die **Triebe** und Begierden steht und dem **Über-Ich**, das die Moral verkörpert, vermitteln muss, sind mehr als deutlich. Bereits in Platons Seeelenmodell sind die Wurzeln für moderne psychologische Theorien verankert (Walach 2013, 106 f.).

Andere aus der Zeit der Antike übermittelte Überlegungen über die Beschaffenheit der Seele trugen eher den **Charakter von Typologien:**

> „Eine rein äußerliche Typologie hat etwa Hippokrates (ca. 460–370 v. Chr.) vorgestellt. Er unterteilte die Menschen in schlanke, asthenische auf der einen Seite und in dicke, pyknische Typen auf der anderen Seite. Seine Anhänger, die Hippokraten, haben dem eine innere Typologie hinzugefügt, die nichts anderes war als eine Safttheorie. Satttheorien gehen davon aus, dass im Körper vier verschiedene Säfte (Blut,

> schwarze und gelbe Galle, sowie Phlegma) zirkulieren und immer dann, wenn das Verhältnis der Säfte nicht perfekt ausbalanciert ist, etwas schiefgehen kann. Derjenige der Säfte, der überwiegt, kann den Charakter des Menschen dominieren" (Hecht/Desnizza 2012, 104).

Laut diesen Theorien stehen die vier Säfte für jeweils ein Element und für ein **Temperament.** Die schwarze Galle (Wasser) deute, so die Annahme, auf ein überwiegend melancholisches und schwermütiges, die gelbe Galle (Luft) auf ein cholerisches, aufbrausendes, das Blut (Feuer) auf ein wechsel- und launenhaftes und das Phlegma (Erde) auf ein träges Temperament hin. Die Lehre von den Säften kann zwar getrost als überholt betrachtet werden. Die Existenz unterschiedlicher und von Geburt an bestehender Temperamente hingegen ist bis heute unbestritten (s. Kapitel 2.3.3).

Zwei weitere philosophische Strömungen der Antike, die sich mit dem Wesen der Seele auseinandersetzten, sind die **Stoiker** und die **Epikureer.** Die Stoiker stellten die Selbstkontrolle in den Mittelpunkt. Gefühle und Begierden sind ihnen zufolge schädlich, die Seele müsse vor emotionaler und triebhafter Erregung bewahrt werden. Epikur (341–271 v. Chr.) hingegen propagierte, dass Lust und Sinnesempfindungen in Maßen durchaus wichtig für das seelische Wohlbefinden seien (Schönpflug 2013).

Platons Schüler Aristoteles (384–322 v. Chr.) entwickelte eine monistische Seelenlehre, d.h., er ging nicht mehr von einer grundsätzlichen Zweiteilung zwischen Körper und Seele aus. Er differenzierte vielmehr zwischen der **vegetativen Seele,** die alle Organismen besäßen, der **animalischen Seele,** die Tiere und Menschen hätten und für die Begierden, Empfindungen und die Fortbewegung zuständig sei, und zum dritten zwischen der dem Menschen eigenen **Geistesseele,** die die Fähigkeit zur Logik bedeute. Im späteren Mittelalter griff Thomas von Aquin (1225–1274) die aristotelische Seelenlehre wieder auf und verband sie mit dem frühmittelalterlichen Seelenbegriff von Augustinus (354–430 n. Chr.). Augustinus betrachtete die Seele unter einem metaphysischen und nach dem Himmlischen strebenden Aspekt und

> „... unter einem empirischen Aspekt des Selbst, weil es sich in seiner eigenen Erfahrung widerspiegelt. Jene in der Selbsterfahrung sich

spiegelnde Seele ordnete Augustinus […] dem Diesseits zu" (Schönpflug 2013, 77).

Insofern kann man also Augustinus als einen der ersten Denker bezeichnen, der die **Bedeutung von Selbsterfahrung** und Nachdenken über sich selbst erkannte. Im Mittelalter hat sich die Seelenkunde zwar ansonsten nur wenig entwickelt (Hecht/Desnizza 2012, 109); mit Beginn der Reformation und dem zunehmenden Interesse am Verstehen des Menschen avancierte die Seelenkunde aber schließlich zu einem eigenen Forschungsgebiet.

Insgesamt bleibt festzuhalten, dass die Auseinandersetzung mit der Beschaffenheit der menschlichen Seele zunächst den Philosophen vorbehalten blieb und sich vieles um die Frage rankte, aus welchen Teilen die Seele denn bestehe und ob sie getrennt vom Körper existiere.

1.2 Unterschiedliche Wege zum Erkenntnisgewinn

Mit dem Interesse für den Menschen geht auch die Neugier einher, wie dieser eigentlich wahrnehmen bzw. überhaupt Erfahrungen machen und diese einordnen könne. Theorien hierüber werden als **„Erkenntnistheorien"** bezeichnet. Bis heute existieren in der Psychologie, aber auch in der Sozialen Arbeit, sehr unterschiedliche forscherische Zugänge und Annahmen, wie und vor allem wie voraussetzungsfrei neue wissenschaftliche Erkenntnisse gewonnen werden können. Daher werden im Folgenden drei zentrale Strömungen, die für das Verständnis der psychologischen Perspektive wichtig sind, erläutert.

Nach der **empiristischen Erkenntnistheorie** von John Locke (1632–1704)basiert die menschliche Erkenntnis ausschließlich auf sinnlichen Erfahrungen. Locke zufolge gibt es keine angeborenen Ideen; der Zuwachs an Erkenntnis ergibt sich aus der Reflexion der Erfahrungen, aus der dann wiederum neue Erkenntnisse gewonnen werden können. Der **Empirismus** geht also davon aus, dass es keine allgemeingültigen Gesetze gibt und dass der Mensch rein auf Grund seiner Erfahrungen so geworden ist, wie er ist.

Im Gegensatz dazu geht der **Rationalismus** davon aus, dass Vernunft für den Erkenntnisprozess eine wesentliche Voraussetzung ist. Als Begründer der **rationalistischen Erkenntnistheorie** gilt René Descartes (1596–1649).

> „Rationalisten setzen auf die Vernunft als Erkenntnisquelle. Dementsprechend fordert Descartes (1972), die Erkenntniskraft sei darauf auszurichten, „dass sie über alles, was vorkommt, unerschütterliche und wahre Urteile herausbringt" (S. 3). Die Regel verlangt, dass wir an allem zweifeln, was uns für gewöhnlich verlässlich scheint, nämlich unsere Sinne, unser Körper, unser Gedächtnis, unsere Sprache etc. Der Zweifel findet ein Ende, wenn uns dank der Vernunft bewusst wird, dass wir zwar alles bezweifeln können, nicht aber die Tatsache, *dass* wir zweifeln. Im *Vollzug* des Zweifels gibt es eine Evidenz, die uns als unbezweifelbar wahr erscheint" (Herzog 2012, 49).

Zentrale Punkte an Descartes Theorie sind also sein genereller Zweifel an der Möglichkeit wahrer Erkenntnis und seine strikte Trennung zwischen Geist und Materie. Immanuel Kant (1724–1804) wies in seinem Werk „Kritik der reinen Vernunft" daraufhin, dass Erkenntnisse zwar sehr wohl empirisch gewonnen werden, es aber „apriorische Vorbedingungen" von Erfahrungen gäbe. Vor aller Erfahrung müssen also bereits geistige Strukturen vorhanden sein, um Erfahrungen überhaupt machen bzw. verarbeiten zu können (Walach 2013, 181 f.).

Diese beiden erkenntnistheoretischen Strömungen sind für das Verständnis unterschiedlicher „Schulen" in der Psychologie zentral (Schönpflug 2013). Es zeigt sich darin auch die in der Einleitung beschriebene Zwitterstellung der Psychologie zwischen Natur- und Geisteswissenschaft.

Ein dritter wesentlicher Zugang, um zu Erkenntnis zu gelangen, besteht in der **Hermeneutik**, die auf Wilhelm Dilthey (1833–1911) zurückgeht. Hermeneutik ist die Lehre der Auslegung und des ganzheitlichen Verständnisses von sprachlichem Material. Die Besonderheit an einem hermeneutischen Zugang liegt in der Betonung der Subjektivität des Erkennenden und Verstehenden; demzufolge gibt es keine objektive Erkenntnis unabhängig vom Wahrnehmenden selbst.

„*Wilhelm Dilthey* war es, der diese Lehre dann philosophisch vertieft hat und darauf hinwies, dass im Grunde die gesamte Geisteswissenschaft verstehender Natur sei, da sie es mit kulturellen Äußerungen der Menschen zu tun habe und also hermeneutische Verfahren anwenden müsse, während die Naturwissenschaften quantifizierend-erklärender Art sind" (Walach 2013, 368).

1.3 Wilhelm Wundt und die Anfänge der akademischen Psychologie

Im 19. Jahrhundert beginnt sich die Psychologie in verschiedene Teildisziplinen zu differenzieren, so z.B. in die Tierpsychologie, die Völker- und Sozialpsychologie und die Psychopathologie. Man unterscheidet weiterhin zwischen einer allgemeinen und einer differentiellen Psychologie. Die **allgemeine Psychologie** nimmt die Gemeinsamkeiten von Menschen und die **differentielle Psychologie** individuelle Unterschiede zwischen Menschen in den Blick; darum wird letztere auch als **Persönlichkeitspsychologie** bezeichnet. Die Unterscheidung zwischen allgemeiner und differentieller Psychologie gilt bis heute:

„Die allgemeine Psychologie beschäftigt sich mit den psychischen Erscheinungsweisen des normalen Menschen und sucht die allgemeingültigen Gesetze ausfindig zu machen, welcher ihr zugrunde liegen" (Schermer 2011, 42).

Die **allgemeine Psychologie** befasst sich also mit der Beschaffenheit allgemeingültiger psychologischer Mechanismen, wie z.B. Wahrnehmungs-, Gedächtnis-, Motivations- und Lernprozesse (Kapitel 3). Die **Persönlichkeitspsychologie**, die aus der bereits in der Antike bestehenden **Charakterologie** hervorgegangen ist, beschäftigt sich hingegen mit der Lehre von den Persönlichkeitseigenschaften, der Bestimmung von Individualität und der Integration individueller Eigenschaften in die Einheit der Person:

„Innerhalb der Charakterkunde hat sich ein Schwerpunkt gebildet, welches das Prinzip der ganzheitlichen Ordnung psychischer Fähigkeiten und Motive sowie das Prinzip der Einzigartigkeit von Personen in den Mittelpunkt gestellt hat. Dieser Schwerpunkt hat erst später einen eigenen Namen enthalten: Persönlichkeitspsychologie" (Schönpflug 2013, 225).

Wilhelm Wundt (1832–1920) gründete 1879 in Leipzig das erste psychologische Laboratorium und gilt als der Vater der modernen und akademischen Psychologie. Auf Wundt geht der Begriff der **Introspektion** zurück, der Selbstbeobachtung bedeutet. Wundt verstand darunter die bewusste und systematische **Beobachtung** des eigenen **Verhaltens** und Erlebens. Um die Bedingungen dieses Beobachtungsvorganges kontrollieren zu können, setzte Wundt das **Experiment** ein, das es ermöglichte, psychische Vorgänge gezielt hervorzurufen, zu erzeugen und dann zu beobachten. Für Wilhelm Wundt stand die **Erforschung der unmittelbaren Erfahrung** im Zentrum der akademischen Disziplin der Psychologie:

> „Ihre Aufgabe ‚besteht in der Erforschung dessen, was wir im Gegensatze zu den Gegenständen der äußeren Erfahrung […] die innere Erfahrung nennen: in unserem eigenen Empfinden und Fühlen, Denken und Wollen. Der Mensch selbst, nicht wie er von außen erscheint, sondern wie er unmittelbar sich selber gegeben ist – er ist das eigentliche Problem der Psychologie" (Wundt 1919, 1).

Ebenfalls im 19. Jahrhundert beginnt die gezielte Beobachtung von Kindern. Wissenschaftlich, erzieherisch und literarisch interessierte Väter wie Jean Piaget und Charles Darwin veröffentlichen Beobachtungen über ihre Kinder. Hierbei wird bereits ein Grundstein für entwicklungspsychologische Forschung gelegt.

Insgesamt kann im 19. Jahrhundert – grob verallgemeinert – zwischen drei großen Strömungen der Psychologie unterschieden werden: **1. die empirische Psychologie,** die Psychologie als Erfahrungswissenschaft begreift; **2. die verstehende Psychologie,** die davon ausgeht, dass das Verständnis eines anderen Menschen aus der unmittelbaren Begegnung zwischen zwei Subjekten hervorgeht; und **3. die experimentelle Psychologie,** die versucht, Aspekte der Wahrnehmung, der Motivation und des Gedächtnisses mittels erster psychophysiologischer Messungen zu untersuchen.

1.4 Zwischen Skinner, Freud und Piaget: Psychologie differenziert sich

Im 19. Jahrhundert hatte sich die akademische Psychologie zunächst als Wissenschaft vom individuellen Bewusstsein profiliert. Ab Ende des 19. Jahrhunderts entwickelten sich nun drei theoretische Richtungen, die bis heute in der Psychologie und auch für die unterschiedlichen psychotherapeutischen Schulen eine wesentliche Rolle spielen: der **Behaviourismus** nach Skinner, die **Psychoanalyse** nach Freud und der **Kognitivismus** nach Piaget.

Als wichtigste Vertreter des **Behaviourismus** gelten die US-Amerikaner John Watson (1878–1958) und B. F. Skinner (1904–1990). Dem Behaviourismus zufolge muss sich die Psychologie auf die Beobachtung und die Veränderung von Verhalten beschränken. Innere Prozesse werden als nicht greifbare und wissenschaftlich erfassbare Vorgänge verstanden. Eine Grundidee des Behaviourismus besteht darin, dass sämtliches Können und alle Eigenschaften von Menschen auf Lernerfahrungen beruhen. Im Fokus steht also die Frage: Wie wird gelernt? Unterstützt wurde dieser Ansatz durch die unabhängig entwickelten Arbeiten des russischen Physiologen Iwan Pawlow (1849–1936), der durch seine Experimente mit Hunden entdeckte, wie Verhalten durch die Kopplung an Außenreize gesteuert werden konnte (s. Kapitel 3.6.1).

Sigmund Freud (1856–1938) als der Vater der **Psychoanalyse** legte mit seiner Idee, dass seelische Störungen ihren Ursprung in einer unbewussten Dynamik haben und auf ungelösten frühkindlichen, vornehmlich sexuellen Konflikten basieren, den Grundstein für psychodynamische Theorien und für die Behandlungsidee einer Art Sprechkur. Interessanterweise wird die Psychoanalyse an vielen deutschen psychologischen Fakultäten heute fast gar nicht mehr gelehrt, weil sie als unwissenschaftlich und nicht ausreichend empirisch belegt gilt; sie ist hingegen an religions- oder literaturwissenschaftlichen Lehrstühlen relativ präsent. Die Psychoanalyse stellt nach wie vor eine der bedeutsamsten Theorien über die menschliche Seele und deren Eigenarten dar und ist auch für die psychosoziale Handlungspraxis (s. Kapitel 6.4) relevant.

Als dritte große Richtung ist der **Kognitivismus** zu benennen, in dessen Zentrum die Theorie der Erkenntnis und das Bewusstsein im Sinne von Einsicht und Vernunft stehen. Einer der berühmtesten Vertreter des Kognitivismus ist der Entwicklungspsychologe Jean Piaget (1896–1980), der sich intensiv mit der Entwicklung geistiger Strukturen (s. Kapitel 2.6) befasste.

1.5 Die Rolle der Psychologie in der NS-Zeit und ihre Nachwirkungen

Die bedeutenden Entwicklungspsychologen Charlotte und Karl Bühler, der Wahrnehmungspsychologe Kurt Goldstein, der wichtige neuropsychologische Grundlagen schuf, Paul Lazarsfeld als der Ideengeber der Marienthalstudie, Max Wertheimer als Vater der **Gestaltpsychologie**, William Stern als Begründer der Persönlichkeitspsychologie und Erfinder des Intelligenzquotienten, Kurt Lewin als Schöpfer der Feldtheorie: Sie sind nur einige wenige Beispiele für eine Vielzahl von wegweisenden Psychologen, die während der NS-Zeit auf Grund ihrer jüdischen Herkunft oder abweichender politischer Überzeugungen ihre Stellung in Deutschland verloren oder emigrieren mussten.

Gleichwohl – die Geschichte der Psychologie in der NS-Zeit ist nicht nur die Geschichte der Verfolgung und Vertreibung ihrer Mitglieder. Sie ist ebenso eine Geschichte der Mittäterschaft. Darüber hinaus hat sich die Psychologie als eigenständige akademische Disziplin in dieser Zeit etabliert:

> „Zur Wahrheit gehört jedoch auch, dass die Psychologie in Deutschland der NS-Herrschaft ihre Etablierung als eine eigenständige akademische Disziplin verdankt, losgelöst von Philosophie und Medizin. Mit der Einführung der Diplomstudienordnung für das Fach Psychologie im Jahre 1941 wurde ein Curriculum entwickelt, das der Psychologie nach dem 2. Weltkrieg die Einrichtung von Lehrstühlen für Psychologen erst ermöglichte (vgl. Geuter 1984a). Hierbei spielte die individuelle Anpassung aufgrund opportunistischer Erwägungen an die herrschende NS Ideologie ebenso eine Rolle wie der Versuch, die psychologischen Erkenntnisse der Diagnostik vor allem in der Wehrpsychologie und Berufsberatung nutzbar zu machen" (Wolfradt 2017, 1 f.).

Während der **NS-Zeit** arbeiteten nicht wenige Psychologen als Wehrpsychologen und profitierten von der damit verbundenen

Verbeamtung. Eine Mitgliedschaft in der NSDAP konnte dazu beitragen, eine gesicherte Anstellung an Universitäten oder anderen staatlichen Stellen zu erhalten. Auch bei der Entwicklung einer Rassenpsychologie wirkten Psychologen mit. Besonders populär waren in dieser Zeit psychologische Lehren, die biologisch-organische Charakterologien propagierten und einen völkischen Gemeinschaftsgedanken betonten. Insgesamt war die Psychologie, die häufig mit der stark jüdisch geprägten Psychoanalyse gleichgesetzt wurde, den NS-Machthabern zwar suspekt, dennoch wurden z.B. völkische Rassegedanken von Psychologen in bestehende Persönlichkeitskonzepte integriert (Geuter 1985, Wolfradt 2017).

Es gibt einige Beispiele dafür, dass psychologische Wissenschaftler, die offensiv nationalsozialistisches Gedankengut vertraten, auch nach dem zweiten Weltkrieg wichtige akademische Positionen bekleideten. Hierzu gehört der bekannte Ausdruckspsychologe Philipp Lersch, der sich 1941 offen für das Euthanasieprogramm der Nazis ausgesprochen hatte, von 1942–1968 in München lehrte und von 1953–1955 Präsident der Deutschen Gesellschaft für Psychologie war. Ein anderes Beispiel ist die Entwicklungspsychologin Hildegard Hetzer, die sich zwar zeitweise mit der NS-Führung überwarf, aber dennoch 1942 Charaktergutachten über polnische Kinder erstellte, die über deren mögliche Umerziehung oder auch potenzielle Vernichtung entschieden. Sie wurde 1961 zur Psychologieprofessorin in Gießen berufen und erhielt zahlreiche Ehrungen und Preise.

Nur wenige PsychologieprofessorInnen wurden im Zuge der Entnazifizierung ihrer Hochschulämter enthoben. Insofern konnte gerade in den damaligen Westzonen von einer gewissen personellen und inhaltlichen Kontinuität von Lehre und Forschung seit der Zeit des Nationalsozialismus ausgegangen werden. Die seit 1941 bestehende und bis in das neue Jahrtausend fast unveränderte Diplomprüfungsordnung ist ein Ausdruck dieser Kontinuität (Häcker/Stapf 2009).

Während sich ansonsten in der Bundesrepublik Deutschland bis Ende der 1980er Jahre im psychotherapeutischen Bereich tiefenpsychologische, verhaltenstherapeutische, humanistische und familientherapeutische Verfahren nebeneinander entwickelten, dominierten in der ehemaligen DDR angelehnt an die sowjetische

Ideologie zunächst Entspannungs- und Hypnoseverfahren. Psychoanalytische Verfahren waren verpönt, erst Anfang der 1970er Jahre lockerte sich dieses. Das Ausmaß an Bespitzelung durch PsychologInnen ist bis heute nicht bekannt, es ist aber gesichert, dass das Ministerium für Staatssicherheit Psychotherapeuten angeworben hat, um deren Patienten auszuspionieren (Sonnenmoser 2009).

1.6 Psychologie heute

Der Kanon der universitär gelehrten Psychologie besteht heute im Allgemeinen in der Lehre der Entwicklungspsychologie, Sozialpsychologie, Persönlichkeitspsychologie, der allgemeinen Psychologie, der pädagogischen Psychologie, der klinischen Psychologie, der biologischen Psychologie und der Arbeits- und Organisationspsychologie (Röhner/Schütz 2012). In der Bundesrepublik entwickelte sich in den 1970er Jahren maßgeblich um Klaus Holzkamp (2003) an der FU Berlin zusätzlich die kritische Psychologie, die sich programmatisch die Reflexion gesellschaftlicher Zwänge zum Ziel gesetzt hatte und insofern eine besondere Nähe zu Ansätzen der Sozialen Arbeit aufweist.

Heute beschäftigt sich die psychologische Forschung mit einer Vielzahl von Themen. Aus Perspektive der Sozialen Arbeit sind z.B. Erkenntnisse aus der Traumaforschung, die u.a. die Entdeckung von Körpergedächtnissymptomen und innerfamiliärem Missbrauch als Verursacher komplexer posttraumatischer Stress-Syndrome (Cole/Putnam 1992, van der Kolk 2000, Fegert 2015) hervorbrachte, sehr interessant. Seit ein paar Jahren verändern Erkenntnisse über die Bedeutung epigenetischer Kontrollmechanismen (Roth/Strüber 2014) – d.h., dass auch erworbene Eigenschaften an nächste Generationen vererbt werden können – den Blick auf individuelle Entwicklungsbedingungen. Aber auch die Weiterentwicklung der Neurowissenschaften und der Psychoimmunologie – also wie psychische Mechanismen das Immunsystem stärken oder auch schwächen können – geben einen Ausblick auf die Verwobenheit körperlicher, seelischer und kontextueller Faktoren.

Schönpflug, W. (2013): Geschichte und Systematik der Psychologie. 3. vollst. überarb. Aufl. Beltz, Weinheim

Walach, H. (2013): Psychologie. Wissenschaftstheorie, philosophische Grundlagen und Geschichte. Ein Lehrbuch. 3. überarb. und erw. Aufl. Kohlhammer, Stuttgart

Was verstanden die Orphiker unter der Seele?

Wie werden die unterschiedlichen Temperamente laut den Safttheorien beschrieben?

Differenzieren Sie empiristische, rationalistische und hermeneutische Zugänge zu Erkenntnis.

Worin unterscheidet sich die allgemeine von der differentiellen Psychologie?

Skizzieren Sie die unterschiedlichen grundsätzlichen Fragen, die den Behaviourismus, die Psychoanalyse und den Kognitivismus beschäftigen.

2 Entwicklungspsychologie

Das Fachgebiet der **Entwicklungspsychologie** beschäftigt sich mit den Veränderungen und stabilen Faktoren menschlichen Erlebens und Verhaltens. Die Vorstellungen davon, wie Entwicklung sich zeigt und durch was sie verursacht wird, haben sich im 20. Jahrhundert stark verändert. Die moderne Entwicklungspsychologie betrachtet Entwicklung über die gesamte Lebensspanne, betont die Variabilität in Entwicklungsverläufen und versteht Entwicklung als kontextabhängig. Im Fokus dieses Kapitels steht zum einen die Betrachtung der unterschiedlichen Lebensalter. Hierzu zählen Entwicklungsfaktoren und Risiken in der Schwangerschaft, die frühe Entwicklung kognitiver, emotionaler und selbstregulatorischer Prozesse. Weiterhin werden die vielfältigen Transformationsprozesse im Jugendalter sowie die entwicklungsbezogenen Herausforderungen im mittleren und höheren Erwachsenenalter beschrieben. Zum anderen wird der Blick auf verschiedene Aspekte der sozioemotionalen Entwicklung gelenkt sowie auf die unterschiedlichen Kontexte und Rahmenbedingungen, die sich förderlich – oder eben auch nicht – auf die individuelle Entwicklung auswirken. Dazu zählt die Bindungsentwicklung, die die angeborene soziale Motivation beschreibt, nahe Beziehungen einzugehen sowie die Entwicklung von Mentalisierung und Empathie.

> „Entwicklungspsychologen versuchen herauszufinden, wie Menschen sich unter verschiedenen Rahmenbedingungen entwickeln. Sie beachten dabei verschiedene Dimensionen, z. B. die kognitive, emotionale oder soziale Entwicklung. Von besonderer Wichtigkeit ist dabei, möglichst allgemeine Entwicklungsgesetze zu entdecken und die unterschiedlichen Bedingungen für gelingende Entwicklungsverläufe zu erfassen" (Wälte et al. 2011, 15).

Ganz allgemein kann man sagen, dass sich Entwicklungspsychologie mit **Veränderungen** und **Stabilitäten** des menschlichen Erlebens und Verhaltens beschäftigt. Dabei betrachtet sie die innerhalb eines Individuums ablaufende Entwicklung (intraindividuell) und die Entwicklung mehrerer Menschen im Vergleich (interindividuell). Anhand des folgenden Fallbeispiels sollen die Nützlichkeit und Notwendigkeit entwicklungspsychologischer Kenntnisse in der Praxis der Sozialen Arbeit dargestellt werden:

> Im Rahmen einer Supervision stellt eine Sozialarbeiterin den Fall der 4-jährigen Lisa dar, die sich in ihrer Kindergartengruppe auffällig verhält, indem sie sich sehr zurückgezogen zeigt, sich kaum verbal äußert und sich von der Erzieherin nur schwer in das Gruppengeschehen integrieren lässt. Die Sozialarbeiterin hat nun die Aufgabe, Lisa in ihren sozialen Kompetenzen zu fördern. Aus der Vorgeschichte des Mädchens wird deutlich, dass es in der 25. Schwangerschaftswoche als sehr frühe Frühgeburt zur Welt kam und beide Eltern drogenabhängig waren. Die leibliche Mutter, die zum Zeitpunkt der Geburt noch minderjährig war, brachte den drei Monate alten Säugling zu ihrer Mutter, die sich seitdem um das Kind kümmert. Lisa erhielt Physio-, Ergo- und Logopädie und wird von beiden Großeltern liebevoll und innig betreut, wobei beide selbst sozial sehr zurückgezogen leben und andere Menschen so gut wie nie zu Besuch kommen. In der Videoaufnahme einer Spielsituation eines Regelspiels, die die Sozialarbeiterin mit in die Supervision bringt, wird deutlich, dass Lisa ihrer Spielkameradin im Zählen und auch im Begreifen des Spielverlaufs kognitiv weit überlegen ist, das andere Mädchen aber hohe soziale und verbale Kompetenzen zeigt, in dem es z. B. laut überlegt, wie es jetzt wohl weiterspielen könne, und Lisa auch um Hilfe bittet.

Um Lisa unterstützen zu können, muss die Sozialarbeiterin u.a. die besonderen **Entwicklungsbedingungen**, die Lisa geprägt haben, verstehen und einordnen können. Auf welchem Entwicklungsstand ist Lisa, und wie stellt sich dieser im Vergleich zu anderen Kindern dar?

Im Falle von Lisa sind relevante Rahmenbedingungen z.B. ihre frühe Geburt in der 25. Schwangerschaftswoche und der Drogenkonsum ihrer leiblichen Mutter einerseits und die sehr gute und stabile Bindung an die Großmutter sowie die diversen Förderungen durch Physio-, Ergo- und Logopädie andererseits. Lisa entwickelt sich in den einzelnen Funktionsbereichen (sozial, kognitiv, emotional, motorisch) unterschiedlich; so ist sie kognitiv ihrer Spielkameradin überlegen, im sozialen Bereich hingegen hat sie noch Nachholbedarf. Warum diese Aspekte aus entwicklungspsychologischer Perspektive relevant sind und warum die Fachkraft aus der Sozialen Arbeit sie benötigt, um Lisa und ihre Familie adäquat in ihrem Umfeld unterstützen zu können, wird in den folgenden Kapiteln deutlich.

2.1 Entwicklungspsychologie in der Sozialen Arbeit

Entwicklungspsychologische Kenntnisse sind im Feld der Sozialen Arbeit vor allem aus zwei Gründen hoch relevant. Der erste Grund bezieht sich auf die lebensalterbezogenen Bedürfnisse und auf anstehende **Entwicklungsaufgaben**. Der Psychoanalytiker Erik Erikson (1902–1994) entwarf ein Stufenmodell psychosozialer Entwicklung (Erikson 1988), bei dem er jedem **Lebensalter** bestimmte Themen zuordnete, die im Spannungsfeld zwischen individuellen Bedürfnissen und den umweltbedingten Anforderungen entstehen. Im ersten Lebensjahr manifestiert sich dieses Spannungsfeld beispielsweise zwischen Ur-Vertrauen vs. Ur-Misstrauen, d.h., in dieser Phase entscheidet sich, ob das Kind von seiner Umwelt so getragen und versorgt wird, dass es ein grundsätzliches Vertrauen in menschliche Beziehungen entwickeln kann. Auch wenn die von Erikson beschriebenen Stadien auf Grund der heutigen Diversität von Biographien mittlerweile sehr normativ erscheinen, sind viele der genannten Spannungsfelder nach wie vor aktuell und werden von aktuellen bindungstheoretischen Befunden (s. Kapitel 2.3) gestützt.

Das Konzept der **Entwicklungsaufgaben** wurde erstmals von Robert J. Havighurst (1948/1982) beschrieben und betrachtet das Leben unter dem Fokus einer Abfolge von zu bewältigenden Anforderungen. Anstehende Entwicklungsaufgaben werden im Wechselspiel zwischen äußeren bzw. inneren Anforderungen von Kindern und Jugendlichen je nach der physischen Reife, des kulturellen Drucks und individueller Zielsetzungen und Werte gelöst (Petermann et al. 2004, Resch 1999). Das erfordert die Fähigkeit zur **Selbstregulation**, d.h., Kinder und Jugendliche müssen sich angesichts der Konfrontation mit den unterschiedlichen Anforderungen immer wieder mit bestimmten Gefühlen – z.B. Überforderungsgefühle, Ängste – auseinandersetzen und dennoch handlungsfähig bleiben.

Bei der Arbeit mit Kindern und Jugendlichen, aber auch bei

der Arbeit mit älteren Menschen sind also bestimmte von den Klienten zu leistende Entwicklungsaufgaben zu berücksichtigen. Bei kleineren Kindern, wie bei Lisa, zählt die Integration in die Kindergartengruppe dazu, bei Schulkindern der regelmäßige Schulbesuch und eine Konzentrationsleistung über 45 Minuten und bei Jugendlichen eine zunehmende Verselbständigung. In der Phase der **Adoleszenz** vollziehen sich komplexe körperliche, geistige und seelische Veränderungen, die einen Übergang zum Erwachsenwerden markieren (Fend 2013). Dazu zählen neben Ablösung und dem Eingehen neuer Bindungsbeziehungen u.a. auch die Aufgaben von Bildungsnotwendigkeit und Qualifikation, die Entwicklung einer Zukunftsperspektive, von Verantwortlichkeit, von Partizipation, sprich der Ausbildung eines ethischen und politischen Bewusstseins (Albert et al. 2010, Resch/Lehmkuhl 2015). Bei älteren Menschen zählt die Auseinandersetzung mit dem drohenden oder bereits erfolgten Verlust bestimmter Fähigkeiten zu den zentralen Herausforderungen (Lindenberger 2012); darüber hinaus kann aber auch die Ausbildung von **Generativität** eine wichtige Entwicklungsaufgabe in diesem Lebensabschnitt darstellen:

> „Gemeint ist die aktive Sorge um die nachfolgende Generation mit der angestrebten Verbesserung ihrer Lebensbedingungen und Chancen. Dies beinhaltet die Fähigkeit, von sich selbst absehen zu können, für andere da zu sein und das erworbene Wissen und die Erfahrungen in eine Art ‚Weltverbesserung' einzubringen" (Rass 2011, 156)

Diverse biologisch, psychologisch oder sozial bedingte Gründe können dazu führen, dass Menschen Schwierigkeiten haben, Entwicklungsaufgaben zu bewältigen. Diese Schwierigkeiten bestimmen zu einem nicht geringen Anteil den Unterstützungsbedarf durch Fachkräfte der Sozialen Arbeit. Störungen in der Entwicklung oder auch manifeste psychische Störungen können insbesondere bei Kindern und Jugendlichen oftmals als Ausdruck von Überforderung verstanden werden, wenn die erforderliche Selbstregulation unter komplizierten und vielschichtigen inneren und äußeren Umständen nicht mehr symptomfrei geleistet werden kann (Resch 1999, Metzmacher 2004).

> „Aus dem Blickwinkel der Entwicklungspsychopathologie liegt der Schlüssel für das Verständnis einer gegebenen Störung darin, sie vor dem Hintergrund der wesentlichen Themen derjenigen Entwicklungs-

periode, in der sie auftritt, zu betrachten, und nach misslungenen Anpassungsversuchen die wesentlichen Themen dieser und/oder früherer Entwicklungsperioden zu suchen"(Marvin 2003, 111 f.).

Störungen können somit auch als „kompetente Lösungsversuche" (Marvin 2003) angesehen werden, um sehr ungünstige Umweltbedingungen individuell zu kompensieren. Bei Lisa kann ihre soziale Zurückgezogenheit z.B. als Versuch angesehen werden, sich selbst am besten zu schützen; auch diese Komponente sollte bei der Auswahl möglicher Hilfen berücksichtigt werden.

Der zweite Grund, warum entwicklungspsychologische Kenntnisse für Fachkräfte der Sozialen Arbeit wichtig sind, besteht in der **Fähigkeit zur Differenzierung** zwischen entwicklungsangemessenen bzw. erwartbaren Verhaltensweisen und überfordernden bzw. unterfordernden Ansprüchen an die jeweiligen Menschen. Die Erwartung von Eltern, dass ihr drei Monate altes Kind durchschläft, ist zwar ausgesprochen verständlich, aber aus entwicklungspsychologischer Perspektive nicht angemessen. Gleichzeitig kann einem 12-jährigen Kind in der Regel zugemutet werden, allein zur Schule zu gehen und nicht von seinen Eltern ständig begleitet zu werden. Entwicklungspsychologie bietet somit eine normative Orientierungsfolie, auch wenn diese, wie in Lisas Fall, durchaus kritisch zu hinterfragen ist. Auf Grund von Lisas biologischer Vorgeschichte ist z.B. nicht zu erwarten, dass sie mit vier Jahren bereits in allen „Funktionsbereichen" altersentsprechend entwickelt ist.

2.2 Der Entwicklungsbegriff und Entwicklungsmodelle

„Es kann schon nicht alles so bleiben
Hier unter dem wechselnden Mond
Es blüht eine Zeit und verwelket
Was mit uns die Erde bewohnt […]" (August von Kotzebue, 1802).

Vereinfacht könnte man sagen, dass **Entwicklung Veränderung über die Zeit** bedeutet. Die meisten EntwicklungspsychologInnen gehen allerdings davon aus, dass es sich dabei um Veränderungen handelt, die **lebensalterbezogen, langfristig und geordnet** verlaufen

(Ulich 2005). Nach dieser Auffassung wäre also eine kurzfristige Veränderung des Gemütszustandes, wie z.B. eine depressive Episode, keine Entwicklung. Hingegen ist eine fortschreitende Erkrankung im höheren Lebensalter, wie z.B. Demenz, durchaus als Entwicklung zu verstehen.

Ein erweiterter Entwicklungsbegriff beinhaltet alle längerfristig wirksamen Veränderungen von Kompetenzen, also alle bleibenden sowie kurzzeitigen Veränderungen, die weitere Veränderungen nach sich ziehen (Flammer/Alsaker 2002).

Es gibt sehr unterschiedliche Vorstellungen und Ideen davon, wie **Entwicklung** von statten geht. Dies wird beispielhaft deutlich an unterschiedlichen Vorstellungen von Kindheit und des angemessenen Umgangs mit Kindern (Ariès 1975; deMause 1989; Dornes 2012). Philipp Ariès zeichnet in seinem berühmten Buch „Geschichte der Kindheit" (1975) den Wandel des Kindheitsbegriffs nach und macht die Relativität und die historische Eingebundenheit des Begriffs der Kindheit, so wie wir ihn heute verstehen, deutlich. Nach dem Historiker Lloyd deMause (1989) ist das Verständnis von Kindheit und den Bedürfnissen von Kindern bis ins 20. Jahrhundert zum einen als eine Art Abnahme eines Alptraums zu verstehen. Dieser reichte von systematischen Kindermorden in der Antike (Herodes) über die in manchen Ländern bis heute bestehende gnadenlose Ausbeutung von Kindern als Arbeitskraft bis hin zur gesetzlichen Ächtung von Gewalt in der Erziehung in Deutschland im Jahre 2000 der Erziehung. Zum anderen weist Martin Dornes (2012) darauf hin, dass Kinder zwar zum einen kontinuierlich mehr Rechte erhielten, aber dafür umso mehr an Freiheiten einbüßten.

Im 17. und 18. Jahrhundert herrschte die Vorstellung vor, dass das Kind ein kleiner Erwachsener sei und keiner spezifischen Lebensräume bedürfe. Eine andere Idee, die vor allem in der christlichen Religion wurzelte, implizierte, dass Kinder eher einen schlechten Kern haben und vor allem bestraft werden müssen – hier spricht man von dem sogenannten **„Erbsündemodell"**. Jean Jacques Rosseau, einer der wichtigsten Philosophen und Pädagogen der Aufklärung (1712–1778), vertrat hingegen die Auffassung, dass der Mensch und somit auch das Kind von Natur aus gut sei, und im Wesentlichen vor äußeren und somit auch vor erzieherischen Einflüssen geschützt werden müsse. Heute herrscht in der westlichen Welt in der Regel das Bild vom Kind als einer aktiv handelnden Persönlichkeit, das in seiner Kompetenzentwicklung umfassend gefördert und begleitet werden sollte (Hédervári-Heller 2011).

Eine **Kernfrage** aller Entwicklungsmodelle beschäftigte sich damit, **ob die Entwicklung von inneren oder äußeren Kräften gelenkt wird.** Auch in der Sozialen Arbeit ist diese Frage immer dann von Bedeutsamkeit, wenn es um die Möglichkeiten von äußerer Einflussnahme bzw. Hilfe und Unterstützung von verschiedenen Zielgruppen geht. Historisch bedeutsam sind dabei zwei entgegengesetzte Modelle: **das endogenistische und das exogenistische Entwicklungsmodell.** Beide Modelle wurden Ende des 19. und Anfang des 20. Jahrhunderts vertreten und prägten die damaligen Vorstellungen von Entwicklungspsychologie.

Das **endogenistische Entwicklungsmodell** stellte Entwicklung phasenhaft in mehreren irreversiblen Schritten ablaufend dar, an deren Ende ein abgeschlossener Reifezustand vorlag. Die einzelnen Phasen wurden im Kindesalter bildhaft benannt – der Greifling, der Läufling, das Schimpansenalter, das Alter der Namensfragen/Warumfragen, das Märchenalter, die Schulreife. Teile dieser mittlerweile in seiner Absolutheit überholten Vorstellung finden sich nach wie vor in verschiedenen pädagogischen Konzepten, so z. B. in der Waldorfpädagogik oder auch übergreifend in der Feststellung der Schulreife.

Das exogenistische, auch als Tabula-Rasa-Modell bezeichnete Modell, findet seine Wurzeln vor allem im Behaviourismus (s. Kapitel 3.6.2 und 6.5). Es geht davon aus, dass Kinder ohne jegliche Anlagen auf die Welt kommen und durch Erziehung in jede beliebige Richtung geformt werden können. Nach dieser Vorstellung gibt es keine festgelegten Abläufe, sondern Entwicklung wird als Lernfortschritt betrachtet – Dinge können beliebig gelernt oder auch wieder verlernt werden. Auch dieses Modell ist mittlerweile in seinem Absolutheitsanspruch überholt (Wicki 2015). Teile davon finden sich aber noch immer in eher verhaltensorientierten Konzepten von Heimeinrichtungen oder Jugendwohngruppen, die vor allem mit Lob und Strafe in sogenannten Verstärkerprogrammen (s. Kapitel 3.6.3) arbeiten.

Insgesamt werden beide Entwicklungsmodelle – das endogenistische und das exogenistische – mittlerweile als zu universalistisch beurteilt, weil sie z.B. zu wenig kulturelle und individuelle Unterschiede berücksichtigen. Zudem konzentrierten sich beide Entwicklungsmodelle sehr auf die Kindheit und Jugend und beinhalten tendenziell starre und normative Vorstellungen von Entwicklungsverläufen (Montada et al. 2012).

Die moderne Entwicklungspsychologie betrachtet Entwicklung über die gesamte Lebensspanne und bezieht differentielle Entwicklungen ein. Zudem wird Entwicklung in viel stärkerem Maße kontextabhängig und als von den sozialen Versorgungssystemen abhängig verstanden. So weiß man beispielsweise, dass Armut ein wesentliches Entwicklungsrisiko darstellt (Weiß 2010).

> „Die Entwicklungspsychologie der Lebensspanne hat eine Erkenntnis in aller Schärfe deutlich gemacht: Die differenziellen Unterschiede im Lebenslauf beziehen sich nicht nur auf die Variabilität zwischen Kulturen, Subkulturen oder sozialen Gruppen, sondern auch auf die Unterschiede zwischen unterschiedlichen Generationen. Sexualität beispielsweise ist heutzutage von einem Jugendlichen in anderer Weise zu bewältigen als früher, ebenso wie etwa das Altern heute andere Anforderungen an die Menschen stellt als an Angehörige früherer Generationen. Von Generation zu Generation sind nur beschränkte Schlussfolgerungen möglich. So wird Entwicklungspsychologie auch immer eine ‚unendliche Geschichte' sein" (Langfeldt/Nothdurft 2015, 73).

Ein aktuelles und für die Soziale Arbeit anschlussfähiges Entwicklungsmodell ist **das biopsychosoziale Entwicklungsmodell** (Fröhlich-Gildhoff 2013). Die Bewältigung von Entwicklungsaufgaben und aktuellen Anforderungen ist demzufolge abhängig von

- biologischen Bedingungen (Genen, Temperament, Schwangerschaft, Geburtsumständen),
- psychischen Strukturen (Emotions- und Reizregulation) und
- sozialen Umständen (Bindungserfahrungen etc.).

Im Falle von Lisa wäre also ihre Entwicklung maßgeblich von dem Drogenkonsum ihrer Mutter während der Schwangerschaft und ihrer **Frühgeburt** (biologische Bedingungen), ihrer guten **Emotionsregulation** (psychische Strukturen) sowie vom Abbruch der

Mutter-Kind-Beziehung einerseits und der verlässlichen sowie warmherzigen Beziehung zu den sozial zurückgezogen lebenden Großeltern andererseits (soziale Umstände) geprägt.

In diesem Modell wird der Mensch als erkennender und potenziell reflektierender Mitgestalter seiner Entwicklung angesehen, der sich ein Bild von sich selbst und seiner Umwelt macht und bei neuen Erfahrungen modifiziert. Dabei wird nicht nur dem Entwicklungssubjekt, sondern auch den Entwicklungskontexten und den in diesen agierenden Menschen gestaltender Einfluss auf die Entwicklung zugeschrieben.

2.3 Bindung

Das Konstrukt der **Bindung** soll aus folgenden Gründen unter der entwicklungspsychologischen Perspektive einigermaßen gründlich erläutert werden: Ein Großteil Sozialer Arbeit manifestiert sich in psychosozialen Hilfeprozessen, die von Beziehungen getragen sind. Dabei

> „[...] lässt sich für das Gelingen eines psychosozialen Hilfeprozesses eine *authentische, emotional tragfähige, persönlich geprägte und dennoch reflexiv und fachlich durchdrungene Beziehungsgestaltung* herauskristallisieren, die sich inmitten des Lebensalltags der AdressatInnen entfaltet" (Gahleitner 2017, 234).

Bei dieser **professionellen Beziehungsgestaltung** mit KlientInnen sind SozialarbeiterInnen in der Regel permanent mit zwei **Bindungssystemen** konfrontiert: mit ihrem eigenen und mit dem ihrer KlientInnen. Das Bindungssystem meint die angeborene Motivation, in bedrohlich erlebten Situationen, die Nähe oder den Schutz einer vertrauten Person aufzusuchen.

Aber was bedeutet Bindung überhaupt?

2.3.1 Der Bindungsbegriff

Bindung beschreibt **die angeborene soziale Motivation, Beziehungen zu anderen emotional nahe stehenden Menschen einzugehen** (Bowlby 1969, Bischof 1989). Im Englischen wird zwischen **„bond-**

ing" (emotionale Bindung der Eltern an das Kind) und **„attachment"** (emotionale Bindung des Kindes an seine Bezugsperson) differenziert. Das Bonding wird hormonell vorbereitet und zeitbegrenzt in den ersten Minuten nach der Geburt ausgelöst; dieses ist eine sensible Phase für den Prägungsvorgang und der Grund dafür, dass heutzutage in den meisten deutschen Krankenhäusern viel Wert darauf gelegt wird, den Kontakt zwischen Mutter und Kind unmittelbar nach der Geburt möglichst wenig zu stören.

Das Bedürfnis nach Bindung ist komplementär zu dem Bedürfnis nach Exploration – also der Wunsch, die Welt zu erkunden – und **Autonomie** zu verstehen. Die Herstellung der Ausgewogenheit beider Bedürfnisse gilt als eine lebenslange Entwicklungsaufgabe (Rass 2011).

Alle Kinder entwickeln im Verlaufe des ersten Lebensjahres eine oder mehrere enge Bindungen zu nahestehenden Personen. Ausgenommen davon sind Kinder, deren kognitives Entwicklungsniveau das von sechs Monaten nicht überschreitet, sowie schwer vernachlässigte Kinder. Im günstigen Fall hat das Kind bis zum Beginn des dritten Lebensjahres eine „sichere" Bindung (s. Kapitel 2.3.2) zu einer oder mehreren zentralen Bezugspersonen aufgebaut.

> „Das Kind sollte bis dahin eine emotionale Repräsentation der Bindungsperson entwickelt haben; diese ermöglicht es ihm zum einen, bei Angst und Gefahr zur Bindungsperson zu laufen und dort wie in einem ‚sicheren Hafen' Schutz zu suchen, und sorgt zum anderen dafür, dass das Kind innerlich auf die emotional positive Erfahrung von Schutz und Geborgenheit aus vielen solchen früheren Erlebnissen zurückgreifen und sich durch den Rückgriff und die Erinnerung an das gute Gefühl bei Aktivierung der Bindungsrepräsentation emotional selbst beruhigen kann" (Brisch 2015, 40).

2.3.2 Bindungsstile

In der Bindungstheorie wird zwischen unterschiedlichen Bindungsstilen unterschieden. Diese Unterscheidung geht auf die Bindungsforscherin Mary Ainsworth zurück, die den sogenannten **„Fremde-Situations-Test"** (1974/2011) entwickelte, bei dem sie das Verhalten von Kindern im Alter zwischen 12 und 18 Monaten in kurzen experimentell hergestellten **Trennungssituationen** beobachtete. Dabei kristallisierten sich drei unterschiedliche Bindungsstile heraus, die alle als Variationen eines normalen Bindungsverhaltens angesehen werden.

Als Typ A gilt **der unsicher-vermeidende Bindungsstil** – Mary Ainsworth ging davon aus, dass dieser Stil sich am häufigsten manifestieren würde, was sich aber nicht bewahrheitete. Die auf diese Weise gebundenen Kinder reagieren vermeintlich „cool" auf die Trennung von der Bezugsperson, explorieren ungerührt weiter und zeigen keine besondere Reaktion nach Wiederkehr der Bezugsperson. Bei hormonellen Messungen am Hautwiderstand wurde aber deutlich, dass diese Kinder sehr wohl in dieser Trennungssituation Stress erleben, aber bereits Ende des ersten Lebensjahrs in der Lage sind, ihre Gefühle zu **maskieren**.

Martin Dornes (2012) beschreibt, dass Kinder bereits mit neun Monaten „Mentalisten" seien, also in der Regel hoch interessiert daran sind, die Einstellungen anderer Menschen in deren Gesichtern zu lesen. Die Reaktion des Maskierens erklärt man sich in etwa auf diese Weise: Unsicher-vermeidend gebundene Kinder „lesen" aus den Reaktionen ihrer Bezugspersonen, dass ein autonomes und gefühlsverbergendes Verhalten ein adäquates und gewünschtes Verhalten sei. Noch in vielen Kindertageseinrichtungen gelten die Kinder, die in Trennungssituationen „nicht so viel Theater" machen, als die pflegeleichten und sich richtig verhaltenden Kinder. Auch in einigen afrikanischen Ländern scheint die Variante eines eher passiven und emotionslosen Babys und Kleinkindes populärer. Das Kind ist dann durch sein ruhiges Verhalten besser von anderen zu beaufsichtigen; Weinen oder Schreien gilt eher als Zeichen für eine ernsthafte Gefährdung (Atabavikpo Lochmann 2015).

Als Typ B gilt **der sicher gebundene Bindungsstil** – etwa 60–70 % aller Kinder sind den meisten Studien zufolge diesem Stil zuzurechnen. Sicher gebundene Kinder reagieren in der Regel mit deutlichen Emotionen (Weinen oder Schreien) auf die Trennung von der Bezugsperson, lassen sich dann beruhigen und reagieren mit klar erkennbarer Freude auf die Wiederkehr der Bezugsperson. Gegen Ende des zweiten Lebensjahres verhalten sich sicher gebundene Kinder überwiegend kooperativ. Zu der Entwicklung eines sicheren Bindungsstils gehört die elterliche Feinfühligkeit bzw. die intuitive Elternschaft, die sich bei einem Großteil der Eltern als Anpassungsleistung nach der Geburt einstellt

(Papoušek/Papoušek 1987) und auf die im nächsten Abschnitt (2.3.3) eingegangen wird.

Der Typ C wird als **unsicher-ambivalenter Bindungsstil** bezeichnet. Die betroffenen Kinder reagieren ebenfalls wie sicher gebundene Kinder deutlich erkennbar auf die Trennung, lassen sich dann aber nicht beruhigen und bleiben auch bei der Wiederkehr der Bezugsperson eher in der negativen Emotion. Häufig korreliert dieser Bindungsstil mit trennungsängstlichen oder zumindest sehr trennungsambivalenten Bezugspersonen.

Später wurde von Mary Main und Judith Solomon (1986) auch der sogenannte **desorganisierte Bindungsstil** (Typ D) klassifiziert. Dieser zeigt sich in einem äußerst wechselhaften, nicht eindeutigen Bindungsverhalten und geht z.T. mit plötzlichem Erstarren und eingefrorener Mimik einher. Er taucht bei ca. 5–10 % der beobachteten Kinder auf und wird im Zusammenhang mit traumatisierenden Erlebnissen, Misshandlung oder auch chronischer Vernachlässigung gesehen.

Von den Bindungsstilen zu unterscheiden sind **Bindungsstörungen**, die in kinderpsychiatrische Diagnosesysteme einzuordnen sind. Hierzu zählt beispielsweise die **reaktive Bindungsstörung,** die von Angst und großer Zurückhaltung gegenüber Erwachsenen geprägt ist, und **die Bindungsstörung des Kindesalters mit Enthemmung,** die sich in Distanz- und Wahllosigkeit in Zuwendungsbezeugungen gegenüber Erwachsenen manifestiert. Letztere tritt des Öfteren bei stark deprivierten und vernachlässigten Kindern auf, die schon viele Wechsel ihrer Bezugspersonen erfahren mussten.

> „Das Muster der sicheren Bindung wird als adaptiv für eine gesunde Entwicklung betrachtet. Trotzdem handelt es sich bei den bisher beschriebenen unsicheren Bindungsmustern und auch bei der Bindungsdesorganisation nicht um pathologische Muster, sondern um Varianten von Bindungsmustern, die innerhalb eines normalen Verhaltensspektrums angesiedelt werden können" (Spangler 2011, 284).

Sichere oder unsichere Bindungsstile sind das Ergebnis gemeinsamer und individuell unterschiedlicher Interaktionserfahrungen. Sie können auch von Bezugsperson zu Bezugsperson variieren, sind geronnene Beziehungserfahrungen und **nicht** als stabile Eigenschaftsbeschreibungen zu betrachten. Frühe Bindungserfahrungen sind zwar für die spätere Entwicklung hoch bedeutsam. Dennoch kann das innere Arbeitsmodell von Bindung sich durch spätere positive Beziehungserfahrungen positiv oder durch das Auftreten schwerer Belastungen im späteren Leben auch negativ verändern (Seiffge-Krenke 2015). Bindungsprozesse werden als **mentale Arbeitsmodelle** etwa ab Mitte des zweiten Lebensjahres gespeichert – dieses geht auch mit dem Beginn des Spracherwerbs einher; mit fünf Jahren sind sie meist entwickelt und bilden das Bindungssystem.

2.3.3 Das Konzept der elterlichen Feinfühligkeit

Elterliche Feinfühligkeit setzt sich aus drei Komponenten zusammen:

a. Wahrnehmung der Signale des Kindes
b. angemessene Interpretation dieser Signale
c. angemessene und prompte Reaktion auf diese Signale

Bei einem Säugling sollte im Sinne von Feinfühligkeit auf die Bedürfnisäußerung – beispielsweise Schreien wegen Hungers – direkt geantwortet und sofern möglich auch mit sofortiger Bedürfnisbefriedigung gehandelt werden. Bei einem Kind um das erste Lebensjahr herum würde feinfühliges Handeln dagegen bedeuten, zwar direkt auf die Bedürfnisäußerung des Kindes zu antworten, aber je nach Situation nicht unbedingt gleich zu handeln und das Bedürfnis umgehend zu befriedigen (also nicht sofort unbekleidet und nass aus der Dusche zu springen, wenn das Kleinkind Hunger äußert).

Zu diesen feinfühligen Kompetenzen gehört es auch, dem Kind markiert seine Gefühle zu spiegeln. Das bedeutet, dem Kind durch Gestik, Mimik und Worte zu verstehen zu geben, dass man seine akute Not (z. B. Hunger, Schmerz, Müdigkeit) versteht, aber nicht teilt, und darum in der Lage ist, das Kind zu trösten. Das Kind bekommt somit seine Gefühle zum einen als seine eigenen und zum anderen als vom Gegenüber aushaltbar gespiegelt. Diese **markierte Spiegelung** ist zentral für die Ausbildung der **Mentalisierungsfähigkeit**, auf die unter Kapitel 2.6.1 eingegangen wird.

Etwa dreiviertel aller Eltern verfügen über derlei **intuitive kom-**

munikative Kompetenzen. Auch Geschwisterkinder können etwa ab dem 4. Lebensjahr im Umgang mit dem jüngeren Geschwisterkind Feinfühligkeit zeigen. Einige Eltern, beispielsweise depressiv erkrankte Elternteile, haben jedoch Schwierigkeiten, feinfühlig gegenüber ihren Kindern zu agieren (Murray 2011).

Lange Zeit ging es bei dem Konstrukt der Feinfühligkeit immer nur um die **mütterliche Feinfühligkeit.** Heute wird zwischen einem **mütterlichen und einem väterlichen feinfühligen Interaktionsstil** unterschieden – wobei diese Bezeichnungen insofern missverständlich sind, als dass sie nicht geschlechtsgebunden sind. Der sogenannte mütterliche Interaktionsstil, den aber auch Männer praktizieren können, zeichnet sich eher durch Konventionalität, Fürsorglichkeit und Sicherheit aus. Der sogenannte väterliche Interaktionsstil, den ebenso auch Mütter verfolgen können, manifestiert sich in unkonventionellem, das Erregungsniveau stimulierendem Verhalten (Grossmann/Grossmann 2006).

Ein wesentlicher Faktor für die Interaktion zwischen Eltern und Kind ist aber nicht nur die elterliche Feinfühligkeit, sondern u. a. auch der Gesundheitszustand und das **Temperament** des Kindes (Bindt 2003); alle diese Faktoren haben durchaus Auswirkungen auf den jeweiligen Bindungsstil der Kinder. In der Temperamentsforschung werden drei Temperamentsdimensionen unterschieden (Elsner/Pauen 2012):

a. das **einfache Temperament** (easy babies): Dazu zählen die sogenannten „Sonnenscheinkinder“ – explorativ, freundlich, mit hoher Selbstregulationsfähigkeit und kontaktsuchend.
b. das **langsam auftauende Temperament** (slow-to-warm-up babies): Diese Kinder verhalten sich eher zurückgezogen und beobachtend, verfügen über eine hohe Selbstregulationsfähigkeit und sind wenig reizoffen.
c. **das schwierige Temperament** (difficult babies): diese Kinder sind oftmals sehr explorativ, haben aber eine niedrige Selbstregulationsfähigkeit und sind sehr reizoffen; zu ihnen zählen die sogenannten „Schreibabys“.

Wichtig hierbei zu beachten ist die **Passung** bzw. das Zusammentreffen der unterschiedlichen Faktoren. So ist es auch für feinfühlige Eltern herausfordernder, eine sichere Bindung mit einem

Kind mit einem schwierigen Temperament einzugehen; dennoch kann dieses durchaus gelingen. Wenn jedoch Eltern, die nur über geringe intuitive kommunikative Kompetenzen verfügen, ein Kind mit einem schwierigen Temperament haben, ist das Risiko für eine unsichere Bindung bzw. auch für die Entwicklung einer Bindungsstörung durchaus erhöht.

2.3.4 Bindungsstile im Erwachsenenalter

Zur Untersuchung von Bindungsstilen im Erwachsenenalter – hier spricht man von Bindungseinstellung – entwickelte Mary Main das Adult Attachment Interview (AAI) (Gloger-Tippelt 2012). Hierbei zeigten sich ähnliche Unterschiede wie bei Kindern. So konnten die autonome Bindungseinstellung, die distanziert-beziehungsabweisende Bindungseinstellung, die präokkupiert-verstrickte Bindungseinstellung und die vom unverarbeiteten Objektverlust geprägte Bindungseinstellung unterschieden werden (Grossmann/Grossmann 2006).

Die **autonome Bindungseinstellung** von Eltern, die eine realistische und nicht idealisierende Erinnerung an die eigene Kindheit sowie positive und negative reflektierte Gefühle gegenüber Bindungspersonen umfasst, korrelierte überwiegend mit dem sicher gebundenen Bindungsstil ihrer Kinder.

Eltern mit **distanziert-beziehungsabweisender Bindungseinstellung** haben oft viele Erinnerungen an ihre eigene Kindheit verdrängt, idealisieren diese, betonen ihre eigene Unabhängigkeit und Stärke und beharren darauf, dass es ihnen an nichts gefehlt habe. Dieser Bindungsstil korreliert mit dem unsicher-vermeidend gebundenen Bindungstyp bei Kindern.

Die **präokkupiert-verstrickte Bindungseinstellung** ist durch eine übermäßig detaillierte und wenig distanzierte Erinnerung an die eigene Kindheit sowie eine noch starke Abhängigkeit gegenüber den ursprünglichen Bindungspersonen gekennzeichnet. Elternteile mit der präokkupiert-verstrickten Bindungseinstellung haben oft unsicher-ambivalent gebundene Kinder mit erschwerten Ablöseprozessen.

Menschen mit einer **von einem unverarbeiteten Objektverlust geprägten Bindungseinstellung** haben oftmals schwere traumatisierende Verlusterlebnisse in ihrer Kindheit erfahren, die sie nicht bearbeiten konnten; dieses kann sich dann auch transgenerational in einem desorganisiert gebundenen Bindungsstil ihrer Kinder fortsetzen.

2.3.5 Die Relevanz des Bindungssystems

Bindungen werden als **dauerhafte, dyadische Beziehungen** definiert und werden nicht nur für die frühe Kindheit angenommen, sondern für den **gesamten Lebensverlauf.** Nicht jede Bezugsperson wird zur Bindungsperson, aber ein Kind ist in der Regel an mehr Personen gebunden, als nur seine Eltern.

In vertrauten Situationen und bei ausgeglichener Befindlichkeit gehen Kinder eher dem Interesse nach Neuem nach; in unvertrauten Situationen überwiegt das Bedürfnis nach emotionaler Sicherheit und sie suchen Rückhalt bei den Menschen, zu denen sie eine sichere Bindung entwickelt haben. Dieses lässt sich auch auf das Erwachsenenalter übertragen: In einer Erstsemesterveranstaltung werden die Studierenden vorrangig das Bedürfnis haben, mit ihnen vertrauten Menschen zusammenzusitzen – im letzten Semester ist das Bedürfnis, sich nach außen und beispielsweise in Richtung Berufswelt zu orientieren, meistens relativ groß.

Eine **Bindungsperson** qualifiziert sich dadurch, dass sie vom Kind als personifizierte emotionale und empathische Sicherheitsquelle identifiziert wird, von der aus das Kind, je nach Situation und Kontext, regelmäßig exploriert und zurückkehrt, um emotional aufzutanken. Ein typisches Beispiel ist das von der Bezugsperson wegrobbende und sich doch immer wieder umdrehende Kleinkind, das sich auf diese Weise der Anwesenheit und der Aufmerksamkeit durch die Bezugsperson versichert. In Situationen der Verunsicherung und Angst wird **das Bindungssystem** aktiviert, d.h., Menschen suchen entsprechend ihres Bindungsstils besondere Nähe oder besondere Distanz zu den relevanten Bezugspersonen. Aus diesem Grunde begegnen SozialarbeiterInnen ihren KlientInnen auch oft in solchen Situationen, in denen deren Bindungssystem aktiviert ist – d.h. also in Notsituationen oder in Momenten, die von gefühlter oder realer Bedrohung geprägt sind.

In einer Hilfekonferenz für den zwölfjährigen Max, an dem die zuständige Jugendamtsmitarbeiterin, der Bezugserzieher der Jugendwohngruppe, Max und seine Eltern und deren Familientherapeutin teilnehmen, geht es um die Frage, wann und unter welchen Umständen Max wieder zu Hause wohnen darf. Max lebt wegen seines aggressiven Verhaltens, das sich in unkontrollierbaren Wutausbrüchen und verbalen Attacken gegen seine Mutter manifestiert, seit einem halben Jahr in der Wohngruppe. Er möchte sehr gern wieder zu Hause wohnen, auch seine Eltern wollen ihn wieder bei sich zu Hause aufnehmen, sie leben aber in furchtsamer Erwartung vor dem nächsten Wutausbruch. Bei einer probeweisen Beurlaubung, bei der Max unter dem Druck steht, sich „adäquat" zu benehmen, trägt sich folgende Situation zu: Max will mit seiner Mutter am Sonntagmorgen Hausaufgaben machen. Diese stellt die Bedingung, dass er sich dazu anzieht. Max will die Hausaufgaben aber im Schlafanzug machen. Es kommt zum Streit und die Mutter verlässt abrupt das Zimmer. Daraufhin eskaliert die Situation, Max randaliert in seinem Zimmer und die Beurlaubung wird vorzeitig abgebrochen.

Dieses Beispiel stellt die Aktivierung einer Bindungsreaktion in einer für Max bedrohlichen Situation dar. Die bedrohliche Situation besteht zum einen darin, dass Max sich generell in seinen Rückkehrwünschen bedroht sieht, da hierzu noch keine verlässliche Entscheidung getroffen wurde. Zum anderen werden in dem plötzlichen Akt des Zimmer-Verlassens durch die Mutter möglicherweise alte Verlassenheitsängste aktiviert. Max hat als kleines Kind öfter die Erfahrung gemacht, dass seine Wünsche nach Nähe und Trost offenbar nicht aushaltbar sind und nicht erfüllt werden können, und reagiert zunächst mit Frustration, die sich dann in Aggression kehrt, wenn er den Wunsch nach Nähe verspürt. Für seine Eltern, die vermutlich über eine distanziert-beziehungsabweisende Bindungseinstellung verfügen, sind seine „Nähewünsche" als solche nicht mehr erkennbar. Beide Eltern verfügen nur über ein sehr geringes Erinnerungsvermögen an ihre eigene Kindheit, verbalisieren wenig ihre Gefühle und pochen sehr auf ihre Autonomie und Unabhängigkeit. Max maskiert seine Nähe- und Trostbedürfnisse hinter pseudoautonomem, ruppigem und aggressivem Verhalten. Max' Eltern können demzufolge sein Verhalten aus gut nachvollziehbaren Gründen nur als gegen sich gerichtet erkennen.

Bindungsstile können sich im Laufe des Lebens modifizieren oder durch **korrigierende Erfahrungen** verändert werden. Zu den wesentlichen **protektiven Faktoren** zählt eine längere und stabile Beziehung an eine Bezugsperson – dieses kann z.B. eine Großmutter, ein Pflegevater oder auch eine langjährige sozialpädagogische Familienhelferin sein – eine stabile Partnerschaft im Erwachsenenalter oder auch eine psychotherapeutische Behandlung (Kißgen 2009).

Anhand von Bindungstheorien ist es also insgesamt möglich, Verhalten sowie Erlebens- und Verarbeitungsweisen von kleinen Kindern in emotionalen Notsituationen bzw. körperlich bedrohlichen Situationen zu beschreiben und zu erklären. **Bindungssysteme** werden jedoch nicht nur in der Kindheit, sondern ein Leben lang in Notsituationen aktiviert. Auch SozialarbeiterInnen selbst müssen also – beispielsweise in Krisensituationen – darauf achten, dass KlientInnen ihre eigenen **Bindungsbedürfnissignale** erkennen und wenn möglich auch zeigen dürfen. Ein weiteres gutes Beispiel dafür ist, dass es für Menschen auf der Flucht von immenser Wichtigkeit ist, einen wie auch immer gearteten Kontakt zu ihren Angehörigen in ihrer Heimat zu haben, sodass die Schaffung oder Ermöglichung von Internet- und/oder telefonischen Verbindungen beispielsweise in Notunterkünften oder Flüchtlingsheimen unter Bindungsgesichtspunkten als absolut elementar anzusehen ist.

2.4 Entwicklungsfaktoren und -risiken in der Schwangerschaft

Die meisten Frauen erleben **Schwangerschaft** als einen schönen und unkomplizierten Prozess. SozialarbeiterInnen sind aber häufig mit den Risiken und Belastungen rund um die Schwangerschaft bei den betroffenen Frauen und Familien beschäftigt. Aus diesem Grund werden in diesem Kapitel die entwicklungsbezogenen Risiken der Schwangerschaft beschrieben.

Ein Risiko jeder Schwangerschaft ist die **Fehlgeburt**. Bereits nach der Zeugung beginnt der biologische Entwicklungsprozess eines Individuums. Etwa zehn Tage nach der Empfängnis bilden sich die ersten Zellen an der Uteruswand der Mutter. Allerdings überleben nicht einmal die Hälfte aller befruchteten Eizellen die ersten zwei Wochen (Myers 2014). Die Zahl der (in diesem frühen Stadium der Schwangerschaft meist unbemerkten) Fehlgeburten liegt in den ersten vier Wochen bei fast 50 %.

Fehlgeburten werden in **Anamnesen** und **Genogrammen**, bei denen es um die Erfassung individueller und familienbezogener Lebenserfahrungen geht, oft verschwiegen – aus Scham, dem Gefühl vermeintlicher Bedeutungslosigkeit oder auch aus der Empfindung heraus, allein damit zu sein. Sie haben aber in der Regel für die Mütter, Väter und die Geschwister eine hohe psychische Bedeutung und können auch eine Belastung darstellen, die umso stärker ist, desto tabuisierter sie gehandhabt werden.

Andere Risiken für die Entwicklung des Kindes in der Schwangerschaft sind Erkrankungen der Mutter, beispielsweise durch **Virusinfektionen**, oder **unerwartete Komplikationen während der Geburt**. Ein plötzlicher Sauerstoffmangel während der Geburt kann beispielsweise zu schweren Folgeschäden führen, die die werdenden Eltern oft unvorbereitet schwer treffen. Sich in dieser Situation um Eltern zu kümmern und Unterstützung anzubieten, ist oft die Aufgabe von in Kliniken tätigen SozialarbeiterInnen.

Auch das Verhalten der Mutter kann Schädigungen für das Kind verursachen. So schaden **Nikotin, Alkohol sowie der Konsum anderer Drogen** – mit Ausnahme von Koffein – der Entwicklung des Embryos und späteren Fötus. Es sei an den eingangs beschriebenen Fall von Lisa erinnert, bei der der Drogenkonsum der Mutter mit hoher Wahrscheinlichkeit ein Auslöser der Frühgeburt gewesen ist. Weitere Folgeschäden können Missbildungen und/oder Verhaltensstörungen sein. Die Zahl der jährlich in Deutschland mit alkoholbedingten Schädigungen auf die Welt gebrachten Kinder liegt in den 2010er Jahren bei etwa 10.000, ca. 2000 Babys erfüllen das Vollbild des **„fetalen Alkoholsyndroms"**. Dieses kann sich in drei Bereichen entfalten: in körperlichen Fehlbildungen, Wachstumsstörungen und Schädigungen des zentralen Nervensystems. Diese Gruppe bildet ein nicht zu vernachlässigendes Klientel von SozialarbeiterInnen (Pfinder/Feldmann 2011, ter Horst 2010).

SozialarbeiterInnen arbeiten nicht nur mit den hiervon betroffenen Kindern, sondern auch mit ihren Eltern, und insbesondere mit ihren Müttern. Sie haben die Aufgabe, in der Arbeit mit drogen- und alkoholabhängigen potenziellen und schwangeren Müttern präventiv tätig zu sein und diese aufzuklären. Wenn die

Kinder geboren wurden, sind sie weiter unterstützend tätig in der Elternarbeit.

Unterschätzt werden nach wie vor die Folgen einer unerkannten und nicht behandelten **postpartalen Depression**. Etwa 10–15 % (Bühring 2012) der Mütter erleiden eine postpartale Depression, die sich von dem zwei- bis fünftägigen „Babyblues“ unmittelbar nach der Geburt in ihrer Länge und ihrem Ausmaß unterscheidet. Erschwerend für die Erkennung und Behandlung dieser Erkrankung kommt hinzu, dass der gesellschaftliche Druck auf die Frauen, jetzt glücklich mit ihrem neugeborenen Kind sein zu müssen, nach wie vor enorm hoch ist und die Scham, diesen Erwartungen nicht entsprechen zu können, umso höher. Aus sozialarbeiterischer Sicht ist insbesondere darauf zu achten, die postpartale Depression als solche zu enttabuisieren, über Behandlungsmöglichkeiten zu informieren, Betroffene ggf. an psychiatrische oder psychotherapeutische Fachkräfte weiter zu vermitteln sowie die sozialen Netzwerke der Betroffenen zu aktivieren, um diese auch informell zu unterstützen. Insbesondere aufsuchende Hilfeformen sind ausgesprochen geeignet, die Rate unerkannter und unbehandelter postpartaler Depressionen zu senken (Hübner-Liebermann et al. 2012). Die **postpartale Psychose**, eine Erkrankung, bei der die betroffene Frau unter extremen Angst-, Wahnvorstellungen oder Halluzinationen leidet, ist eher selten und betrifft 0,1–0,2 % der Mütter. Sie bedürfen in der Regel einer sofortigen stationären psychiatrischen Behandlung, wobei idealerweise Fachkräfte der Sozialen Arbeit die Zusammenarbeit verschiedener Professionen koordinieren sollten.

2.5 Entwicklung in der Säuglings- und Kleinkindzeit

„Für Joey sind fast alle Begegnungen mit der Welt dramatisch und vom Gefühl bestimmt. Elemente und Wesen dieser dramatischen Zusammentreffen sind für uns Erwachsene nicht offensichtlich. Von allen Dingen im Zimmer erregt der Sonnenschein an der Wand Joeys Aufmerksamkeit am meisten und hält ihn in Bann. Die Helligkeit und Intensität faszinieren ihn. Im Alter von sechs Wochen ist seine Sehfähigkeit schon recht gut entwickelt, wenn auch zur Perfektion noch einiges fehlt. Er erkennt bereits verschiedene Farben, Formen und Intensitätsgrade. Von Geburt an hat er starke Vorlieben für bestimmte

Dinge, die er ansehen möchte, für Dinge, die ihm gefallen. An erster Stelle steht dabei die Intensität einer Wahrnehmung […]" (Stern/Bruschweiler-Stern 2004, 24).

Dieses Zitat stammt aus dem fiktiven „Tagebuch eines Babys" des britischen Entwicklungspsychologen Daniel Stern, bei dem höchst eindrücklich die Wahrnehmung eines Sonnenstrahls durch einen Säugling beschrieben wird. Bereits Neugeborene verfügen über ein **differenziertes Wahrnehmungsvermögen:** Sie schmecken und unterscheiden von Anfang an zwischen „süß", „sauer" und „bitter". Nach wenigen Tagen erkennen sie ihre Mutter am Geruch. Sie hören bereits seit dem sechsten Schwangerschaftsmonat und orientieren sich als Neugeborene in Richtung einer Schallquelle. Sie sind in der Lage, Objekte, Muster, Figuren oder Formen zu erkennen, wenn sie sie auch noch nicht mit den Augen fixieren können, und sie unterscheiden Farbtöne und Helligkeitsabstufungen. Im Unterschied zu Sigmund Freud, der den Säugling noch als passives und einzig und allein an seiner Lustbefriedigung orientiertes Wesen ansah, hat der Entwicklungspsychologe Martin Dornes (1993) das **Bild des kompetenten und an Interaktion interessierten Säuglings** geprägt. Im Folgenden werden zum einen die Entwicklung des Selbst, und zum anderen die frühe Entwicklung kognitiver, emotionaler und selbstregulatorischer Prozesse beschrieben.

2.5.1 Die Entwicklung des Selbst

Daniel Stern (1979)schildert die Entwicklung des **Selbstempfindens** in vier Stadien. Das erste Stadium wird durch ein sogenanntes **unreflektiertes Selbstempfinden** gekennzeichnet; das Neugeborene ist ganz mit sich und seinen vegetativen Prozessen beschäftigt, von denen es beherrscht und manchmal auch gequält wird. Stern hat für dieses Stadium den schönen Begriff **des auftauchenden Selbst** geprägt; der dritte Lebensmonat, der auch den Übergang von der Neugeborenen- zur Säuglingszeit darstellt, ist oft ein Zeitpunkt, an dem viele Kinder erst „richtig" auf die Welt kommen.

Ab dem dritten Monat erfolgt laut Stern die **Bildung eines Kernselbst.** Das Kind spürt, dass es von der Mutter körperlich getrennt ist, und es existiert ein primär körperliches Selbstempfinden. Ab diesem Zeitpunkt werden bereits zwei entgegengesetzte Grundbedürfnisse erkennbar, die den Menschen ein Leben lang begleiten werden: das Bedürfnis nach Bindung und das Bedürfnis nach Exploration und Autonomie. Lichtenberg (1991) spricht von fünf **Motivationssystemen**, die er bereits dem Säuglingsalter zuschrieb. Dazu gehören die Notwendigkeit biologische Bedürfnisse wie Essen und Schlafen zu erfüllen, das Bedürfnis nach Bindung, das Bedürfnis nach Exploration und Selbstbehauptung, das Bedürfnis nach Rückzug, wenn unangenehme Dinge passieren, und das Bedürfnis nach Sinnlichkeit und Sexualität.

Ungefähr mit Beginn des siebten Lebensmonats wird, so Stern, das **Stadium des subjektiven Selbst** erreicht. Dieses bedeutet, dass das Kind ab diesem Zeitpunkt die zentrale Erfahrung von Intersubjektivität macht – Erlebnisse und Gefühle können mit anderen geteilt werden. Interessanterweise geht dieses Stadium mit einem bedeutsamen Schritt in der motorischen Entwicklung einher: Etwa ab diesem Zeitpunkt können sich die meisten Kinder auf irgendeine Weise von ihren Bezugspersonen wegbewegen. Charakteristisch ist ein eifriges Wegrobben, das von einem in regelmäßigen Abständen den Kopf in Richtung der Bezugsperson Wenden begleitet wird – nach dem Motto: „Bist Du noch da? Na dann ist gut, dann kann ich weiter."

In dieser Sequenz bildet sich das Grundkonzept bzw. die Grundspannung komplementärer menschlicher Bedürfnisse ab, die bereits bei der Beschreibung des Bindungsbegriffs (s. Kapitel 2.3.1) benannt wurde: Es geht um die Befriedigung des Explorationsbedürfnisses – die Suche nach Veränderung – und um die des Bindungsbedürfnisses – der Wunsch nach einer sicheren Rückzugsmöglichkeit. Ungefähr zur selben Zeit setzt das sogenannte **„Fremdeln"** ein, das sich vor allem in der Abwendung des Blicks und lauten Unmutsäußerungen manifestiert, wenn eine sich dem Kind nicht ganz so vertraute Person plötzlich nähert. Dieses Phänomen tritt auf, wenn sich bereits eine Bindung an eine Bezugsperson etabliert hat, also Vertrauen entstanden ist. Unter funktionalen Gesichtspunkten erklärt sich das Fremdeln aus der neu entstandenen Fähigkeit zu eigener Fortbewegung. Das Kind kann sich selbst wegbewegen und sich vor Fremden und nicht fürsorgemotivierten Personen quasi schützen (Bischof-Köhler 2011).

Etwa ab dem 15–18. Lebensmonat setzt das vierte Stadium des Selbstempfindens ein, welches Stern **als das verbale bzw. konzeptuelle Selbst** bezeichnet. Das Kind wird sich seiner selbst als „ich“ bewusst. Bis zu dieser Zeit ist das sog. Playmate-Verhalten zu beobachten. Die Kinder lächeln oder spielen mit dem Spiegelbild wie mit einem Spielpartner, identifizieren es aber nicht als ihr eigenes Abbild. Nun erkennen Kinder ihr eigenes Spiegelbild.

Auch motivational geschieht in diesem neuen Stadium des Selbstempfindens eine Veränderung: Die Kinder bekommen ein Gefühl für ihre eigene Leistung. In einem Experiment wurde deutlich, dass Kinder ab dem Zeitpunkt, an dem sie sich selbst im Spiegel erkennen können, nicht mehr gelassen darauf reagieren, ob sie oder jemand anderes den letzten Stein auf einen selbst gebauten Turm legen. Sie geben deutlich zu erkennen, **die Erfahrung des Selbst-fertiggestellt-Habens** machen zu wollen (Bischof-Köhler 2011). Diese Phase geht mit einer zunehmenden Fähigkeit zu **symbolisieren**, d.h. in **Als-ob-Möglichkeiten** zu denken, einher. Es ist eine Phase, in der man Kinder wie selbstverständlich mit einem Auto am Ohr durchs Zimmer streifen sieht – sie „telefonieren“ dann, bzw. tun so, als ob.

> „In der Ausgestaltung von Als-ob-Situationen – ich tue so, als wenn ich einkaufen gehe, indem ich Mamas Schlüssel, ihre Schuhe und eine Plastiktüte als Handtasche nehme – macht sich das Kind eine weitere Realität verfügbar. Mit symbolischen Gesten und Handlungen setzt es Erfahrungen und Ereignisse in Szene, die von realen Ereignissen und Gegenständen entkoppelt sind. Das Spiel ist geprägt von Intensität, Ernsthaftigkeit, Freude, Kreativität und Konzentration; es folgt einem inneren ‚Faden' und führt zu Zufriedenheit und Sättigung" (Rass 2011, 91).

Die **Fähigkeit zur Symbolisierung** ist eine zentrale Voraussetzung für die Entwicklung späterer Verbalisierungs- und Abstraktionsfähigkeiten und auch dafür, Emotionen in Sprache zu übersetzen und nicht unmittelbar auszuagieren. Jugendliche mit dissozialen Störungen – eine häufige Klientel von SozialarbeiterInnen – sind oftmals genau in dieser Fähigkeit beeinträchtigt; ihnen fehlt die Möglichkeit, ihre Wut zu verbalisieren, sodass sie sie in gewalttätigen Handlungen ausdrücken müssen.

2.5.2 Kognitionen, Emotionen und die Fähigkeit zur Selbstregulation

Jean Piaget (1896–1980) gilt als einer der wichtigsten Entwicklungspsychologen, der sich mit der geistigen Entwicklung von Säuglingen und Kindern beschäftigte. Er verstand diese geistige Entwicklung als Prozess der aktiven **Konstruktion** von Wissen in der Interaktion des Individuums mit der Umwelt. Das Kind bezeichnete Piaget als einen von einer inneren Neugier getriebenen Wissenschaftler, der aktiv seine Umwelt erkunde (Piaget 2003, Sodian 2012). Dabei beschrieb er den Erkenntnisprozess im Wechselspiel von zwei komplementären Mechanismen. Den einen nannte Piaget **Assimilation**. Assimilation geschehe immer dann, wenn etwas Neues in bestehende mentale Strukturen integriert werden könne. Dieser reiche aber allein nicht aus, um sich den Lernzuwachs von Kindern zu erklären:

> „Wenn nur Assimilation an der Entwicklung beteiligt wäre, gäbe es keine Variationen in der Struktur des Kindes. Infolgedessen würde es keine neuen Inhalte erwerben und sich nicht weiterentwickeln" (Piaget 2003, 55).

Den anderen und ergänzenden Mechanismus bezeichnete Piaget als **Akkomodation**. Hierbei müssen sich die mentalen Strukturen an die Umweltanforderungen anpassen und entwickeln sich auf diese Weise weiter. Das Wechselspiel dieser beiden Mechanismen soll an folgendem Beispiel illustriert werden:

> Ein anderthalbjähriges Kind hat herausgefunden, dass ein Teller, wenn es ihn auf den Boden wirft, zerbricht. Wenn es dann eine Tasse herunterwirft, lernt es, dass auch Tassen zerbrechen und ordnet dies seinem vorhandenen Wahrnehmungsschema zu, dass Gegenstände, wenn man sie herunterwirft, kaputt gehen. So erklärt sich der Mechanismus der Assimilation. Die bestehende mentale Struktur des Kindes beinhaltet nun die Überzeugung, dass Gegenstände, die man hinunterwirft, kaputt gehen. Nun stellt das Kind aber fest, dass z.B. ein Plastikteller oder ein Plastikauto heil bleibt, obwohl man sie herunterwirft. Das heißt, das Kind verändert durch den Mechanismus der Akkomodation seine mentalen Strukturen von „alle Gegenstände gehen kaputt, wenn ich sie runterwerfe" in „manche Gegenstände, die ich herunterwerfe, gehen kaputt, andere nicht".

Piaget umschrieb die ersten zwei Lebensjahre als sensumotorisches Stadium, in dem die kognitiven Grundlagen für die sensorischen und motorischen Handlungen – die sensumotorischen Schemata – gelegt werden. Dazu zählen z.B. das Saugschema und die Exploration mit dem Mund. Jean Piaget fand auch heraus, dass Kinder bis zu einem bestimmten Alter – er schätzte es bei acht Monaten – keine Objektpermanenz haben. Sie gehen also davon aus, dass ein Gegenstand – z.B. ein Ball –, der aus ihrem Blickfeld verschwindet, dann auch nicht mehr existiert. Nach heutigen Erkenntnissen weiß man allerdings, dass Piaget die kognitiven Fähigkeiten jüngerer Kinder deutlich unterschätzte, dass sich die Fähigkeit zur Objektpermanenz deutlich früher einstellt und prozesshaft verläuft, als Piaget dieses angenommen hatte (Sodian 2012).

Bereits im Säuglingsalter können kulturübergreifend sieben bis zehn **Basisemotionen** beobachtet werden. Dazu zählen Freude, Angst, Trauer, Wut, Ekel, Verachtung, Überraschung, Interesse, Scham und Schuld (Izard 1999, Dornes 2012). Im Film „Alles steht Kopf“, der vom Emotionsforscher Dacher Keltner mitentwickelt wurde, wird sichtbar, wie sehr Gefühle die Weltwahrnehmung dominieren und bei gleichzeitigem Auftreten auch verwirren können. Emotionen sind immer von physiologischen Reaktionen und kognitiven Bewertungen begleitet, wobei manchmal die Emotion der Kognition vorausgeht und manchmal umgekehrt die Kognition die Emotion bestimmt (Myers 2014). Auf dieser Basis arbeitet beispielsweise die kognitive Verhaltenstherapie mit depressiven Menschen, in dem sie mit ihren Klienten positive Umdeutungen von chronisch als negativ erlebten Situationen übt (s. Kapitel 6.3). Säuglinge und Kleinkinder sind noch nicht in der Lage, negative Emotionen kognitiv zu beeinflussen, und sind ihren Bedürfnissen und Gefühlen daher – anders als Erwachsene – ausgeliefert. Sie brauchen in der Regel Unterstützung bei ihrer **Emotions- und Spannungsregulation**.

Besonders evident wird dies bei sogenannten Trotzanfällen. **Trotzanfälle**, die in der Regel im dritten und vierten Lebensjahr auftreten, resultieren entwicklungspsychologisch betrachtet aus einer faktischen Diskrepanz zwischen dem wachsenden Autonomieanspruch des Kindes auf der einen und seinen im Vergleich dazu noch nicht ausreichenden Fähigkeiten auf der anderen Seite. Das

Kind kann weder alles, noch darf es alles. Infolgedessen ist es häufig frustriert und drückt in Trotzanfällen seine Wut und seinen Ärger aus. Ebenso kann Trotzverhalten entstehen, wenn das Kind sich schämt und diese Scham nicht aushalten kann (Wurmser 1998). Trotzanfälle können aber auch dann auftreten, wenn sich das Kind gar nicht in Interaktion befindet. Beispielsweise kann es darum gehen, dass ein Kind sich zwischen zwei Spielzeugen oder Aktivitäten nicht entscheiden kann und der entstehende Motivkonflikt zu einer totalen Handlungsblockade führt.

> „Mit dem Ich als erlebtem Zentrum des Wollens und der Möglichkeit, sich Handlungsalternativen vorzustellen, entsteht also die Notwendigkeit, interne Motivkonflikte zu managen. Das Kind muss also als nächstes lernen, dass Selbst-Wollen-Können nicht bedeutet, alles gleichzeitig wollen zu können" (Bischof-Köhler 2011, 160).

Diese Fähigkeit erwirbt das Kind aber meist erst nach dem vierten Lebensjahr. In den Trotzanfällen verbirgt sich manchmal auch eine interaktive Machtthematik; das Kind möchte in diesem Alter seine Bezugspersonen herausfordern. In der Regel wird dieser Aspekt aber von den erwachsenen Interaktionspartnern überschätzt, die strafend oder ignorierend auf das trotzige Verhalten reagieren. Dieses resultiert oftmals aus der gefühlten Ohnmacht, die sich vom Kind auf den Erwachsenen überträgt. Auch die Mutter kann nichts daran ändern, dass ihr zweijähriger Sohn noch nicht in der Lage ist, die Schleife am Schuh zu binden, und sie kann ihn in dieser Situation nicht zufriedenstellen.

> „‚Nein' und ‚Selbermachen-Wollen' ist die Devise; diese Phase führt unausweichlich zum Zusammenprall mit den grenzsetzenden Erwachsenen, aber auch zur narzisstischen Kränkung, dass die Geschicklichkeit noch fehlt, um gewisse Handlungen fehlerfrei durchzuführen […] eine existenziell wichtige Aufgabe […] ist, dem Kind die Erfahrung zu vermitteln, dass es eine aversive Position einnehmen kann und dass in der Folge die Gemeinsamkeit gefahrlos wiederherstellbar ist" (Ornstein/Rass 2014, 30 f.).

Der Umgang mit diesem Phänomen ist insbesondere bei der Elternarbeit, wie auch in der direkten sozialpädagogischen Arbeit mit kleinen Kindern, enorm reflexionsbedürftig, weil Trotzreaktionen wie wenig andere Phänomene, autoritäre, machtdemonstrierende und z.T. auch gewalttätige Impulse in uns selbst oder bei den betroffenen Eltern hervorrufen (Brisch 2015). Zwischen dem dritten und vierten Lebensjahr resultieren viele Kinderschutzfälle daraus, dass Eltern mit ohnmächtiger Wut auf das, von ihnen als bösartig und ungehorsam interpretierte Verhalten ihrer Kinder reagieren.

Eine sozialpädagogische Aufgabe könnte in dieser Situation beispielsweise sein, die an der Interaktion beteiligten Menschen darin zu stützen, die Ohnmacht auf beiden Seiten – auf Seiten des Kindes, etwas nicht zu können, und auf Seite der Erwachsenen, nicht helfen zu können, – auszuhalten und eher in die Trost-, denn in die Bestrafungsreaktion zu gehen. Dazu bedarf es allerdings auf Seiten der SozialarbeiterInnen, gelegentlich einen – freundlichen – Blick auf die eigenen trotzigen Seiten zu werfen (Bräutigam 2016).

2.6 Entwicklung der Kindheit

> „Kindsein war: hinfallen, im Tunnel schreien, ins Badewasser pinkeln, Läuse haben, nicht auf Gehwegplatten mit Sprung treten, Brille kriegen, schaukeln und kotzen, nicht den Boden berühren!, Brottasche schleudern, Muttervaterkind spielen, Scherben sammeln, Schlüssel verlieren, aus der Zahnlücke Blut saugen, Puppe operieren, der Katze das Laufen auf zwei Beinen beibringen […] " (Budde 2010).

In Bezug auf die **kognitive Entwicklung** beginnt laut Piaget etwa nach Abschluss des zweiten Lebensjahrs das sog. **präoperatorische Stadium**, das in etwa bis zum siebten Lebensjahr anhält (Sodian 2012). Es bilden sich auf Menschen und auf Gegenstände bezogen stabile mentale Repräsentationen. Die Kinder sind nicht mehr nur auf das Hier und Jetzt bezogen, sondern es entsteht langsam eine Repräsentation von Vergangenheit und Zukunft und die Vorstellungskraft nimmt zu. Nach wie vor sind bestimmte logische Operationen, z.B. Reversibilität, noch nicht möglich. In sozialer Hinsicht spricht Piaget von Egozentrismus, der auch noch bei Vorschulkindern herrsche. Kinder in diesem Alter seien noch nicht in der Lage, aus der Perspektive eines Dritten zu sehen (Myers 2014). Auch hier unterschätzte Piaget jedoch die kindlichen Fähigkeiten (s. Kapitel 2.6.1: das Maxi-Paradigma).

Es folgt mit Eintritt des Schulalters – so Piaget – das **konkret-operatorische Stadium**, das mit der Entwicklung von Zahl- und

Zeitbegriffen einhergeht. Die logischen Operationen von Verknüpfungen, wie z.B. Addition und Reversibilität (9 + 5 = 14 und 14 – 9 = 5), werden möglich.

In Bezug auf die **kindliche Persönlichkeitsentwicklung** können Kinder im Alter zwischen zweieinhalb und fünf Jahren beobachtbare Züge des Selbst konstruieren (ich habe blaue Augen, bin kitzlig und mag Eierkuchen). Diese Selbstbeschreibungen stehen aber weitgehend unverbunden nebeneinander. Kinder entwickeln bereits ab dem 3. Lebensjahr eine **soziale Identität**, d.h., ein Gefühl für „ihre Gruppe", und favorisieren diese. Bereits mit vier Jahren entwickeln Kinder einen differenzierten Zeitbegriff und sind in gewisser Hinsicht in der Lage vorausschauend zu denken. Ab dem sechsten Lebensjahr können Merkmale der Selbstbeschreibung miteinander verknüpft werden. Das Kind kann sich und andere mit Hilfe von Gegensatzpaaren beschreiben (Mathilde hat grüne Augen und ich blaue, Mattis kann gut rennen und ich gut zeichnen). Der egozentrische Standpunkt verringert sich noch weiter und der Standpunkt anderer beginnt wirksam zu werden. Das Kind vermag sich nun vorzustellen, was ein Anderer über einen Dritten oder es selbst denkt. Kinder verfügen in etwa ab diesem Zeitpunkt über ein differenziertes und relativ stabiles Selbstkonzept, das mit zunehmendem Alter immer realistischer wird. Ebenso gewinnen Freunde an Bedeutung, auch wenn Freundschaft noch eher zweckorientiert ist – man braucht jemanden zum Spielen und jemanden, der einem hilft und dem man vertrauen kann (Heidbrink 2013).

Ab dem neunten Lebensjahr können Eigenschaften beschrieben werden, die hinter einzelnen Verhaltensweisen stehen und die Vereinbarkeit gegensätzlicher Eigenschaften wird möglich (ich bin eigentlich kein wütender Mensch, aber in bestimmten Situationen raste ich aus). Ab ungefähr zehn Jahren können Kinder ihre eigene Perspektive mit der Anderer vergleichen. Sie können die Perspektive einer dritten Person einnehmen und auf dieser Grundlage die Ansichten von zwei weiteren Personen bewerten (Kray/Schaefer 2015).

In Bezug auf die **sozioemotionale Entwicklung** sind **Kontrollüberzeugungen** und das Bedürfnis nach **Selbstwirksamkeit** von besonderer Bedeutung. In dem sehr interessanten und vielzitierten Marshmallow-Experiment von Mischel (2015) waren manche vierjährige Kinder in der Lage, auf eine Belohnung zu warten, wenn sie durch das Warten eine attraktivere und größere Belohnung bekamen, als wenn sie sie gleich erhielten. Diese Kinder waren offenbar bereits in der Lage, sich vorzustellen, das Gewünschte später nachzuholen; der Aufschub war somit leichter. In späteren Langzeitstudien wurde deutlich, dass die Fähigkeit zum **Bedürfnisaufschub** ein wesentlicher Prädiktor für späteren Schul- und beruflichen Erfolg darstellte (Shoda et al. 1995). Die Fähigkeit zum Bedürfnisaufschub hat übrigens auch etwas mit Bindungssicherheit zu: bindungssichere Kinder haben die Erfahrung gemacht, dass ihre Bedürfnisse verlässlich und mit aushaltbaren Zeitverschiebungen erfüllt werden.

In den folgenden beiden Abschnitten werden exemplarisch zwei weitere Funktionen bzw. Fähigkeiten beschrieben, die bei der sozioemotionalen Entwicklung im Kindesalter und im Kontext der Sozialen Arbeit eine herausragende Rolle spielen.

2.6.1 Theory of mind und die Entwicklung von Mentalisierung

Die Psychologen David Premack und Guy Wodruff (1978) haben den Begriff der **Theory of mind** (Theorie über mentale Zustände) geprägt. Dieser bezeichnet die Fähigkeit, innere Zustände anderer Menschen erkennen zu können. Zwei- bis Dreijährige wissen zwar, z.B. dass jemand anderes etwas sehen kann, was sie selbst gerade nicht sehen, oder dass man vorgestellte Bonbons nicht essen kann. Sie wissen aber in der Regel bis zum vierten Lebensjahr noch nicht, dass Überzeugungen zu Sachverhalten nur Annahmen sind, die den realen Tatbestand treffen oder auch verfehlen können.

Wimmer und Perner (1983) führten dazu ein Experiment durch, das heute als **Maxi- oder auch als das Schokoladen-Paradigma** beschrieben wird. Sie zeigten Kindern eine Bildergeschichte, in der Maxi Schokolade in eine Schublade legt und dann zum Spielplatz geht. Während Maxi auf dem Spielplatz ist, legt ihre Mutter die Schokolade in eine andere Schublade. Die Kinder wurden nun gefragt, in welcher Schublade Maxi die Schokolade nun suchen würde. Dreijährige Kinder antworten, in der Regel, dass Maxi die Schokolade in der Schublade sucht, in die die Mutter sie hineingetan hat – sie werden somit als naive Realisten bezeichnet und erliegen dem **„false belief"**. Erst mit vier Jahren antworten die Kinder, dass Maxi die Schokolade in der Schublade suchen würde, in die sie sie hineingelegt habe, weil sie ja nicht wissen könne, dass die Mutter sie weggelegt hat (Sodian 2012).

Vor dem vierten Lebensjahr ist somit noch keine **Perspektivübernahme** möglich. Kinder können sich in den anderen zwar hineinversetzen, verstehen diesen aber gemäß von ihrem eigenen Erleben. Ab vier Jahren ist eine einfache Perspektivübernahme möglich, die Subjektivität der Perspektiven wird bewusst und es entsteht die Idee, dass der andere etwas anderes denken könnte, als man selbst.

Sicher gebundene Kinder sind aufgrund der oben beschriebenen markierten Spiegelungserfahrungen (s. Kapitel 2.3.3) durch ihre feinfühligen Bezugspersonen ab etwa vier Jahren in der Lage, ihre eigenen Gefühlszustände von denen ihres Gegenübers zu differenzieren und somit **„mentalisieren"** zu können.

> „Mentalisieren heißt, sich auf die inneren Zustände in sich selbst und im anderen zu beziehen" (Brockmann/Kirsch 2010, 279).

Das **Mentalisierungskonzept** wurde von dem britischen Psychologen und Psychoanalytiker Peter Fonagy et al. (2004) entwickelt und ist über die mentalisierungsbasierte Psychotherapie mittlerweile auch ein relevantes Konzept in der Sozialen Arbeit (Kirsch 2016). Die Fähigkeit zur Mentalisierung, d.h. also die eigenen inneren Befindlichkeiten von denen des Gegenübers differenzieren zu können, ermöglicht zwischenmenschliches Verständnis und eine daraus resultierende Handlungsfähigkeit. Sie erleichtert zudem aus sozialarbeiterischer Perspektive in den meisten Fällen die Beziehungsaufnahme zum Klienten.

Im Falle von dem bereits geschilderten Fallbeispiel von Max und seinen Eltern bestand beispielsweise ein Großteil der familientherapeutischen Arbeit, mit den Eltern und Max zu üben, Gefühle als solche zu identifizieren – also beispielsweise zwischen Wut, Traurigkeit, Verlassenheit und Enttäuschung zu unterscheiden – und diese dann nach und nach in Sprache zu bringen. In einem zweiten Schritt ging es dann darum, diese Gefühle beim Gegenüber wahrzunehmen und ebenfalls benennen, d. h. „mentalisieren" zu können.

Dies könnte in der oben beschriebenen Situation konkret bedeuten, dass Max Mutter in der Lage wäre, zu Max zu sagen: „Max, ich bin wütend, weil Du Dich nicht anziehen willst, und möchte deshalb rausgehen. Ich bekomme aber mit, dass es Dir Angst macht, wenn ich Dein Zimmer verlasse". Und Max könnte sagen: „Ich habe Angst, dass ich nicht wieder nach Hause kommen darf. Ich bekomme mit, dass Du vor mir Angst hast, wenn ich Dinge kaputt mache oder Dich beschimpfe."

Viele der Klienten, mit denen SozialarbeiterInnen zu tun haben, sind nur sehr begrenzt in der Lage zu mentalisieren, zum einen aufgrund von biographischen bindungsbezogenen Erfahrungen, und zum anderen weil die **Mentalisierungsfähigkeit** generell in Stresssituationen beschränkt und eingeengt ist. Ein gutes Beispiel dafür sind Sorgerechtsstreitigkeiten prinzipiell gut reflektierter Elternteile, die in dieser Situation aufgrund trennungsbedingter Verletzungen wenig bis gar nicht in der Lage sind, die Gefühlszustände ihres Ex-Partners oder auch der gemeinsamen Kinder zu mentalisieren. Für SozialarbeiterInnen ist es somit eine grundlegende Aufgabe und Anforderung, ihre KlientInnen in ihren Mentalisierungsfähigkeiten zu stützen, da diese der Reflexion und Emotionsregulation dienen.

2.6.2 Die Entwicklung von Empathie

Empathie ist ein in der Sozialen Arbeit viel benutzter und z.T. recht strapazierter Begriff. Empathie ist „irgendwie wichtig". Nicht selten bezeichnen sich Studierende der Sozialen Arbeit oder auch der Psychologie gern zu Beginn ihres Studiums als sehr sensibel bzw. empathisch und meinen damit, dass sie oft darunter leiden, wenn es anderen schlecht geht.

Was aber meint Empathie genau und wie entwickelt sich diese? Empathie beschreibt die Erfahrung, unmittelbar der Gefühlslage oder auch der Intention eines anderen teilhaftig zu werden und sie dadurch zu verstehen. Trotz dieser Teilhabe bleiben das wahrgenommene Gefühl oder Intention dem anderen zugehörig. Empathie ist also gleichbedeutend mit Einfühlung oder Mitempfindung, unterscheidet sich aber von Mitgefühl.

Empathie ist laut Bischof-Köhler (2011) generell zu unterscheiden von der Perspektivübernahme einerseits und dem Begriff der

Gefühlsansteckung andererseits. Die **Perspektivübernahme** meint einen Erkenntnisakt, bei dem die subjektive Verfassung des anderen rein rational erschlossen wird, ohne dass eigenes Mitempfinden daran beteiligt sein muss.

Bei der **Gefühlsansteckung** ergreift die Stimmung des anderen dagegen vom Beobachter selbst Besitz und wird dabei zu seinem eigenen Gefühl, ohne dass ihm der andere als dessen Auslöser bewusst wird. Wenn also Menschen beschreiben, dass sie immer so sehr darunter leiden, wenn es anderen schlecht geht, beschreiben sie häufig das Phänomen der Gefühlsansteckung, was bedeutet, dass die bei anderen beobachteten Gefühle eigene Emotionen triggern, d.h. auslösen. Somit nehmen sie vor allem ihre eigenen Emotionen wahr und nicht die der anderen. Die Fähigkeit zur Differenzierung zwischen Gefühlsansteckung und Empathie ist eines der wesentlichen Lernziele in der Ausbildung von SozialarbeiterInnen.

Nach Feshbach (1978) gibt es zwei kognitive und eine emotionale Voraussetzung für Empathie: Die kognitiven Fähigkeiten bestehen darin, affektive Zustände anderer zu erkennen und zu benennen und Perspektivübernahme zu betreiben. Hinzukommen muss die emotionale Erlebnisfähigkeit, um das beobachtete Gefühl teilen zu können. Laut Hoffman (1982) geht die Ausformung von Empathie folgendermaßen vonstatten: Die **globale Empathie,** die mit Gefühlsansteckung gleichzusetzen ist, tritt bereits bei Neugeborenen auf, die sich vom Schreien der anderen Babys anstecken lassen. Es folgt eine Phase der **egozentrischen Empathie,** d.h., die Annahmen über die Gefühle des anderen sind ganz nach der Maßgabe der eigenen Bedürfnisse geprägt. So bringt ein dreijähriges Kind einem Kind, das gerade hingefallen ist, zum Trost das eigene Lieblingsspielzeug, weil es noch nicht in der Lage ist zu begreifen, dass das hingefallene Kind vielleicht ein ganz anderes Lieblingsspielzeug hat. Etwa mit vier Jahren tritt die **Empathie für den anderen** ein. Es entsteht ein Bewusstsein darüber, dass die Verfassung des anderen von der eigenen unabhängig ist. Als wesentliche Einflüsse auf die **Empathieentwicklung** gelten die familiäre Sozialisation, ein warmherziger und emotional beteiligter Erziehungsstil und die elterliche Feinfühligkeit, insbesondere eine prompte Reaktion auf kindliche Bedürfnisse und Anteilnahme an dessen Nöten und Verletzungen. Auch die Sensibilisierung von und für Schuldgefühle wirkt sich positiv auf die Empathieentwicklung aus (Bischof-Köhler 2011).

Die Fähigkeit zur Empathie, zur Perspektivübernahme und zur Mentalisierung basieren auf einer sicheren Bindung, die sich in den ersten Lebensjahren entwickelt. Alle diese drei Fähigkeiten sind als zentral für sozialarbeiterische Arbeit mit KlientInnen anzusehen, von denen viele in der Ausbildung genau dieser Kompetenzen benachteiligt sind.

2.7 Entwicklung der Jugend

> „Wer außer mir wird später diese Briefe lesen? Wer außer mir wird mich trösten? Ich habe so oft Trost nötig. Ich bin so häufig nicht stark genug und versage öfter, als dass ich den Anforderungen genüge. Ich weiß es und versuche immer wieder, jeden Tag aufs Neue, mich zu bessern.
> Ich werde unterschiedlich behandelt. Den einen Tag ist Anne so vernünftig und darf alles wissen und am nächsten höre ich wieder, dass Anne noch ein kleines dummes Schaf ist, das nichts weiß und nur glaubt, Wunder was aus Büchern gelernt zu haben! Ich bin nicht mehr das Baby und das Hätschelkind, das immer ausgelacht werden darf. Ich habe meine eigenen Ideale, Vorstellungen und Pläne, aber ich kann sie noch nicht in Worte fassen." (aus dem Tagebuch der Anne Frank, 30.10.1943, 143)

Anne Frank ist, als sie Obiges schreibt, 14 Jahre alt. Mit 15 zitiert sie selbst aus einem Buch, welches sie offenbar sehr beeindruckt hatte, dass die Jugend einsamer als das Alter sei. Das Jugendalter gilt als eine subjektiv oftmals sehr anstrengend empfundene **Phase der Transformation,** die u.a. eine Auseinandersetzung mit dem eigenen Körperbild und Körperidealen, mit der eigenen Identität, dem Umbau der sozialen Beziehungen und der Entwicklung eines partnerschaftlichen Bindungsverhaltens beinhaltet (Oerter/Dreher 2008).

> „Wie jede Lebensphase ist Jugend nicht allein durch die körperliche Entwicklung definiert, sondern zugleich durch kulturelle, wirtschaftliche, soziale und ökologische Faktoren beeinflusst"(Hurrelmann/Quenzel 2016, 9).

Bereits Corey (1947) nennt fünf zentrale **Entwicklungsaufgaben**, die die Jugendlichen zu bewältigen haben. Dazu zählen die Annahme der körperlichen Veränderungen, die Loslösung von den Eltern, die Gestaltung von Peerbeziehungen und die Integration sexueller Bedürfnisse, die Entwicklung eines neuen Wertesystems und die Gewinnung einer sozialen sowie beruflichen Identität. Laut Piaget ist die Jugendphase in kognitiver Hinsicht vom Eintritt in das **formal-operatorische Stadium** gekennzeichnet. Nun sind beispielsweise hypothetische oder theoretische Herangehensweisen an Problemstellungen möglich.

In einem Elterngespräch klagt die Mutter einer vierzehnjährigen Jugendlichen über Folgendes: Marie will sich nichts mehr von mir sagen oder vorschreiben lassen, jeder kleinste Kommentar von mir wird als Einmischung oder Übergriff erlebt. Also lasse ich sie weitgehend in Ruhe und habe sie neulich auch nicht gefragt, ob sie mit mir Plätzchen backen will. Da war sie dann total enttäuscht und hat stundenlang auf ihrem Zimmer geheult.

Die Entwicklungsphase Adoleszenz fordert, wie in diesem Beispiel ersichtlich wird, von den Jugendlichen ebenso wie von ihrer nächsten Umgebung einen Umgang mit oftmals **sehr rasch wechselnden und diametral entgegengesetzten Bedürfnissen** nach vollkommener Zugehörigkeit sowie totaler Autonomie (Bräutigam 2011).

> „Jugendliche sind Grenzgänger – gewissermaßen ‚borderliners' –, die sich im Niemandsland zwischen fremd verantworteten Leben der Kindheit und der eigenständigen Verantwortung des Erwachsenendaseins befinden und sich darin zurechtzufinden versuchen. Dieser Zustand des Übergangs verlangt es, so viel Ungewissheit und Konfliktgeladenheit auszuhalten und so viel Lernfähigkeit und Anpassungsvermögen zu erbringen, wie wohl in keinem anderen Stadium der menschlichen Entwicklung" (Ludewig, 2001, 165).

Jugendliche sind wie bereits beschrieben in vielfacher Weise Transformationsprozessen ausgesetzt, die nicht selten zu Krisen führen. Zu diesen zählen in erster Linie **Identitäts-, Selbstwert-, Beziehungs- und Autoritätskrisen** (Resch 1999). Ein besonderes Augenmerk muss dabei auf die im Körper verankerte Identität der/des Jugendlichen gelegt werden (Lemma 2016). Daraus können

internalisierende Formen der Problemverarbeitung, z.B. Depressionen oder Essstörungen, oder auch **externalisierende Formen,** wie Störungen des Sozialverhaltens oder übermäßiger Alkohol- und Drogenkonsum, resultieren (Seiffge-Krenke 2015).

Nach Erik Erikson (1950/2005) ist die Auseinandersetzung mit der eigenen Identität das entscheidende Merkmal der Adoleszenz. Dabei geht es darum, ein Gefühl für die Einheitlichkeit und Unverwechselbarkeit der eigenen Person über unterschiedliche Kontexte hinweg zu erlangen. James Marcia hat dieses Konzept weiterentwickelt und weiter differenziert (Marcia 1980, Mey 1999). Er unterscheidet zwischen einer diffusen Identität, einer erarbeiteten, einer kritischen und einer übernommenen Identität. In Bezug auf jugendliche KlientInnen könnte das heißen, dass Jugendliche mit einer diffusen Identität extrem unsicher über ihre Haltung und Einstellung zu Themen wie Arbeit, politische Einstellung etc. sind, während Jugendliche mit einer erarbeiteten Identität sich bereits einen eigenen Standpunkt erarbeitet haben. Jugendliche mit einer kritischen Identität erleben sich vor allem in Abgrenzung, während Jugendliche mit einer übernommenen Identität oftmals einfach die elterlichen Werte übernehmen.

Inzwischen besteht nahezu allgemeiner Konsens darüber, dass von einer **verlängerten Adoleszenz,** die durchaus bis in die späten 20er gehen kann, gesprochen werden darf (Seiffge-Krenke 2012) und dass die Auseinandersetzung mit Identitätsfragen nicht länger ein Vorrecht Jugendlicher ist. Dabei ist im sozialarbeiterischen Umgang mit Jugendlichen eine gute Reflexion der eigenen Adoleszenz notwendig, weil diese Phase oftmals mit besonderen Kränkungserfahrungen verbunden ist. Im Umgang mit Jugendlichen können diese Kränkungserfahrungen leicht getriggert werden und zu emotionalen, nicht reflektierten Reaktionen wie extrem autoritär/abgrenzendem oder eher anbiederndem/gleichmachendem Verhalten gegenüber den Jugendlichen führen.

2.8 Entwicklung des mittleren und höheren Erwachsenenalters

> „Man altert langsam: Zuerst altert die Lust am Leben und an den Menschen, weißt du, allmählich wird alles so wirklich, du verstehst die Bedeutung von allem, alles wiederholt sich auf beängstigend langweilige Art […] Und mit einem mal beginnt die Seele zu altern: Denn der Körper mag alt geworden sein, die Seele aber hat noch ihre Sehnsüchte, ihre Erinnerungen, noch sucht sie, noch freut sie sich, noch sehnt sie sich nach Freude. Und wenn die Sehnsucht nach Freude vergeht, bleiben nur noch die Erinnerungen oder die Eitelkeit; und dann ist man wirklich alt, endgültig" (Márai 1942, 199f.).

Die Entwicklung des mittleren Erwachsenenalters ist ein noch recht junges Forschungsgebiet (Freund/Nikitin 2012). In diesem Rahmen sollen daher zumindest einige Hinweise zu Entwicklungsaufgaben und Herausforderungen des Erwachsenenalters beschrieben werden. Die Bestimmung dieser Lebensphase erfolgt in erster Linie über die Markierung wichtiger Entwicklungsthemen, wie z.B. berufliche und familiäre Entwicklung. Dabei ist insbesondere auf den Begriff der **„Sandwich-Generation"** zu verweisen; dieser meint, dass Menschen in den mittleren Jahren in der Regel zwischen zwei Generationen stehen und oftmals vielfältige Verpflichtungen gegenüber ihren eigenen Kindern und ihren alternden Eltern haben.

> „Dies kann zu einer zeitlichen und auch emotionalen Belastung führen: Die vorangehende Generation – also die eigenen Eltern, können in dieser Lebensphase pflegebedürftig werden und emotionale wie auch instrumentelle soziale Unterstützung benötigen, während die eigenen Kinder noch zu Hause wohnen und sowohl materielle wie auch zeitliche und emotionale Ressourcen in Anspruch nehmen" (Freund/Nikitin 2012, 265).

Das höhere Erwachsenenalter bezeichnet in etwa den Altersbereich von 65 bis 80 Jahren. Menschen, die älter als 80 Jahre alt sind, werden auch als hochaltrig bezeichnet. In diesen Altersphasen müssen sich Menschen zwangsweise, neben dem Funktionserhalt, auch mit der **Regulation von Verlusterfahrungen** – z.B. Verlust der motorischen und manchmal auch kognitiven Beweglichkeit – auseinandersetzen. In Bezug auf die intellektuelle Entwicklung gilt ein sogenanntes **Zweikomponentenmodell der intellektuellen**

Entwicklung (Baltes 2011, Baltes et al. 1999, Lindenberger/Staudinger 2012), die zwischen alterungsanfälligen und alterungsresistenten Fähigkeiten differenzieren. Zu den alterungsanfälligen Fähigkeiten zählen die Merkfähigkeit, das räumliche Vorstellungsvermögen sowie die Aufnahme und Verarbeitung neuer Informationen. Als alterungsresistent gelten interessanterweise das Kopfrechnen, verbale Fähigkeiten und die Verfügung von Wissensbeständen. Lindenberger und Staudinger (2012) weisen darauf hin, dass mit dem Alter der Bedarf an Kultur wächst; dabei meint Kultur:

> „[...] alle psychischen, sozialen, materiellen und wissensbasierten Ressourcen, die die Menschheit im Laufe ihrer historischen Entwicklung produziert hat. Ein Buch fällt in diesem Sinne ebenso unter den Begriff Kultur wie die Krankenversicherung." (Lindenberger/Staudinger 2012, 285).

Um die in diesem Altersabschnitt anstehenden Entwicklungsaufgaben – die Häufigkeit nicht kontrollierbarer Verlustereignisse sowie eine Verkleinerung des Aktionsradius – einigermaßen gut bewältigen zu können, ist ein **flexibler Umgang** mit sich selbst gesteckten Zielen notwendig. Dieser fällt älteren Menschen aber nicht immer leicht. Oft brauchen sie hierbei eine freundliche und an ihren Stärken orientierte Unterstützung.

Bischof-Köhler, D. (2011): Soziale Entwicklung in Kindheit und Jugend. Bindung, Empathie, theory of mind. 1. Aufl. Kohlhammer, Stuttgart

Rass, E. (2012): Bindung und Sicherheit im Lebenslauf. Psychodynamische Entwicklungspsychologie. 2. Aufl. Klett-Cotta, Stuttgart

Schneider, W., Lindenberger, U. (2012): Entwicklungspsychologie. 7. vollst. überarb. Aufl. Beltz, Weinheim

Wicki, W. (2015): Entwicklungspsychologie. 2. akt. u. erw. Aufl. Ernst Reinhardt, München/Basel

Was meint der Begriff Entwicklungsaufgaben? Diskutieren Sie, ob und welche Entwicklungsaufgaben bestimmten Lebensaltern zugerechnet werden können.

Benennen Sie zwei unterschiedliche Entwicklungsmodelle sowie die wesentlichen Merkmale moderner Entwicklungspsychologie.

Charakterisieren Sie die unterschiedlichen Bindungsstile und begründen

Sie, ob, und wenn wodurch sich diese im Laufe eines Lebens verändern können.

Beschreiben Sie relevante Risiken für die frühkindliche Entwicklung rund um Schwangerschaft und Geburt, und diskutieren Sie, wie Sie als Fachkräfte der Sozialen Arbeit darauf einwirken können.

In welchen vier Stadien vollzieht sich die Entwicklung des Selbst?

Differenzieren Sie Gefühlsansteckung von Empathie.

Diskutieren Sie das Identitätskonzept von James E. Marcia, und überlegen Sie, ob und wie dieses den sozialarbeiterischen Umgang mit Jugendlichen sinnvoll beeinflussen kann.

Inwiefern können Fachkräfte der Sozialen Arbeit ältere Menschen angesichts eingetretener oder drohender Funktionsverluste unterstützen?

3 Allgemeinpsychologische Grundlagen

In diesem Kapitel werden Wahrnehmungs-, Beobachtungs-, Aufmerksamkeits-, Gedächtnis- und Lernprozesse aus allgemeinpsychologischer Sicht skizziert. Wahrnehmungs- und Beobachtungsvorgänge werden als aktive Prozesse beschrieben, die kein exaktes Abbild unserer Umwelt darstellen, sondern vielmehr maßgeblich durch die wahrnehmende Person mitkonstruiert werden. Es werden einige Theorien zum Phänomen der Aufmerksamkeit und verschiedene Möglichkeiten, wichtige von unwichtigen Informationen zu unterscheiden, vorgestellt. Weiterhin werden die Funktionsweisen einzelner Gedächtniskomponenten und das kontextabhängige Konstrukt der Intelligenz in den Blick genommen. Der Schwerpunkt des Kapitels liegt auf dem Prozess des Lernens. Lernen bedeutet in vielen Fällen eine Anpassungsleistung an die jeweilige Umwelt. Ein Ziel der Sozialen Arbeit besteht oftmals darin, KlientInnen zu motivieren, sich Lernerfordernissen zu stellen. Abschließend wird ein Überblick über die wichtigsten Lernstörungen gegeben.

Fachkräfte der Sozialen Arbeit benötigen ein grundlegendes Verständnis von Wahrnehmungs-, Beobachtungs-, Aufmerksamkeits-, Gedächtnis- und Lernprozessen, um menschliches Erleben und Verhalten in sozialen Situationen besser verstehen und einordnen zu können.

3.1 Wahrnehmung

> „Die von der Natur angelegte sensorische Ausstattung befähigt jeden Organismus dazu, an die Informationen heranzukommen, die er benötigt" (Myers 2014, 234).

Im Alltag gehen wir – der Einfachheit halber – davon aus, dass unsere Wahrnehmungseindrücke ein verlässliches Abbild der Wirklichkeit darstellen. Viele Dinge nehmen die meisten Menschen gleich oder ähnlich wahr. Zumindest wirkt es so, wenn sie sich über die Anzahl von Stühlen in einem Seminarraum oder über ihr Entsetzen beim Anblick von getöteten Menschen verständigen. Gleichzeitig existiert das Sprichwort, dass die Geschmäcker eben verschieden sind, was auf die Subjektivität von Wahrnehmungsleistungen hinweist. Das fängt bei der Farbwahrnehmung an und wird im sozialarbeiterischen Kontext deutlich bei der sehr heterogenen Wahrnehmung in Bezug auf ein und denselben Klienten. Dessen Auftreten in einer bestimmten Situation kann von einer Fachkraft als höchst aggressiv, von der anderen als adäquat abgrenzend wahrgenommen werden.

Zunächst ist zwischen Wahrnehmung und Sinnesempfindung zu unterscheiden. Im Prozess der Sinnesempfindung empfangen die Sinnesrezeptoren Reizenergien aus der Umwelt. Wahrnehmung beschreibt hingegen all die Prozesse, welche die sensorischen Informationen strukturieren und interpretieren (Myers 2014).

Anfang des 20. Jahrhunderts formulierten die Gestaltpsychologen Max Wertheimer, Kurt Koffka, Wolfgang Köhler und Kurt Lewin die Gestaltgesetze der Wahrnehmung. Darin beschreiben sie, warum unsere visuellen Sinneseindrücke als zusammenhängend und gestalthaft erlebt werden.

> „Ganz offensichtlich gruppieren sich physiologisch nachweisbare Reize in der Wahrnehmung zu Gebilden, denen ein von der Reizgrundlage abweichender figuraler Eigensinn zukommt" (Fitzek 2014, 2).

1. Figur-Grundaufteilung: Die Figur ist lokalisierbarer, deutlich abgehobener und strukturierter als der Hintergrund.
2. Tendenz zu Geschlossenheit: Unvollständige Reizvorlagen werden als geschlossen wahrgenommen.
3. Gesetz der Gruppierung: Einzelne Elemente werden auf Grund ihrer figuralen Ähnlichkeit (z.B. japanische Reisegruppen, schwarzer Block bei Demonstrationen) oder ihrer räumlichen Nähe als zusammengehörig wahrgenommen.
4. Gesetz der Prägnanz und der guten Gestalt: Einfachheit, Regelmäßigkeit, Symmetrie und Vollständigkeit werden leichter wahrgenommen und besser erinnert.

Wahrnehmungsprozesse – auch perzeptuelle Prozesse genannt – stellen also keinen passiven Prozess dar und führen auch zu keiner wirklichkeitsgetreuen Abbildung unserer Umwelt. Wahrnehmung ist ein aktiver Vorgang, der durch die wahrnehmende Person mitgestaltet wird (Zimbardo 2008).

Wahrnehmung erfolgt prinzipiell auf zweierlei Wegen: Zum einen sind Wahrnehmungsprozesse datengesteuert, es handelt sich um „bottom-up"-Prozesse. Die Bottom-up-Verarbeitung beruht auf den sensorischen, d.h. sinnesbezogenen Daten aus der Umgebung. Man kann sich das in etwa so vorstellen:

Durch die Stimulation der inneren oder äußeren Umwelt – also etwa durch ein rotes Signal beim Bahnübergang oder durch ein Ziehen in der Magengegend – wird eine Empfindung ausgelöst. Diese Phänomene bezeichnet man sensorische Prozesse. Nur ein kleiner Teil der Wirklichkeit ist für Menschen auf diese Weise wahrnehmbar, da ihnen für viele Vorgänge der objektiven Wirklichkeit die Sinnesorgane fehlen. So können Menschen im Unterschied zu einigen Tieren bestimmte Tonfrequenzen beispielsweise nicht hören.

In einem weiteren Schritt werden diese Empfindungen strukturiert – ich sehe etwas Rotes blinken, ich spüre ein Unwohlsein.

In einem dritten Schritt findet dann Identifikation und ein Wiedererkennen statt. Das blinkende Licht wird als Warnsignal eines nahenden Zuges und das Ziehen in meiner Magengegend als Hunger identifiziert und somit als bekannt wiedererkannt und interpretiert. Mit dem Identifikations- und Wiedererkennungsprozess sind auch andere mentale Prozesse verbunden. Hierzu gehören beispielsweise Erwartungen, Annahmen, Wissen, Gedächtnis, Sprache und Motivation.

Das Ziehen im Magen wird nicht nur als Hunger identifiziert, sondern es wird Wissen aktiviert, welches zum Essen auffordert. Das bedeutet aber nicht, dass dieses Wissen automatisch zur Handlung der Nahrungsaufnahme führt, sondern es kann kontextbezogen entschieden werden, was zu tun ist. Je nachdem, ob eine körperlich anstrengende Aktivität bevorsteht oder vielleicht gerade der erste Tag einer Fastenkur vorüber ist, werden Menschen sich für eine andere Verhaltensweise entscheiden. An diesem vergleichsweise simplen Beispiel wird deutlich, wie komplex Wahrnehmungsleistungen angelegt sind.

Zum anderen sind Wahrnehmungsprozesse aber auch konzeptgesteuert, es handelt sich also um „top-down“-Prozesse. Die Topdown Verarbeitung bezieht unser Vorwissen und unsere Vorerfahrungen mit ein:

Konkret bedeutet das, dass Wahrnehmungen auch von unseren Erwartungen und Voranahmen geprägt sind.

> Ein im Strafvollzug arbeitender Sozialarbeiter hat von einem Kollegen gehört, dass ein bestimmter Strafgefangener oftmals ein unverschämtes und übergriffiges Verhalten gezeigt habe und dass man sich von diesem nichts bieten lassen dürfe. So nimmt der betreffende Sozialarbeiter bei einem ersten Treffen mit dem Strafgefangenen dessen Mimik möglicherweise von vorneherein nicht als freundlich einladendes Lächeln, sondern eher als freches Grinsen wahr.

Konzeptgesteuerte Wahrnehmungsprozesse spielen beim Verständnis von Vorurteilen und sich selbst erfüllenden Prophezeiungen eine wichtige Rolle. Hierauf wird im nächsten Kapitel (s. Kapitel 4.8.1) genauer eingegangen.

Wahrnehmungen beruhen nicht aber nur auf kognitiven und von innen gesteuerten Prozessen, sondern werden laut des berühmten amerikanischen Wahrnehmungspsychologen James Gibson (1904–1979) auch durch die Analyse in der jeweiligen Umwelt bestimmt. Menschliche Wahrnehmung ist nach Gibson darauf gerichtet, die **Angebote einer Situation** und darauf bezogene Handlungsmöglichkeiten zu erkennen (Wentura/Frings 2013). Fachkräfte der Sozialen Arbeit nehmen z.B. beim Hausbesuch nicht nur wahr, wie eine Wohnung eingerichtet ist, sondern auch, ob Kinder Spielmöglichkeiten haben, weil dies eine relevante Information für weitere professionelle Interventionen sein kann.

Wahrnehmungsprozesse sind also nach bestimmten Prinzipien organisiert und keinesfalls ein simples Abbild der Wirklichkeit. Im sozialarbeiterischen Kontext gilt es, die Subjektivität und Rahmenbedingungen, in denen fachliche Entscheidungen auf der Basis von Wahrnehmungsprozessen getroffen werden, kontinuierlich zu reflektieren. Im Folgenden soll es um die Darstellung von Beobachtung gehen, die im Unterschied zu Wahrnehmung immer ein zielgerichteter Prozess ist.

3.2 Beobachtung

> „Von direkter Beobachtung spricht man, wenn die Beobachtung mit ‚bloßem Auge' gemacht wird, im Gegensatz zur indirekten Beobachtung, die sich nicht direkt auf das Verhalten bezieht, sondern auf Aussagen darüber, wie sie in Befragungen erfasst werden können, wenn eine direkte Beobachtung nicht möglich ist, wie bei Meinungen, Gefühlen und Gedanken"(Becker-Carus/Wendt 2017, 25).

Verhaltensbeobachtung ist ein zentraler Bestandteil in vielen Berufsfeldern Sozialer Arbeit. Beispiele dafür sind Schulsozialarbeit, Street-Work, Soziale Arbeit mit rechten Gruppen und ganz allgemein Gemeinwesenarbeit. Die Methode der teilnehmenden Beobachtung stammt aus der Ethnographie (Devereux 1973); sie sieht beispielsweise vor, möglichst unselektiert zu beobachten. Um z.B. die Kiezstruktur eines bestimmten Stadtteils näher kennenzulernen, kann es z.B. sinnvoll sein, sich einen ganzen Nachmittag dort auf eine Bank auf dem Spielplatz zu setzen und zu beobachten, was dort passiert, welche Arten von Kommunikationen stattfinden etc. Dabei liegt der Fokus nicht auf den vermeintlichen Problemgruppen als potentiellen KlientInnen, sondern möglichst umfassend und mit quasi „gleichschwebender Aufmerksamkeit" (ein Begriff aus der Tiefenpsychologie, der unter Kapitel 6.1 erläutert wird) zu erfassen, was alles geschieht.

Um Beobachtungen verwerten zu können, müssen sie zunächst phänomenologisch und möglichst wertfrei beschrieben werden, was keine ganz unkomplizierte Angelegenheit ist. Beschreibung und Deutung bzw. Interpretation sind im Alltag sehr oft miteinander vermischt. Bei professionellen Handlungen ist eine Verknüpfung zwischen Beobachtung und Deutung oft schwierig bzw. sehr fehleranfällig.

Wenn sich auf einer jugendpsychiatrischen Station eine Jugendliche in ihr Zimmer zurückzieht, wäre die korrekte Beobachtung: Die Jugendliche verkriecht sich in ihrem Zimmer. Unzulässige – wenn auch möglicherweise zutreffende – Verquickungen wären: Die Jugendliche zieht sich zurück, weil sie nichts mit ihren Mitpatienten zu tun haben will. Oder sie tut es, weil Jugendliche eben so sind. Oder aber sie zieht sich zurück, weil sie gerade eine paranoide Psychose entwickelt. Selbstverständlich ist eine Deutung des Verhaltens meist entscheidend für die professionelle Reaktion (Einzel- oder Gruppengespräch, Änderung der Medikation). Wichtig ist jedoch ein Nacheinander – erst die Beobachtung, dann die Deutung – und eine Reflexion der Deutung statt einer Gleichzeitigkeit bzw. einer unreflektierten Vermischung dieser Prozesse.

Abschließend soll auf typische Beobachtungsfehler hingewiesen werden (Schermer 2011):

1. Physiologische Einschränkungen (z.B. Kurzsichtigkeit)
2. Konsistenzeffekte: Menschen haben die Tendenz, in ihren Urteilen möglichst widerspruchsfrei bleiben zu wollen. Beim sogenannten Halo-Effekt (Überstrahlungseffekt) erfolgt die Beurteilung in Übereinstimmung mit dem ersten Gesamteindruck oder einem besonders auffälligen Merkmal. Man neigt z.B. dazu, sorgfältig gepflegten und gut angezogenen KlientInnen eher seltener zu unterstellen, dass sie ihre Kinder misshandeln. Für die Reflexion der eigenen Deutung ist das Wissen um diesen Effekt – auf den auch die Intuition aufbaut und in den das Erfahrungswissen miteinfließt – als mögliche Fehlerquelle wichtig und hilfreich.
3. Erwartungseffekte: Die Beobachterin sieht das, was sie sehen will. Ein bekannter Erwartungsfehler ist der sogenannte Pygmalion-Effekt; dieser wurde erstmals 1971 von Rosenthal und Jacobson beschrieben (Rosenthal/Jakobsen 1971). Sie testeten die allgemeine intellektuelle Leistungsfähigkeit von SchülerInnen und teilten deren Lehrern fälschlicherweise mit, dass es sich bei diesem Test um die Herausfilterung intellektueller Spätentwickler handele. 20 % der nach Zufall ausgewählten SchülerInnen wurden den Lehrern dann als Spätentwickler dargestellt. Nach einem Jahr brachten diese SchülerInnen dann bessere Leistungen als die anderen, da die LehrerInnen sie offenbar als besonders förderungswürdig ansahen.
4. Verzerrung durch emotionale Involvierung: Wenn Menschen sich sehr nahe stehen, ist es Ihnen nicht mehr möglich, neutral zu beobachten. Dieses ist ein Grund dafür, Freunde, Partner und Familienmitglieder nicht professionell zu beraten.
5. „Observer drift“: Im Verlaufe der Beobachtung können sich die Bewertungs- und Beobachtungskriterien ändern. So wird möglicherweise die 15. Klausur tendenziell milder bewertet, als

die erste, weil bei Bewertenden ein gewisser Ermüdungseffekt eingesetzt hat.

Neben Beobachtung ist auch **Aufmerksamkeit** ein wichtiges Phänomen im Kontext der Sozialen Arbeit, um besser nachvollziehen zu können, nach welchen Kriterien Menschen bestimmte Dinge in den Blick nehmen und andere gänzlich vernachlässigen.

3.3. Aufmerksamkeit

Unser Aufmerksamkeitsfokus bestimmt die Art von Informationen, die unseren Wahrnehmungsprozessen primär zur Verfügung gestellt werden. Eine zentrale Frage ist dabei, wie wichtige von unwichtigen Informationen unterschieden werden, wie also Informationen selektiert werden, denen wir Aufmerksamkeit schenken. Dazu werden die vier gängigsten Modelle dargestellt:

Filtermodelle sind die historisch frühesten Modelle, die diese Selektion erklären. Sie gehen davon aus, dass Selektion von Informationen durch einen Filter zustande kommt. Donald Broadbent (1958) stellte als erster eine solche Theorie auf. Er ging davon aus, dass der Geist ähnlich wie ein Kommunikationskanal nur über eine begrenzte Kapazität verfügt, um Informationen vollständig zu verarbeiten. Darüber hinaus behauptete er mit dieser Theorie, dass die Auswahl, welche Informationen aufgenommen werden, schon sehr früh stattfindet und zwar bevor der Inhalt der Informationen genau identifiziert wurde(Müller/Krummenacher 2006, 240).

Für eine später einsetzende Filterung spricht der berühmte **„Cocktailparty-Effekt"** (Cherry 1953). Dieser erklärt sich folgendermaßen: Obwohl man während einer halbwegs spannenden Unterhaltung mit einem anderen Gast alle anderen akustischen Wahrnehmungsinformationen ausblendet, nimmt man z.B. in der Regel wahr, wenn ein paar Meter weiter weg der eigene Name fällt oder aber ein Musikstück einsetzt, auf das man schon den ganzen Abend gewartet hat und zu dem man tanzen wollte (Becker-Carus/Wendt 2017).

Ein weiteres Modell, das sich mit dem Thema der Informationsselektion beschäftigt ist das Kapazitätsmodell nach Kahnemann (1973). Dieses geht von der Möglichkeit der Aufmerksamkeitsverteilung auf mehrere gleichzeitig ablaufende Aufgaben aus und stellt damit das Phänomen der geteilten Aufmerksamkeit in den Mittelpunkt des Interesses (Schweizer 2006).

Diesem Modell zufolge sind vier Komponenten ausschlaggebend dafür, welche Informationen mit Aufmerksamkeit bedacht werden können.

1. Dispositionen bestimmen, dass wir bei lauten Geräuschen aufschrecken oder bei einem Blitz kurz zusammenzucken.
2. Momentane Absichten lenken die Aufmerksamkeit auf gerade handlungsrelevante Aspekte. Hierunter fällt das Phänomen des hungrig einkaufen Gehens, das oft dazu führt, dass sehr viel mehr als ursprünglich beabsichtigt gekauft wird.
3. Die subjektive Einschätzung des Schwierigkeitsgrades der kognitiven Anforderungen: Ist die Klausur so anspruchslos, dass man sich bequem noch mit dem Nachbarn unterhalten kann, oder im Gegenteil so anspruchsvoll, dass der draußen tobenden Orkan nicht gehört wird?
4. Auswirkungen äußerer Stressoren können zu sachunangemessener Ressourcenverteilung führen, z.B. achtet ein Vater, der beim Autofahren sein schreiendes Kind beruhigen will, möglicherweise nicht mehr ausreichend auch den Straßenverkehr.

Insgesamt geht dieses Modell von einer begrenzten Kapazität der Aufmerksamkeit aus, die auf die anstehenden Aufgaben verteilt werden kann.

Ein gutes Beispiel dafür sind oft Mütter kleiner Kinder, die einer Unterhaltung erstaunlich gut folgen können und dennoch aus den Augenwinkeln ihr Kind beobachten und blitzschnell eingreifen, wenn dieses dabei ist, den heißen Milchtopf vom Herd zu ziehen.

Je komplexer ein Reizinput allerdings ist, desto mehr Verarbeitungskapazität muss aufgebracht werden, um ihn zu analysieren. Den meisten Menschen gelingt es mühelos, gleichzeitig einen

Einkaufszettel zu schreiben und dabei ein alltägliches Telefonat zu führen. Dagegen ist es eher schwierig, einen fremdsprachigen Film zu verfolgen und gleichzeitig mit dem Freund oder Freundin eine Beziehungskrise zu erörtern; beides sind in der Regel komplexe Reizinputs.

Yantis (1993) erklärt das Phänomen der selektiven Aufmerksamkeit auf eine dritte Weise: Er beschäftigte sich vornehmlich mit der Frage, wonach bestimmt wird, welche Objekte in das Zentrum unserer Aufmerksamkeit rücken. Dafür gibt es zwei Möglichkeiten:

1. als zielgesteuerte Wahl
2. als reizinduzierte Vereinnahmung

Bei der zielgesteuerten Wahl schenken wir Objekten aufgrund eigener Ziele unsere Aufmerksamkeit. Menschen, die Eltern werden, fällt auf einmal auf, dass es sehr unterschiedliche Typen von Kinderwägen gibt. Diese gab es selbstverständlich auch vorher, nur hatte diese Information für die Betrachter keinerlei Relevanz und erfuhr daher keine Aufmerksamkeit.

Bei der reizinduzierten Vereinnahmung handelt es sich um ein Phänomen, bei dem Objekte in der Außenwelt unwillkürlich unsere Aufmerksamkeit erregen. Nach diesem Muster arbeiten z.B. Werbekampagnen, die auf ungewöhnliche Formen der Ästhetisierung oder auch Skandalisierung setzen. Forschungsergebnisse legen nahe, dass sich unter bestimmten Umständen die reizinduzierte Vereinnahmung gegenüber der zielgesteuerten Wahl durchsetzt (Zimbardo 2008).

Das vierte Modell nach Neumann (1992) bringt die Aufmerksamkeit nicht in erster Linie mit kognitiven Prozessen in Verbindung, sondern betrachtet Aufmerksamkeit in ihrem Bezug zur Handlungsregulation.

Die Selektivität der Reizverarbeitung muss hierbei als eine notwendige Voraussetzung für die Verwirklichung von Verhaltens- und Handlungsabsichten gesehen werden. Das heißt, es werden nur noch solche Informationen berücksichtigt, die für die Ausführung von Handlungsabsichten nötig sind. Aufmerksamkeit ist demzufolge eine komplexe Größe, bei der mehrere Aspekte eine Rolle spielen.

Das Modell beinhaltet fünf Komponenten:

1. **Verhaltenshemmung:** Physisch nicht miteinander vereinbare Handlungs- oder Verhaltensweisen kann eine Person nicht ausführen. Bei der Begegnung mit einem bissigen Hund muss eine Entscheidung zwischen Wegrennen oder Stehenbleiben getroffen werden
2. **Regulation des psychophysiologischen Erregungsniveaus:** Hier geht es um den Wachheits- und Anspannungsgrad einer Person, d.h., die Aufmerksamkeit hängt auch von dem Grad der Müdigkeit bzw. Wachheit ab.
3. **Informationsselektion zur Handlungssteuerung:** Will man Äpfel pflücken kann man sich nicht alle Äpfel gleichzeitig ansehen, sondern muss sich zunächst auf den Apfel beschränken, den man als erstes pflücken will.
4. **Handlungsplanung:** Durch Koordination des Verhaltens und Handelns und durch die Erstellung eines Handlungsplans wird es dem Individuum schließlich möglich, gleichzeitig mehrere sich physisch nicht ausschließende Dinge zu tun, z.B. Klavier spielen und dazu singen.
5. **Fertigkeitsbedingte Interferenz:** Das bedeutet, dass dieselbe Fertigkeit nicht zur selben Zeit für unterschiedliche Handlungen eingesetzt werden kann. Wenn ein Mensch unterschiedliche Schwimmstile beherrscht, kann er diese nacheinander, aber nicht gleichzeitig einsetzen. Er muss sich auf die Ausführung von nur einer Fertigkeit beschränken. Neumann zufolge werden auf diese Weise Koordinierungs- und Steuerungsprobleme vermieden.

Die Beachtung von Prinzipien und Mechanismen, wie sich unsere Aufmerksamkeit organisiert, ist im sozialarbeiterischen Alltag insofern von hoher Bedeutung, weil alle in Hilfeprozessen beteiligten Akteure in hochkomplexen Systemen agieren und ihre Aufmerksamkeit zwangsweise auf ausgewählte Punkte richten müssen.

Im folgenden Abschnitt werden die Funktionsweisen des Gedächtnisses skizziert. Besondere Bedeutung erhalten diese beispielsweise in der Arbeit mit Menschen mit demenziellen Erkrankungen oder auch mit traumatisierten KlientInnen.

3.4 Gedächtnis

> „Sie mögen glauben […], dass die Erinnerung nichts anderes ist als eine Videoaufnahme, die die Tage Ihres Lebens aufzeichnet, ihren Verlauf, und sie im Archiv Ihres Gehirns verwahrt. Dies ist eine weit verbreitete Annahme und eine intuitive Metapher, der es nicht an Eleganz mangelt: Das Gehirn ist eine Bibliothek, in der die Geschichten unserer Zeit gebunden und aufbewahrt werden; eine schöne Metapher, doch leider irreführend und falsch. Die Erinnerung ist kein Depot, sondern eine Geschichte, die wir uns im Nachhinein erzählen. Als solche ist sie aus dem Material zusammengesetzt, aus dem Geschichten entstehen – Ausschmückung und Verfälschung, Verwirrung und Dringlichkeit, Enthüllung und Unklarheit" (Shpancer 2011, 53).

Gedächtnis ist Überlebenssicherung und verbindet uns mit der Außenwelt und den anderen Menschen. Gedächtnis kann man grob als die kognitive Fähigkeit bezeichnen, Informationen zu enkodieren, d.h. aufzunehmen, zu speichern und abzurufen. Im Wesentlichen lässt sich das Gedächtnis im Gehirn bzw. in verschiedenen Hirnarealen lokalisieren, wobei wir mittlerweile auch von einem zellulären sowie einem Körpergedächtnis ausgehen.

Hermann Ebbinghaus war einer der ersten, der sich mit Gedächtnisleistungen bzw. mit dem Prozess des Vergessens beschäftigte; er gilt als der Vater der **„Vergessenskurve"**. Er stellte 1885 die Hypothese auf, dass Fakten, die kurz vor einer Prüfung gelernt werden, zu einem großen Anteil bald wieder verschwinden, wenn sie nicht auf früheren Lernprozessen aufbauen. Um die Fähigkeiten des Gedächtnisses zu überprüfen, lernte Ebbinghaus eine große Anzahl sinnloser Silben auswendig. Dieses stellte den Versuch dar, eine möglichst reine kontext- und bedeutungslose Form der Gedächtnisleistung zu untersuchen.

Ein frühes Gedächtnismodell stellt das molare Gedächtnismodell bzw. Mehrspeichermodell dar, das auf Atkinson und Shiffrin (1968) zurückgeht. Diesem Modell zufolge besteht das Gedächtnis aus drei auf einander bezogenen Speichern: dem sensorischen Register, dem Kurzzeitgedächtnis und dem Langzeitgedächtnis (Zimbardo 2008).

Im **sensorischen Gedächtnis** werden sehr flüchtige visuelle, akustische, olfaktorische und gustatorische Reize gespeichert. Man unterscheidet in diesem Zusammenhang beispielsweise zwischen dem ikonischen Gedächtnis, das eine große Anzahl visueller Reize für eine kurze Zeit speichern kann und dem echoischen Gedächtnis, das akustische Reize speichert.

Nur ein sehr geringer Teil der Informationen aus dem sensorischen Gedächtnis gelangt in den Kurzzeitspeicher und wird enkodiert. Der Prozess der **Enkodierung** beinhaltet eine sprachbezogene Verschlüsselung der Informationen.

Im **Kurzzeitgedächtnis** befinden sich – wenn auch wie der Name schon sagt nur für kurze Zeit – explizite, verbalisierbare Gedächtnisinhalte. Es gibt verschiedene Techniken, um z.B. für Prüfungsvorbereitungen eine große Menge an Informationen im Kurzzeitgedächtnis abzuspeichern. Eine ist die Methode des **„Rehearsal"** – eine Art aufrechterhaltendes Wiederholen. Auf diese Weise werden z.B. Vokabeln, Telefonnummern oder auch Melodien gelernt.

Ein anderer Mechanismus wird als **„Chunking"** bezeichnet. Ein Chunk bezeichnet eine bedeutungsvolle Informationseinheit. Die Ziffern 1 9 8 4 können vier Items darstellen oder auch einen Chunk, wenn man dabei an die Jahreszahl oder an Orwells Roman denkt. Wenn es gelingt, große Informationsmengen in einer geringen Anzahl Chunks zu organisieren, kann dadurch die Gedächtnisspanne deutlich erweitert werden.

Mittlerweile wird der Begriff des Kurzzeitgedächtnisses kritisiert und durch den Begriff des **Arbeitsgedächtnisses** ersetzt (Myers 2014). Mit dieser neuen Begrifflichkeit werden die aktive Verarbeitung von eingehenden sensorischen Informationen und die Verknüpfung mit Informationen aus dem Langzeitgedächtnis betont.

Das **Langzeitgedächtnis** definiert sich durch eine fast unbegrenzte Kapazität und Haltezeit. Das Langzeitgedächtnis eines Menschen bestimmt sein gesamtes Wissen von der Welt und von sich selbst. Im Langzeitgedächtnis werden Informationen, Emotionen, Regeln, Kategorien etc. gespeichert, die zu einem beliebigen Zeitpunkt abrufbar sind. Es unterteilt sich in ein explizites/deklaratives Gedächtnis und in ein implizites/nondeklaratives Gedächtnis.

Das **explizite/deklarative Gedächtnis** speichert alle bewussten und verbalisierbaren Inhalte. Es differenziert sich in das **seman-**

tische Gedächtnis (hier werden kontextfrei Wissen und Begriffe gespeichert) und in das **episodische Gedächtnis** (persönliche Erinnerungen mit chronologisch-autobiographischem Charakter, Kindheitserinnerungen, Kriegserinnerungen, Erinnerungen an die erste große Liebe).

Das **implizite/nondeklarative** Gedächtnis umfasst unbewusstes Wissen, automatisierte Handlungsabläufe und prozedurales Lernen wie z.B. Autofahren, aber auch emotionale und konditionierte Reaktionen (Ruf et al. 2012).

Das nach wie vor populäre molare Gedächtnismodell gilt heute als unterkomplexe und stark vereinfachende Beschreibung des Gedächtnisses, da es die einzelnen Speicher nicht differenziert genug beschreibt. Heute spricht man eher von verschiedenen **Gedächtniskomponenten** anstatt von unterschiedlichen Speichern (Schneider/Lindenberger 2012):

> „Untersuchungen mit hirnverletzten Patienten belegen den Sinn einer Unterscheidung zwischen expliziten und impliziten (prozeduralen) Gedächtnissystemen, da sie nachweisen können, dass trotz Ausfall des expliziten Gedächtnisses das implizite Gedächtnis problemlos funktionieren kann" (Schneider/Lindenberger 2012, 414).

Eine Grundfunktion des Gedächtnisses ist es, ähnliche Erfahrungen zusammenzufassen, um Muster in der Interaktion mit der Umwelt aufzudecken. Dazu gehört das Prinzip der **Typikalität** oder der **Prototypenannahme** nach Rosch (1978). Das bedeutet, dass alle Menschen einen bestimmten Prototyp von Werkzeug, Hund, Mann oder Frau verinnerlicht haben, der auf den Erfahrungen bzw. Begegnungen beruht, die sie mit diesen Objekten oder Personen gemacht haben.

Zudem entwickeln Menschen **Schemata** bzw. **Skripts** (Schneider/Büttner 2002). Schemata sind konzeptuelle und verinnerlichte Vorstellungen, die sich auf Objekte, Menschen oder Abläufe beziehen. Sie sind komplexe Verallgemeinerungen, die aus der Erfahrung mit der Umwelt und deren Strukturen resultieren. Sie ermöglichen es z.B. bereits kleinen Kindern, routinemäßig wiederkehrende Abläufe (z.B. das Zu-Bett-geh-Ritual) sowie bestimmte Ereignisse zu antizipieren und zu kontrollieren. Ein gängiges Beispiel ist das sogenannte Restaurantskript (Tisch aussuchen, in die Karte gucken etc.). SozialarbeiterInnen sind oftmals mit den Skripts und Schemata ihrer KlientInnen konfrontiert und stehen vor der Herausforderung, destruktive Schemata konstruktiv zu verändern oder zumindest zu modifizieren.

Der 17-jährige Lars gestaltete beispielsweise den Abschied von dem jeweils für ihn zuständigen Bezugsbetreuer in einer Jugendwohngruppe immer so, dass er jeglichen Kontakt vermied oder aber negative Reaktionen provozierte. Sein Abschiedsschema war biographisch bedingt mit einem Beziehungsabbruch gleichgesetzt. Er hatte nie erlebt, dass sich eine wichtige Bezugsperson von ihm aktiv und emotional zugewandt verabschiedet hatte, sondern er erlebte Abschiede stets als ein wortloses Verlassen werden.

Unter normalen Bedingungen arbeiten die unterschiedlichen Gedächtniskomponenten des expliziten und des impliziten Gedächtnisses gut zusammen. Bei traumatischen Erlebnissen ist diese Verbindung allerdings oftmals gestört(s. Kapitel 6.2.4) Das kann z.B. bedeuten, dass die mit einem traumatischen Ereignis – z.B. einer Vergewaltigung – verbundenen Emotionen wie überwältigende Angst und Scham zwar im **impliziten Gedächtnis** („heißes" Gedächtnis) erinnert werden, aber nicht mit dem **expliziten Gedächtnis** („kaltes" Gedächtnis), das Ereignisse zeitlich ordnet, verbunden werden können.

> „Auf der Basis dieser Erkenntnisse aus der Gedächtnisforschung wird deutlich, dass eine wirksame Traumatherapie darauf abzielen muss, alle traumatischen Erfahrungen eines traumatisierten Kindes auf allen Ebenen (Emotionen, Kognitionen, Sensorik, Perzeption etc.) explizit zu machen. Die Inhalte des heißen Gedächtnisses müssen an die Inhalte des kalten Gedächtnisses gebunden werden […]" (Ruf et. al. 2012, 127).

Gedächtnisprozesse sind insgesamt also eine höchst komplexe Angelegenheit und für die innere Selbstorganisation und äußere Orientierung in der Welt als hoch bedeutsam anzusehen. Bevor nun Lernprozesse genauer in den Blick genommen werden, soll zunächst das ebenfalls vielschichtige Konstrukt der Intelligenz insbesondere unter dem Aspekt beleuchtet werden, welche Rolle dieses für das Lernen spielt.

3.5 Intelligenz

Was ist **Intelligenz**? Eine beliebte Floskel besagt, dass Intelligenz das ist, was im Intelligenztest gemessen wird. Eine Gruppe von 52 Forschern einigte sich auf folgende Definition: „Intelligenz ist eine sehr allgemeine geistige Fähigkeit, die unter anderem die Fähigkeiten zum schlussfolgernden Denken, zum Planen, zum Problemlösen, zum abstrakten Denken, zum Verstehen komplexer Ideen, zum raschen Auffassen und zum Lernen aus Erfahrung einschließt" (Gottfredson 1997, zit. nach Zimbardo 2008, 331).

Intelligenz kann je nach kulturellem Kontext vollkommen unterschiedliche Dinge bedeuten, wie etwa ein umfangreiches Wissen über Art und Anwendung von medizinisch wirksamen Kräutern im Regenwald oder aber das Verständnis hochabstrakter Textpassagen (Myers 2014).

Die Ursprünge der **Intelligenzmessung** sind mit dem Namen Alfred Binet verbunden. Binet hatte nach einem Aufruf des französischen Bildungs- und Erziehungsministerium versucht, einen objektiven Test der geistigen Leistungsfähigkeit zu entwickeln, der „normale" Kinder und Kinder mit Lern- und Entwicklungsstörungen voneinander unterscheiden sollte (1905). Es wurden die Leistungen von Kindern verschiedenen Alters gemessen und die Leistung jedes einzelnen Kindes wurde mit dem Durchschnitt gleichaltriger Kinder verglichen. So entstand das Konstrukt des **Intelligenzalters.** Die Aufgaben wurden so gewählt, dass sie nicht zu sehr von den unterschiedlichen Lebensumwelten der Kinder beeinflusst werden sollten. Binet hielt die Entwicklung der Intelligenz mit etwa 15 Jahren für abgeschlossen (Stemmler et al. 2016).

Der bedeutende Hamburger Psychologe William Stern schlug 1911 vor, das Intelligenzalter mit dem Lebensalter in Bezug zu setzen. So entstand der **Intelligenzquotient**, der eine Vergleichbarkeit von über- bzw. unterdurchschnittlichen Leistungen auf verschiedenen Altersstufen ermöglichen sollte. Der Wert 100 entspricht demnach einem durchschnittlichen IQ. Ein achtjähriges Kind, dessen Testergebnisse ein Lebensalter von 10 vorweisen, verfügt demnach über einen IQ von 125 und eines, dessen Testergebnisse ein Lebensalter von sechs Jahren vorweisen, einen IQ von 75. Werte zwischen 90 und 110 gelten als normal, über 120 gilt als überdurchschnittlich begabt, Werte unter 70 weisen auf eine Intelligenzminderung bzw. geistige Behinderung hin.

Mittlerweile gibt es viele verschiedene diagnostische Verfahren zur Messung von Intelligenz, die in der Regel nur von PsychologInnen durchgeführt werden dürfen. Im deutschsprachigen Raum ist der **Wechsler-Intelligenztest** nach wie vor am verbreitetsten, der zwischen verbaler und handlungsbezogener Intelligenz unterscheidet, aber auch die Gesamtintelligenz misst (Berk 2005).

Die Frage ist aber, ob Intelligenztests wirklich alle Fähigkeiten umfassen, die Intelligenz ausmachen. Raymond Cattell (1963) entwickelte das insbesondere unter entwicklungspsychologischen Gesichtspunkten interessante Konzept, dass sich Intelligenz in zwei relativ unabhängige Komponenten differenziert, die er als kristalline und fluide Intelligenz bezeichnete. **Fluide Intelligenz** ist zum einen relativ kulturunabhängig und bezieht sich auf die Fähigkeit, neue Probleme und Situationen schnell und kompetent zu erfassen und zu bewältigen. **Kristalline Intelligenz** meint das im hohen Maße kulturabhängige umfassende Wissen, das eine Person erworben hat, sowie ihre Fähigkeit darauf zurückzugreifen. Diese Form der Intelligenz nimmt mit dem Alter zu, während fluide Intelligenz tendenziell abnimmt.

Robert Sternberg (2001) beschrieb drei Komponenten von Intelligenz, und zwar eine **analytische Problemlösungsintelligenz,** die sich besonders im schulischen Kontext bewährt, eine **kreative Intelligenz,** die sich in der Entwicklung neuer Ideen ausdrückt, und eine **praktische Intelligenz,** die sich auf die Ausführung alltäglicher und mehrdeutiger Aufgaben bezieht.

Howard Gardner (1996), ein Vertreter von Theorien multipler Intelligenzfaktoren, identifizierte sogar acht unterschiedliche Intelligenzen (logisch-mathematisch, linguistisch, naturalistisch, musikalisch, räumlich, kinästhetisch, interpersonal, intrapersonal), wobei er davon ausging, dass westliche Gesellschaften insbesondere die ersten beiden Arten von Intelligenz als zentral erachten, während andere Zivilisationen durchaus auch andere Form der Intelligenz zu schätzen wissen. Mittlerweile wird aber auch in der westlichen Welt dem Konstrukt der kreativen oder auch emotionalen Intelligenz zunehmend mehr Bedeutung zugemessen.

Intelligenz scheint zu einem guten Teil **genetisch** bestimmt zu sein. Zwillings- und Adoptionsstudien weisen darauf hin, „[…]

dass die Erblichkeit der allgemeinen Intelligenz von ungefähr 30 % in der frühen Kindheit auf bis zu über 50 % im Erwachsenenalter steigt“ (Myers 2014, 425).

Zu wichtigen negativen **umweltbedingten Einflüssen** auf die Intelligenz zählen Armut, Deprivationserfahrungen sowie schwere Traumatisierungen, zu positiven z.B. manche Förderprogramme der frühen Hilfen, im Wesentlichen aber Motivation und Selbstwirksamkeitsüberzeugungen (Mischel 2015).

In den folgenden Unterkapiteln soll es nun um verschiedene Modelle von Lernprozessen gehen und um die psychologische Perspektive auf die Frage, wie diese beeinflusst werden können.

3.6 Lernen

> „Lernen ist ein Prozess der Veränderung. Das Resultat dieses Prozesses ist die Veränderung des Verhaltenspotentials. Die Veränderung des Verhaltens ist der Indikator für Lernen, denn nur dann kann Lernen von Psychologen beobachtet werden. Hat eine Person etwas gelernt, ohne dass dies jemals Ausdruck im Verhalten findet, kann ein Lernforscher niemals auf den Lernprozess rückschließen“ (Kiesel/Koch 2012, 11).

Lernen wird im klassischen Sinne als ein **erfahrungsbasierter Prozess** verstanden, der in einer relativ überdauernden Veränderung des Verhaltens oder des Verhaltenspotenzials mündet. Verhaltensänderungen können aber auch anders als durch Lernen zustande kommen. Sie können auf Krankheiten, den Einfluss von Drogen oder Medikamenten, Hirnschädigungen, Müdigkeit, Überlastung, Stress etc. zurückzuführen sein.

> „Um von einem Lernvorgang zu sprechen, muss eine Änderung im Verhalten oder im Verhaltensrepertoire über eine bestimmte Zeit hinweg stabil bleiben. Aufgrund dieses Kriteriums kann man Veränderungen im Verhalten abgrenzen, die durch andere Faktoren als Lernerfahrungen verursacht werden (z.B. Krankheit, Müdigkeit, hormoneller Status)“ (Winkel et al. 2006, 14).

Nicht alle Verhaltensweisen sind veränderbar. Dazu zählen beispielsweise angeborene Reaktionstendenzen, womit sich die Ethologie, d.h. die vergleichende Verhaltensforschung beschäftigt. Möglicherweise noch aus dem Biologieunterricht erinnerlich ist das

Nachfolgeverhalten junger Graugänse, die dem Verhaltensforscher Konrad Lorenz statt ihrer Mutter hinterherliefen, weil sie in einer sensiblen Phase auf ihn **„geprägt"** wurden. Solche genetisch festgelegten Reaktionsmuster wie das der Prägung sind im Gegensatz zu lernbedingten Reaktionen fast nicht veränderbar (Hess 1975). Verhaltensänderungen, die auf **physiologische Reifungsprozesse** zurückgehen, können auch durch Lernen bzw. äußere Förderungsanstrengungen nicht wesentlich beeinflusst werden können. So kann Laufenlernen sowie die Sauberkeitserziehung nur bedingt von elterlicher Seite forciert werden; das Kind braucht dafür die notwendige biologische und individuell jeweils unterschiedliche Reife. Infolgedessen wird z.B. eine Enuresis nocturna (nächtliches Einnässen) auch erst ab dem 6. Lebensjahr diagnostiziert.

Es gibt verschiedene Formen des Lernens. Allgemein wird zwischen nicht-assoziativem Lernen, assoziativem Lernen, kognitivem Lernen und Beobachtungslernen unterschieden.

- **Nicht-assoziatives Lernen** meint ein Lernen, das vorwiegend auf der sensorischen Ebene stattfindet – ein gutes Beispiel ist das Lernen des Fahrradfahrens.
- **Assoziatives Lernen** meint eine Verknüpfungsleistung und bildet sich in der psychologischen Theorie des bedingten Reflexes von Iwan Pawlow ab, der weiter unten erläutert wird (Blakemore/Frith 2006).
- **Kognitives Lernen** bezieht sich auf die Aneignung von Begriffen und verbalem Wissen (Winkel et al. 2006,).
- **Beobachtungslernen** bezieht sich primär auf ein Lernen in sozialen Situationen und auf ein Lernen am Modell; bei diesen Lernvorgängen steht der Beziehungs- und Situationsaspekt von Lernvorgängen im Vordergrund.

Mittlerweile wird gerade im frühpädagogischen Bereich oftmals auf **konstruktivistische Lerntheorien** zurückgegriffen. Darin wird „Lernen[…] nicht länger als individuelle Informationsaneignung und Verhaltensänderung angesehen […], sondern in die komplexen Bezüge zwischen biologischen Gegebenheiten, soziokultureller Eingebundenheit sowie emotionaler und motivationaler Vorgänge eingebunden" (Arnold 2007, 65). Lernen wird hier vornehmlich als aktive Wissenskonstruktion verstanden, bei der Kinder ermutigt, begleitet oder zumindest nicht gestört werden, aus ihren jeweiligen Handlungskontexten Schlüsse zu ziehen und so neue Lernerfahrungen zu machen.

Im Kontext dieses Kapitels werden primär die beiden klassischen – die klassische und die operante Konditionierung – und die sozial-kognitiven Lerntheorien vermittelt.

3.6.1 Klassische Konditionierung

Das Prinzip der klassischen Konditionierung dürfte ebenfalls aus dem Biologieunterricht vertraut sein. Es meint die Verknüpfung zwischen verschiedenen Reizen.
Ein Verhalten – z.B. ein ängstliches Zurückzucken – wird durch einen bestimmten **Reiz** bzw. **Stimulus** – z.B. ein sich nähernder Hund – hervorgerufen und zwar deshalb, weil dieser Stimulus mit einem anderen biologisch bedeutsamen Stimulus – die Erinnerung an einen Hundebiss und somit die Erinnerung an den Schmerz – assoziiert wird. Dieser Verknüpfungsprozess wird als Lernprozess bezeichnet.

Klassische Konditionierung geht auf die russische **Reflexologie** und insbesondere auf Iwan Petrowitsch Pawlow und sein berühmtes Hundeexperiment zurück (Hoffmann/Engelkamp 2013).

Ein Reflex ist eine **ungelernte Reaktion**, die durch einen spezifischen Stimulus hervorgerufen wird, der eine biologische Relevanz für das Individuum hat. Ein Beispiel dafür sind die Stützreflexe von Kindern, die in den ersten Vorsorgeuntersuchungen getestet werden. Der Stimulus ist in dem Fall das Hochheben der Kinder und mit dem Kopf nach unten sinken lassen, um zu prüfen, ob die reflexartige ungelernte Reaktion des „die Arme nach unten Streckens" erfolgt, um sich abzustützen (Schermer 2011).

Pawlow war Physiologe und wollte eigentlich Verdauungsprozesse mit Hilfe implantierter Schläuche etc. bei Hunden untersuchen, welches ihm 1904 Russlands ersten Nobelpreis einbrachte. Um bestimmte Verdauungssekrete zu produzieren, bekamen die Hunde Fleischpulver in den Mund appliziert. Irgendwann machte Pawlow die überraschende Feststellung, dass die Hunde bereits speichelten, wenn Sie die Schritte des Assistenten hörten, der ihnen das Fleischpulver brachte.

Pawlow stellte also zufällig fest, dass die Hunde zwischen dem

Fleischpulver und den Schritten des Assistenten eine **assoziative Verknüpfung** herstellten. Er entdeckte auf diese Weise, dass Lernen aus der Assoziation zweier Stimuli entstehen kann. Pawlow untersuchte darauf hin dieses Phänomen systematisch. Er versuchte den Speichelfluss der Hunde – also in dem Fall das gewünschte Verhalten – durch zunächst neutrale, unkonditionierte Reize – einen Klingelton – hervorzurufen. Er ließ bei den Fütterungsprozessen jeweils eine Glocke erklingen. Nach einer Weile produzierten die Hunde Speichelfluss, wenn sie die Glocke hörten, ohne dass sie dabei gefüttert wurden. Der ehemals **unkonditionierte Reiz** – der Klingelton – hatte sich somit in einen **konditionierten Reiz** modifiziert, mit dem die Hunde Futter assoziierten.

Die Klassische Konditionierung basiert also auf Reflexologie; sie geht aber über diese hinaus. Auf Pawlows Hundebeispiel bezogen meint dies Folgendes:

- In einem ersten Schritt löst das Futter als **biologisch relevanter und unkonditionierter Stimulus** automatisch Speichelfluss aus. Soweit sprechen wir von einer **ungelernten reflexartigen Reaktion.**
- In einem zweiten Schritt wird ein neutraler Stimulus (Ton) an den biologisch relevanten Stimulus gekoppelt (Futter) **gekoppelt.**
- Im dritten und für die klassische Konditionierung entscheidenden Schritt löst allein der Ton als konditionierter Reiz den Speichelfluss aus. Dieser auf diese Weise einsetzende Speichelfluss bezeichnet man dann als **konditionierte Reaktion.**

Diese Verknüpfung kann auch wieder gelöscht werden, dann wird von **Extinktion** gesprochen. Wenn also den Hunden das Futter eine Zeit lang ohne den Ton angeboten wurde, löst der Ton irgendwann keinen Speichelfluss aus und ist wieder zu einem neutralen Reiz mutiert. Konditionierte Reaktionen sind also nicht notwendigerweise ein überdauernder Teil unseres Verhaltensrepertoires.

Ein anderes und im Kontext der Erziehung relevantes Beispiel soll den Vorgang der Konditionierung nochmals verdeutlichen: Eine Mutter verabschiedet sich von ihrem einjährigen Kind und übergibt es der Großmutter; das Kind weint, weil es sich von der Mutter nicht trennen will. Nach ein paar dieser ähnlich verlaufenden Situationen weint das Kind bereits, wenn es die Großmutter überhaupt nur sieht, auch wenn die Mutter gar nicht die Absicht hat, sich von dem Kind zu trennen. Das Kind assoziiert also den vorher möglicherweise neutralen Reiz Großmutter mit dem unangenehmen und biologisch relevanten Reiz der Trennung von der Mutter und reagiert darauf mit Trennungsschmerz. Im Fall der beschriebenen Trennungssituation könnte es also ratsam sein, dass sich Mutter und Kind mehrere Male mit der Großmutter treffen würde, ohne dass es zu einer Trennung zwischen Mutter und Kind kommt, um diese assoziative Verknüpfung zwischen Großmutter und Trennung wieder zu lösen.

Der Mechanismus der klassischen Konditionierung ist beispielsweise im Bereich von Ängsten und Phobien bedeutsam, bei denen etwa Hunde oder Spinnen Fluchtreaktionen auslösen können. Ein wichtiges Phänomen ist dabei die Reizgeneralisierung, d.h., es lösen nicht nur die Hunde der Hunderasse Fluchtreaktionen aus, die schon einmal als bedrohlich erlebt wurden, sondern generell alle Hunde. Manche Ängste oder zumindest Vorsichtsreaktionen werden auch in sinnvoller Weise Kindern „ankonditioniert“, so z.B. in Bezug auf den Umgang mit fahrenden Autos.

Als Übergangsmodell zwischen dem klassischen und dem operanten Konditionieren gilt die Konzeption vom **Lernen am Erfolg** von Edward I. Thorndike (1874–1949) (Kiesel/Koch 2012):

Dieses lässt sich an folgendem alltäglichen Beispiel verdeutlichen: In einem großen Supermarkt, in dem die Schlange an der Kasse lang ist, langweilt sich ein vierjähriges Kind und entdeckt die um die Kasse herum aufgebauten Süßigkeiten. Das Kind möchte welche haben, nach einem anfänglichen elterlichen Nein fängt das Kind an zu quengeln, was dem Elternteil peinlich ist und es schließlich Süßigkeiten kauft, um die Reaktion zu unterbrechen. Wenn das Kind mit diesem Verhalten Erfolg hat, geht diese Theorie davon aus, dass es sich wiederholen wird. Das Gesetz des Erfolges impliziert, dass Reaktionen (Quengeln), die kurz vor einem befriedigenden Zustand (Erhalt von Süßigkeiten) gezeigt werden, öfter auftreten.

3.6.2 Operante Konditionierung

Diese Lernform entstammt dem **Behaviourismus** – eine wichtige Theorie in der Psychologie, auf der auch die Verhaltenstherapie basiert (s. Kapitel 6.5) – und geht auf den Amerikaner John Watson (1878–1958) zurück. Watson bestand darauf, dass Gegenstand der Psychologie **beobachtbares Verhalten** sein müsse, da alles andere (Gedanken, Gefühle etc.) nicht verifizierbar, quantifizierbar und darum nicht objektiv wissenschaftlich zu verwerten seien. B. F. Skinner radikalisierte diese Position und stellte die Hypothese auf, dass das Verhalten rein von der Umwelt und deren ausgehenden Reizen bestimmt wird.

B. F. Skinner (1904–1990) ist einer der prominentesten Vertreter der Lerntheorie und Verhaltensanalyse. Er interessierte sich für **spontan gezeigte Verhaltensweisen** – also nicht unbedingt von außen stimulierte oder reizabhängige Verhaltensweisen – und wie man deren **Auftretenswahrscheinlichkeiten** beeinflussen könnte. Über die Aufrechterhaltung von Verhaltensweisen entscheiden Skinner zufolge nicht die vorausgehenden, sondern die folgenden Reizbedingungen. Skinner geht es um die Beeinflussung von zunächst zufällig eingetretenem Verhalten:

> Ein Klient ist ausnahmsweise und durch Zufall einmal pünktlich zu einem vereinbarten Termin erschienen. Um die Wahrscheinlichkeit zu erhöhen, dass dieses Verhalten öfter auftritt, könnte es Skinner zufolge also durch Lob oder gezeigte Freude über das gezeigte Verhalten verstärkt werden.

Operantes Konditionieren meint also eine Lernform, bei der sich die Wahrscheinlichkeit einer Reaktion auf Grund von den folgenden Konsequenzen entweder ab- oder zunimmt. Diese Annahme ist im Kontext der Sozialen Arbeit einerseits sehr hilfreich, weil sie sehr handlungsorientiert ist, und andererseits auch fatal vereinfachend, wenn rigide unter ihr gehandelt wird.

> Als Beispiel kann die Situation eines schwer vernachlässigten und sich fremdaggressiv verhaltenen Kindes gelten, das stationär untergebracht werden soll. Ein wesentliches Ziel ist, dass

dieses Kind lernt, sich sozial angemessen zu verhalten. Gemäß der Annahme von Skinner sind die folgenden Reizbedingungen, also ob es der Heimeinrichtung gelingt, positive Verhaltensweisen zu verstärken und zu belohnen und negative Verhaltensweisen zu ignorieren oder aber auch zu sanktionieren, entscheidend, ob das aggressive Verhalten des Kindes abnimmt oder nicht. Es ist aber mittlerweile doch unzweifelhaft, dass die vorhergehenden Reizbedingungen – Deprivation, Gewalterfahrung etc. einen wesentlichen Einfluss auf die Konstanz des Verhaltens haben und nicht einfach nur mechanistisch verlernt werden können.

Im Folgenden wird das Prinzip der **Verstärkung** erläutert, das für beide Lernformen – die klassische und die operanten Konditionierung bedeutsam ist. Dabei geht es darum zu verstehen, was überhaupt Verstärker sein können, wie unterschiedliche **Verstärkungsprozesse** funktionieren und wie sogenannte **Verstärkerpläne** aufgestellt werden.

3.6.3 Das Prinzip der Verstärkung

Man unterscheidet zwischen primären und sekundären Verstärkern sowie zwischen positiven und negativen Verstärkern.

Primäre Verstärker sind biologisch relevant und daher mit den unkonditionierten Reizen vergleichbar, die bei der klassischen Konditionierung eine Rolle spielen. Dazu zählen Nahrung, Schlaf, aber auch Sexualität bzw. Liebesentzug; einer griechischen Sage nach (Lysistrata von Aristophanes 411 v. Chr.) verweigerten die Frauen z.B. ihren Männern den Beischlaf, um diese durch diesen Liebesentzug dazu zu zwingen, den Krieg zu beenden. Primäre Verstärker bzw. deren Entzug haben insbesondere Zeiten von Not und Deprivation eine starke Wirkung. Hierzu zählt beispielsweise das gezielte Aushungern eines Kriegsgebietes, in dem viele Gegner vermutet werden. In der sozialen Arbeit wird aus ethischen Gründen gefordert, auf den Einsatz von primären Verstärkern verzichtet. Gleichwohl kann dies in der Umsetzung schwierig sein. Liebes- bzw. Sympathieentzug wird in der Praxis, z.B. in stationären Wohngruppen, bei unerwünschtem Verhalten durchaus – mehr oder weniger bewusst – eingesetzt.

Sekundäre bzw. konditionierte Verstärker sind ebenfalls mit den konditionierten Reizen aus der klassischen Konditionierung vergleichbar, da diese auch mit anderen bedeutsamen Reizen assoziiert wurden. Bei den konditionierten Verstärkern wird zwischen **materiellen** (z.B. Süßigkeiten, Geld) und **immateriellen** Verstärkern unterschieden; bei letzteren kann wiederum zwischen sozialen – Lob, Lächeln, Zuwendung- und symbolischen – Noten, Smileys, Token (Chips) Verstärkern differenziert werden (Schweer/Schulte-Pelkum 2013).

Positive Verstärker sind im Allgemeinen wirksamer als **negative Verstärker.** Strafen lösen z.B. auch Ängste und Aggressionen aus, die langfristig insbesondere in der Erziehung nachweislich schädlich sind. Es ist allerdings gar nicht so einfach, eindeutig zu erkennen, welche Verstärker auf einen Menschen positiv und welche negativ wirken.

> „Die Bezeichnung ‚Verstärkung' oder ‚Bestrafung' beruht […] nicht auf den objektiven Eigenschaften der Verhaltenskonsequenz, sondern nur auf ihrer Wirkung auf das Verhalten. Denn es hängt von individuellen und situationsspezifischen Faktoren ab, ob Reize belohnend oder bestrafend wirken" (Winkel et al. 2006, 106).

Dies sei an folgendem Beispiel erklärt:

Die KlientIn kommt zum wiederholten Male zu einer Besprechung zu spät und die SozialarbeiterIn gibt ihrem Ärger mimisch oder verbal Ausdruck oder beendet die Sitzung vorzeitig. Letzteres ist dann ein negativer Verstärker, wenn die KlientIn es als angenehm empfindet, mit der SozialarbeiterIn zu sprechen. Sollte die Besprechung eher als Zwangsmaßnahme erlebt werden, ist diese Maßnahme für die KlientIn vielleicht sogar ein positiver Verstärker, wenn die Zeit schneller vorüber ist.

Verstärkung geschieht also auf unterschiedliche Art und Weise. Ein Beispiel für eine materielle, aber generalisierte Art der Verstärkung sind die sogenannten **Tokensysteme**. Diese sind besonders beliebt in stationären Einrichtungen, um bestimmte erwünschte Verhaltensweisen zu fördern. So kann beispielsweise Zimmer aufräumen oder auch pünktliches Erscheinen bei verpflichtenden Tätigkeiten mit dem Erhalt von Token (Chips) belohnt werden.

Diese werden gesammelt und können gegen materielle Belohnungen oder auch Privilegien eingetauscht werden. Auch hierbei ist die Wirkung abhängig vom Bedürfniszustand desjenigen, bei dem es eingesetzt werden soll (Ayllon/Cole 2015). Tokenprogramme hatten ihren Höhepunkt in den 60er und 70er Jahren in USA. Bereits in den 70ger Jahren sank die diesbezügliche Euphorie, da sie bei ein knapp einem Fünftel der Menschen komplett ihre Wirkung verloren. Dennoch werden Token- oder auch Smiley-Systeme nach wie vor und z.T. auch durchaus erfolgreich zur Verstärkung oder auch Hervorbringung von erwünschtem Verhalten eingesetzt. Sie funktionieren meistens dann, wenn sie weniger in einem mechanistisch-manipulativen Sinne, sondern in einer Bestärkung von Selbstwirksamkeit und Externalisierung von Erfolg eingesetzt werden. So kann ein Kind, das selbst nicht daran glaubt, einen Streit ohne den Einsatz körperlicher Gewalt lösen zu können, durchaus stolz sein, anhand von einer Reihe Smileys bildlich sehen zu können, dass es dieses nun schon mehrere Male geschafft hat.

Zu sozialen Verstärkern zählen u.a. Lächeln und Lob. Schermer (2005) weist dabei auf die Differenzierung zwischen **verhaltensbezogenen** und **personenbezogenen Bewertungen** hin – das hast Du gut/schlecht gemacht vs. Du bist klug/dumm.

Eine personale Bewertung knüpft sehr stark an das Selbstwertgefühl an und sollte im professionellen Kontext behutsam, selten und möglichst nur im positiven Sinne geäußert werden. Kritik sollte hingegen immer verhaltensbezogen ausgedrückt werden und möglichst den eigenen Standpunkt miteinbeziehen. „Es ärgert mich, wie Du Dich verhältst, was Du machst" etc.

Soziale Verstärker sind im Gegensatz zu materiellen relativ **sättigungsresistent**, d.h., sie wirken kontinuierlich. Gleichzeitig sind sie in der Regel nur dann wirksam, wenn sie auf der emotionalen Ebene kongruent, d.h. stimmig und authentisch sind. Konkret bedeutet dies, dass ein lediglich im instrumentellen Sinne eingesetztes Lob oder Kompliment, das nicht als ein solches gemeint ist, fast immer wirkungslos ist.

Das Prinzip von **Handlungen als Verstärker** (z.B. erst Hausaufgaben, dann spielen) wurde 1959 von David Premack entdeckt und nennt sich auch das **Premack-Prinzip** (Watson/Tharp 1975). Es besagt, dass eine wahrscheinlichere, also attraktivere Tätigkeit (Spielen) als Verstärker für eine weniger wahrscheinliche eingesetzt werden kann (Hausaufgaben machen). Dieses Premack-

Prinzip erweist sich gerade im sozialen Bereich als außerordentlich bedeutsam, weil es meistens eine kontextuell stimmige Logik birgt und weniger eine Machtthematik verhandelt wird. Es ist ab einem bestimmten Alter einsichtig, dass man, wenn man Platz zum Spielen haben will, erst aufräumen muss, wenn vorher effektiv kein Platz da gewesen ist.

Die Verwendung von Verstärkern ist in der Regel an ein **Machtverhältnis** geknüpft. Derjenige, der die Verstärkung gibt, ist in der betreffenden Situation mächtiger als der, der sie erhalten möchte. Nun lassen sich Machtverhältnisse in sozialen Beziehungen nicht vermeiden (Wirth 2011), aber sie müssen gerade im Kontext der Sozialen Arbeit und der Pädagogik sorgfältig reflektiert werden.

3.6.4 Sozial-kognitive Lerntheorien

Sozial-kognitive Lerntheorien reduzieren den Menschen nicht auf sein Verhalten, sondern beziehen wesentliche **kognitive** und **kontextuelle Aspekte** ein. Lernen wird nun auch unter Berücksichtigung des Prozesses zur Informationsverarbeitung gesehen sowie der gedanklichen Vorwegnahme und der Beobachtung von Verhalten. Dieser Annahme folgend könnte Lernen im Sinne einer Kombination von Kontext und Kognition beispielsweise bedeuten: Wenn ich mich genauso verhalte, wie ich das bei meinem Bruder, Vater, Mutter beobachte, werde ich ähnliche Wirkungen erzielen bzw. mit denselben Konsequenzen rechnen müssen. Emotionale Aspekte werden dabei zwar wenig berücksichtigt, wie z.B. der kindliche Wunsch, den Eltern mit ihrem Verhalten gefallen zu wollen (Tasche 2016). Dafür werden jedoch unterschiedliche soziale Aspekte als Einflüsse für Lernen diskutiert.

Eine der berühmtesten sozial-kognitiven Lerntheorien und das damit verbundene **Beobachtungs- und Modellernen** geht auf Albert Bandura (1976) zurück. Er geht davon aus, dass sich Modelllernen dann als besonders wirksam erweist, wenn das Modell als positiv, beliebt und respektiert wahrgenommen wird und zudem eine Ähnlichkeit bzw. eine **Identifikationsmöglichkeit** zwischen Modell und BeobachterIn besteht.

> „Eine wesentliche Voraussetzung des Modelllernens besteht in der Ähnlichkeit zwischen Modell und Beobachter, die eine Identifikation mit dem Modell ermöglicht und zur Nachahmung anregt" (Winkel et al. 2006, 169).

Albert Bandura machte eine Reihe klassischer Experimente, in denen deutlich wurde, dass Kinder sich neben positiven auch an durchaus negativen Verhaltensweisen ihrer Modelle orientierten und diese imitierten. Eine Kindergruppe, die eine Reihe erwachsener Modelle beobachtet hatte, wie sie eine Clownspuppe malträtierten, zeigte später ein größeres aggressives Verhalten als eine Kindergruppe, die dieses Verhalten nicht gesehen hatte (Zimbardo 2008).

> „Bandura zeigt, dass kurzzeitiger Fernsehkonsum von Filmen mit aggressiven Verhaltensweisen dazu führt, dass Kinder dieses Verhalten nachahmen. Langfristige Untersuchungen, in denen Kinder über Jahre hinweg mehrere Stunden täglich mit Filmen und Computerspielen mit gewalttätigen Inhalten konfrontiert werden, sind aus ethischen Gründen jedoch unzulässig und aus Gründen der Machbarkeit kaum durchführbar. Mittlerweile gibt es jedoch Längsschnittstudien, die über Jahre hinweg bei denselben Versuchsteilnehmern Medienkonsum mit gewalttätigen Inhalten und aggressives Verhalten untersuchen. Diese Studien weisen darauf hin, dass Medienkonsum mit gewalttätigen Inhalten tatsächlich ursächlich für aggressives Verhalten ist […]" (Kiesel/Koch 2012, 79).

Albert Bandura (1976) beschäftigte sich neben dem Vorgang des Modelllernens auch mit den Begriffen der **Selbstregulation** und der **Selbstwirksamkeit**, die er als wichtige Bausteine für den vom Individuum gesteuerten Lernprozess auffasste. Unter Selbstregulation versteht Bandura die Möglichkeit, sich von den Einflüssen der Umwelt und deren Verstärkern möglichst unabhängig zu machen und selbst das eigene Verhalten zu steuern.

Selbstregulation funktioniert nach Bandura in drei Schritten. Dazu gehört:

- Die Selbstbeobachtung, die zu Einsichten über die Determinanten des eigenen Verhaltens führen kann (wann, zu welchen Gelegenheiten, warum rauche ich).
- **Der Bewertungsprozess:** Der Ist-Zustand wird mit dem Ziel-Zustand verglichen und in Beziehung gesetzt.

- **Selbstreaktion:** Selbst erzeugte Konsequenzen werden vergeben (Scham, Stolz, sich selbst belohnen, Selbstkritik).
- Dabei spielen das **Vertrauen in die eigenen Kompetenzen** und die **Ergebniserwartung** eine große Rolle.

Unter **Selbstwirksamkeit** wird somit die Überzeugung verstanden, in einer bestimmten Situation die erforderliche Leistung bringen zu können (Myers 2014).

Eigene Bewältigungserfahrungen im Umgang mit Aufgaben – z.B. die Erfahrung eines zweijährigen Kindes, sich selbst die Hausschuhe anziehen zu können – kann als eine wichtige Quelle von der Entwicklung von Selbstwirksamkeit angesehen werden.

Bei den sozial-kognitiven Lerntheorien spielen **kognitive Annahmen** und **Erwartungen** eine große Rolle. Ein gutes Beispiel dafür ist das theoretische Konzept von Martin Seligman (*1942), das sich mit dem Phänomen der **erlernten Hilflosigkeit** beschäftigt. Diese Theorie besagt, dass Menschen nur in geringem Ausmaß, Zusammenhänge zwischen ihrem Handeln und den eintretenden Konsequenzen erkennen können, und nur wenig Hoffnung haben, durch ihr Handeln zukünftige Ereignisse in ihrem Sinne beeinflussen zu können (Schweer/Schulte-Pelkum 2013)

Erlernte Hilflosigkeit ist oft bei Menschen anzutreffen, die schon sehr früh und dauerhaft die Erfahrung gemacht haben, mit ihrem Verhalten nichts oder nur unzureichend wirksam zu sein – auf anhaltendes Schreien des Säuglings erfolgt z.B. keine liebevolle Beruhigung, sondern Ignoranz. Ein anderes Beispiel sind traumatische Erlebnisse, die Ohnmacht, Hilflosigkeit und Kontrollverlust hervorrufen. Zudem nimmt Seligmann an, dass Erfahrungen von Unkontrollierbarkeit die Entstehung von depressiven Störungen begünstigen (s. Kapitel 6.2.1)

Auch Julian Rotter (1916–2014) schrieb dem Konzept der **Erwartungen** eine wesentliche Rolle bei Lernprozessen zu. Wenn eine Person einschätzt oder erwartet, dass auf ihr Verhalten eine bestimmte Konsequenz erfolgt, ist das möglicherweise bedeutsamer als die reale Konsequenz selbst. Im negativen Sinne operieren mit diesem Konzept Terrorgruppen oder auch autoritäre Elternteile – Einschüchterung erfolgt über die Weckung ängstlicher Erwartungen.

Sozial-kognitive Lerntheorien verweisen insgesamt auf die komplexe Interaktion zwischen individuellen Faktoren, Verhaltensweisen und Umweltreizen, sie vernachlässigen allerdings emotionale Faktoren und die Bedeutung der affektiven Entwicklung für die Lernfähigkeit.

3.6.5 Lernstörungen

> „Meine ganze Schulzeit habe ich damit verbracht, vor Lehrern davonzulaufen […] Jedenfalls war die Angst tatsächlich das große Thema meiner Schuljahre – eine gigantische Barriere. Weshalb mir später als Lehrer nichts dringlicher war, als meine Schüler vor der Angst zu heilen – damit die Barriere eingerissen würde und das Wissen einströmen könnte" (Pennac 2009, 26).

Zu den klassischen Lernstörungen zählen **Legasthenie, Dyskalkulie, Rückstände in Sprech- und Sprachentwicklung** und unterschiedliche **Formen mentaler Retardierung.**

Lernstörungen oder auch **Teilleistungsstörungen** beziehen sich auf bestimmte Gebiete und werden nur dann diagnostiziert, wenn eine normale oder auch eine überdurchschnittliche Intelligenz vorliegen. Legasthenie ist z.B. nach klassischem Verständnis eine persistierende aber thematisch begrenzte Lernschwäche, während geistige Behinderung eine persistierende aber allgemeine Lernstörung ist.

> „Infolge von Frühgeburtlichkeit oder genetischer Disposition können Lernstörungen Kindern die schulische und berufliche Laufbahn erschweren und deren ehrgeizigen Eltern viel Sorgen mit Angst und Unsicherheiten bereiten. Häufige Lernstörungen im Kindes- und Jugendalter sind Legasthenie und Dyskalkulie, seltener anzutreffen sind Autismusformen" (Höwler 2016, 247).

Lernschwierigkeiten und Aneignungsbeeinträchtigungen lassen sich vor allem durch Defizite im Bereich der Strategiebefolgung erklären. **Absichtsvolles Lernen** definiert sich als eine zielgerichtete und komplexe Handlung, die Planung und Reflexivität erfordert. Diese Vorgänge beruhen auf metakognitiven Vermittlungen, Nutzung von Strategien und Steuerungen der eigenen Denkakte. Sehr schön plastisch wird dieses an den Überlegungen, die Astrid Lindgrens berühmter Kinderbuchheld „Kalle Blomquist“ in seinem ersten Fall anstellt:

> „Kalle lag auf dem Rücken unter dem Birnbaum. Er wollte denken und das ging am besten in dieser Stellung [...], denn wenn man ein detektivisches Rätsel lösen soll, muss man immer mit Wahrscheinlichkeiten rechnen [...] Was können wir also für einen Schluss daraus ziehen? Mit der allergrößten Wahrscheinlichkeit hat der sogenannte Onkel Einar die Perle bei seinem nächtlichen Besuch in der Schlossruine verloren [...] ‚doch' , führte der Meisterdetektiv fort, ‚gehöre ich nicht zu denen, die jemanden nur auf Grund von Indi-, Indizien verurteilen. Die Sache muss untersucht werden, und ich glaube, behaupten zu können, dass ich der richtige Mann dafür bin'" (Lindgren 1969, Bd. 1, 39).

Menschen mit Lernstörungen haben Schwierigkeiten bei der **Informationsentnahme und -verarbeitung** (Speicherung von Wissen, Bildung von Bedeutungsassoziationen, beim Rückgriff auf Vorerfahrungen), bei der Anwendung von Strategien zur Handlungsorganisation (Vorausplanen, Antizipation problematischer Handlungsschritte) und bei der Anwendung von Handlungskontrolle. Dazu zählt die Fähigkeit sich selbst zu überprüfen und zu kontrollieren, ob die Handlungen richtig ausgeführt wurden (Blakemore/Frith 2006).

Ein nicht zu vernachlässigender Aspekt ist, dass Lernen meist in **Interaktion** erfolgt und insofern in hohem Maße von der Beziehung zwischen Lernendem und dessen Lernbegleiter abhängig ist:

> „Kooperatives Lernen ist eine besondere Form der sozialen Interaktion. In der pädagogischen Literatur wird es als eine spezielle Ausprägung der Gruppenarbeit und der Diskussionsform besprochen, eine Interaktionsform, bei der die beteiligten Personen im wechselseitigen Austausch (Lehren und Lernen) gemeinsam Kenntnisse und Fertigkeiten erwerben, wobei über den kritischen Wissenserwerb hinaus auch soziale, personale und moralische Kompetenzen gefördert werden können" (Adams/Hamm, 1996, 3).

Kiesel, A., Koch, I. (2012): Lernen. Grundlagen der Lernpsychologie. 1. Aufl. VS Verlag für Sozialwissenschaften, Wiesbaden

Myers, D.G. (2014): Psychologie. 3. vollst. überarb. und erw. Aufl Springer, Berlin [u.a.]

Winkel, S., Petermann, U., Petermann, F. (2006): Lernpsychologie. Ferdinand Schönigh, Paderborn

Worin unterscheiden sich bottom-up von top-down gesteuerten Wahrnehmungsprozessen?
Nennen Sie drei typische Beobachtungsfehler.
Was ist unter dem „Cocktailpartyeffekt" zu verstehen?
Wieso ist die Theorie der gedächtnisbezogenen Schemata für die Soziale Arbeit so relevant?
Welche Verhaltensänderungen sind nicht auf Lernen zurückzuführen?
Welche der dargestellten Formen des Lernens ist für Fachkräfte der Sozialen Arbeit besonders nützlich und warum?
Beschreiben Sie die Konzeption des Lernens am Erfolg und diskutieren Sie die Relevanz dieses Konzeptes für die Soziale Arbeit
Was ist unter erlernter Hilflosigkeit zu verstehen?

4 Sozialpsychologie

Sozialpsychologische Fragestellungen interessieren sich dafür, wie Menschen durch ihre eigene Konstruktion bzw. durch die Interpretation von ihren jeweiligen Kontexten beeinflusst werden. Dabei bedient sich die Sozialpsychologie unterschiedlicher Methoden. Um z. B. Verhalten mit einer bestimmten Wahrscheinlichkeit vorhersagen zu können, nutzt sozialpsychologische Forschung vorwiegend systematische Experimente. Zu den wichtigsten sozialpsychologischen Theorien gehört die Theorie der kognitiven Dissonanz und die Attributionstheorie, die beschreibt, wie sich Menschen die Gründe für ihr eigenes Verhalten und das anderer erklären. Die Frage, wie Menschen Einstellungen entwickeln und unter welchen Umständen sie Einstellungsänderungen vornehmen, beschäftigt die Sozialpsychologie ebenfalls in hohem Maße. Die Entstehung und die Beeinflussung von aggressivem und prosozialem Verhalten sind insbesondere für die Soziale Arbeit wichtige Themen. Weiterhin werden verschiedene Gruppenphänomene und die Entstehung von Konformität, Vorurteilen und Stereotypen thematisiert. Gruppen stiften Identität und in bzw. mit ihnen werden soziale Normen entwickelt, die eine Orientierung im sozialen Miteinander ermöglichen. Konformität wird in erster Linie durch den realen oder vorgestellten Einfluss anderer Menschen hergestellt. Vorurteile definieren sich im Allgemeinen als eine negative oder feindselige Einstellung gegenüber Menschen einer bestimmten Gruppe. Stereotypisierungen dienen hingegen einer Vereinfachung und Reduzierung von Komplexität und können auch durchaus positiv sein.

Warum ist es in einer Gruppe mitunter so schwer, eine von der Mehrheit abweichende Meinung zu entwickeln? Weshalb ist es kaum zu ertragen, dass ein von mir verabscheuter Politiker Fan von einer mir ebenfalls bewunderten Band ist? Werden Kinder durch Ego-Shooter-Computerspiele aggressiv oder bevorzugen aggressive Kinder diese Sorte von Spiele? Diesen und anderen Fragen widmet sich die Sozialpsychologie. Für die Soziale Arbeit sind sozialpsychologische Fragestellungen und Erkenntnisse deshalb so interessant, weil sie allgemeine psychische Phänomene in sozialen Situationen beschreiben und erklären. Diese spielen in vielen Situationen des Arbeitsalltags von SozialarbeiterInnen, z. B. in der sozialen Gruppenarbeit oder im sozialen Kompetenztraining, eine wichtige Rolle.

> „Die kritische sozialpsychologische Auseinandersetzung mit dem modernen Alltag basiert auf der Grundannahme, dass die Art und Weise, wie wir die Wirklichkeit begreifen und mit Sinnstrukturen verbinden, das Ergebnis von subjektiven Konstruktionsprozessen ist, die in spezifische sozio-kulturelle Kontexte eingebunden sind" (Kühn 2015, 231).

4.1. Gegenstand der Sozialpsychologie

Sozialpsychologie beschäftigt sich primär mit der Frage, wie unsere Gedanken, Gefühle und unser Verhalten von unserem sozialen Umfeld geformt werden. Sie stellt somit ein **Bindeglied** zwischen **Psychologie** und **Soziologie** dar und ist durch ihren Fokus auf **soziale Phänomene** für die Soziale Arbeit von besonderer Relevanz.

Nach Allport (1971) ist **Sozialpsychologie** die wissenschaftliche Untersuchung der Art und Weise, in der menschliche Gefühle und Handlungen von der realen oder phantasierten Präsenz anderer Menschen beeinflusst werden.

Es geht also im Unterschied zum Forschungsinteresse der Soziologie nicht so sehr um die Erfassung allgemeiner Strukturmerkmale sozialer Situationen oder um soziologische Tatbestände im Sinne Emile Durkheims, bei denen eine Art „sozialer Zwang" auf das Individuum ausgeübt wird (Eckardt 2015, 34). Sozialpsychologische Fragestellungen richten sich vielmehr darauf, wie Menschen durch ihre eigene **Konstruktion bzw. Interpretation** ihrer diversen Umwelten beeinflusst werden. Dabei unterliegen diese Konstruktionen bestimmten Motiven.

Ein wesentliches **Motiv** geht auf das Bedürfnis zurück, die Welt realistisch wahrzunehmen, ein weiteres darauf, ein **positives Selbstbild** zu erhalten, das den Wunsch beinhaltet, mit sich selbst zufrieden zu sein und sich selbst zu rechtfertigen (Aronson et al. 2014).

Erklärt wird dieser Wunsch, ein positives Selbstbild von uns selbst aufrecht zu erhalten, durch eine der wichtigsten sozialpsychologischen Theorien. Dieses ist die Theorie der **kognitiven Dissonanz**, die auf Leon Festinger (1978) zurückgeht. Diese Theorie erklärt, dass eine verstörende Dissonanz und ein Gefühl des Unbehagens sich vor allem dann einstellen, wenn Menschen sich auf eine bestimmte Art und Weise verhalten, die ihr Selbstbild bedroht (Aronson et al. 2014). Wenn jemand z.B. das Selbstbild hat, ein ehrlicher Mensch zu sein, jedoch gleichzeitig Steuern hinterzieht, entsteht eine Dissonanz. Eine Reduktion dieser Dissonanz kann erreicht werden durch:

a. **Veränderung des Verhaltens** (Selbstanzeige)
b. **Rechtfertigung des Verhaltens** durch Änderung einer dissonanten Kognition („Meine Steuern fließen nur in Maßnahmen, die ich nicht unterstützen will") und
c. **Hinzufügung neuer Kognitionen** und dadurch Rechtfertigung des Verhaltens („Normalerweise zahle ich alle fälligen Steuern, nur in diesem einen Falle hatte ich gute Gründe, es nicht zu tun").

Weiterhin kann kognitive Dissonanz durch **Selbstbestätigung** in einem anderen Bereich reduziert werden. Das bedeutet, dass man sich auf seine Kompetenzen auf einem anderen Gebiet besinnt: Ich kann zwar nicht kochen, spiele aber viel mit meinen Kindern und bin deshalb insgesamt ein guter Vater.

4.2 Methoden der Sozialpsychologie

„Wenn Sie mit Ihrem Klienten zusammensitzen, sollten Sie sich stets vor Augen halten, dass die psychologische Wissenschaft das Schicksal eines Individuums nicht vorhersagen kann. Wir können das Verhalten von Gruppen vorhersagen. Wir können vorhersagen, dass die Selbstmordrate in einer Gruppe Depressiver höher ausfallen wird als bei Nicht-Depressiven. Der Mensch vor Ihnen, sein Schicksal und seine Zukunft, ist nicht auszumachen, und das wird so bleiben, ungeachtet dessen, wie sehr Sie darauf insistieren und sich abrackern (Shpancer 2011, 141).

Sozialpsychologische Forschung bedient sich unterschiedlicher Methoden, um zu ihren Erkenntnissen zu gelangen. Dabei wird generell zwischen **Beobachtung** und **Vorhersagen** unterschieden. Beobachtung dient der Beschreibung sozialen Verhaltens (s. Kapitel 3.2) und ist auch in anderen sozialwissenschaftlichen Feldern eine viel genutzte deskriptive Methode. Sozialpsychologische Forschung hat aber auch ein besonderes Interesse daran, Verhalten von Menschen oder auch anderer hochentwickelter Organismen in einer Vielzahl komplexer Situationen vorherzusagen.

Um Verhalten mit einer bestimmten Wahrscheinlichkeit vorhersagen zu können, bedient sich die Sozialpsychologie vorwiegend **systematischer Experimente.** Aus diesem Grunde werden auch in diesem Kapitel einige Experimente exemplarisch beschrieben.

Experimente sind eine Methode, bei welcher der Forscher absichtlich eine bestimmte Veränderung einer Situation vornimmt, um die Konsequenzen dieser Veränderung zu untersuchen. (Jonas et al. 2014)

Die für Experimente typische Vorgehensweise besteht darin, dass Bedingungen, unter denen durch Manipulation eines Merkmals eine Veränderung eingeführt wird (sogenannte Experimentalgruppe), mit Bedingungen verglichen werden, bei denen dies nicht der Fall ist (sogenannte Kontrollgruppe) (Jonas et al. 2014).

Einige sehr berühmte sozialpsychologische Experimente haben **bahnbrechende Erkenntnisse** hervorgebracht, wurden aber unter äußerst **fragwürdigen ethischen Bedingungen** durchgeführt und würden heute so von keiner Ethikkommission mehr genehmigt werden.

Dazu zählt z.B. das **Milgram-Experiment** (1974), bei dem die TeilnehmerInnen aufgefordert wurden, einem anderen Teilnehmer – dem „Schüler" – Stromstöße zuzufügen, wenn dieser die ihm gestellten Aufgabe nicht gelöst hatte. Den TeilnehmerInnen wurde suggeriert, dass es sich um eine Untersuchung zu Gedächtnis und Lernen handeln würde. In Wirklichkeit ging es um eine Untersuchung zum Gehorsam gegenüber Autoritäten. Dem „Schüler" wurden natürlich keine echten Stromstöße verpasst; dieses wussten die TeilnehmerInnen aber nicht. 80 % der TeilnehmerInnen folgten den Anweisungen des Versuchsleiters soweit, dass sie den „Schüler" schwer verletzt bzw. ihn getötet hätten, wenn es denn echte Stromstöße gewesen wären.

Trotz der ethischen Fragwürdigkeit des Milgram-Experimentes ist es eines der aussagekräftigsten Experimente zum menschlichen Gehorsam und führt uns eines der **Grunddilemmata von Forschung** vor Augen, „neues Wissen zu entdecken und niemandem einen Schaden zuzufügen“ (Aronson et al. 2014).

Ein weiteres Grunddilemma besteht in der Abwägung zwischen interner und externer Validität.

Interne Validität bedeutet eine hohe Kontrolle über die untersuchte Situation und dem weitmöglichen Ausschluss anderer Variablen. Sozialpsychologische Forschung misst der internen Validität meistens sehr hohe Bedeutung zu. In diesem Falle wird meistens ein künstliches und gut kontrollierbares Design konstruiert, was eine Übertragbarkeit auf davon abweichende Umstände mitunter erschwert.

Eine hohe **externe Validität** bedeutet, dass die Erkenntnisse z.B. im Lebensumfeld der Probanden (VersuchsteilnehmerInnen) gewonnen werden. Insofern können sie einerseits gut auf unterschiedliche Umstände übertragen werden aber andererseits auch durch weitere nicht untersuchte Einflussfaktoren verunreinigt werden (Manstead/Livingstone 2014).

Forschung in der Sozialen Arbeit zeichnet sich in der Regel durch hohe externe und geringe interne Validität aus. So finden Untersuchungen zur Wirksamkeit von Jugendhilfemaßnahmen meist im Lebensumfeld der Betroffenen statt (Röttgen 2009). Zum einen findet damit eine Berücksichtigung der lebensweltlichen Komplexität statt, zum anderen aber bleibt unklar, in welchem Ausmaß die Jugendhilfemaßnahme selbst und nicht andere Einflüsse wie z.B. Peergroup, Schulwechsel etc. zu einer Veränderung beigetragen haben.

Eine der häufigsten methodischen Irrtümer besteht in der Gleichsetzung zwischen Korrelation und Kausalität. **Kausalität** meint einen ursächlichen Zusammenhang zwischen zwei Variablen, d.h., Variable A – z.B. hohe Schadstoffbelastung – verursacht Variable B – Umweltverschmutzung. **Korrelationen** beschreiben Zusammenhänge, aber sie sagen nichts über Ursachen aus.

Eine sozialpsychologische Fragestellung könnte lauten: Führt Fernsehgucken zu Übergewicht? In diesem Falle wird eine Hypothese aufgestellt, die eine bestimmte Beziehung zwischen zwei Variablen beinhaltet, also z. B. zwischen Fernsehkonsum (Variable A) und Gewichtszunahme (Variable B). Eine positive Korrelation zwischen diesen beiden Variablen würde bedeuten, dass ein hoher Fernsehkonsum mit einem hohen Gewicht zusammenhängt. Eine negative Korrelation würde dadurch ausgedrückt werden, dass in dem betreffenden Experiment ein Zusammenhang zwischen hohem Fernsehkonsum und niedrigem Gewicht festgestellt worden wäre. In letzterem Fall wäre – ebenso wie bei Ausbleiben jeglichen Effekts – die Hypothese von einem positiven Zusammenhang zwischen Fernsehkonsum und Gewichtszunahme in diesem Experiment widerlegt.

In dem o.g. Beispiel könnte sich ein positiver Zusammenhang – also eine Korrelation – zwischen erhöhtem Fernsehkonsum und Gewichtszunahme herauskristallisieren. Dieser lässt aber offen, ob Fernsehkonsum zu einer Gewichtszunahme führt oder ob übergewichtige Menschen besonders gern Fernsehen schauen. Es können also keine Aussagen zu Kausalitäten getroffen werden; diese ließen sich nur durch ein systematisches Experiment feststellen: Wenn man diese Fragestellung experimentell untersuchen wollte, würde man den Fernsehkonsum der Experimentalgruppe beispielsweise auf eine Stunde am Tag reduzieren, während die Kontrollgruppe unbegrenzt Fernsehen schauen könnte.
An dieser Stelle ist noch es wichtig darauf hinzuweisen, dass Hypothesen niemals verifiziert, also endgültig bestätigt, sondern nur falsifiziert, d.h. widerlegt werden können. Das **Falsifikationsprinzip** geht auf den österreichischen Philosophen Karl Popper (1902–1984) zurück. Es ist eine der zentralen Aussagen moderner Erkenntnistheorie und von hoher Relevanz für jegliche Forschung. Karl Popper illustrierte dieses am Beispiel der schwarzen Schwäne: Auch wenn diese nur sehr selten vorkommen, widerlegen sie dennoch die Hypothese, dass alle Schwäne weiß sind. Übertragen bedeutet dieses, dass Wissenschaft keine Wahrheiten produziert, sondern lediglich Erkenntnisse, die nur solange und insofern relative Gültigkeit besitzen, bis sie widerlegt werden (Popper 1934/2002).

4.3 Attribution

> „Die Attributionstheorie (z. B. Försterling, 2001; Heider, 1958; Kelley, 1972) liefert eine Reihe von Ideen dazu, wie solche Schlussfolgerungen über die Ursachen von Handlungen in alltäglicheren Situationen zustande kommen, d. h. in Situationen, in denen wir visuelle und akustische Informationen über Handlungen eines menschlichen Wesens erhalten (und nicht über Bewegungen einer Schreibtischlampe). Diesen Vorgang bezeichnet man als Kausalattribution" (Parkinson 2014, 71).

Eine der nach wie vor wichtigsten sozialpsychologischen Theorien im Feld der sozialen Wahrnehmung ist die von Fritz Heider entwickelte **Attributionstheorie** (1958). In Praxisfeldern der Sozialen Arbeit spielt zum einen soziale Wahrnehmung (s. auch Kapitel 3.1) und die darauf basierende Urteilsbildung oftmals eine entscheidende Rolle; als Beispiele seien hier Kinderschutzfälle oder andere Bereiche der Jugendhilfe genannt. Die Attributionstheorie beschreibt, wie sich Menschen die Gründe für ihr eigenes Verhalten und das anderer erklären bzw. zuschreiben.

Dabei kann zwischen **internaler** und **externaler Attribution** unterschieden werden. Diese Differenz soll an folgendem Beispiel erklärt werden:

Eine Mutter, die gemeinsam mit ihren drei Kindern in einem Haushalt lebt und die sich kürzlich von ihrem aktuellen Partner und dem Vater ihres jüngsten Kindes getrennt hat, hat einen Erziehungsbeistand zugesprochen bekommen. Die Mutter brüllt ihre Kinder des Öfteren an und vernachlässigt sie emotional. Dieses kann von dem Erziehungsbeistand primär internal attribuiert werden, weil er die Mutter bereits vor der Trennung als chronisch affektiv überfordert erlebt hat, oder eher external, weil er das mütterliche Verhalten (Anbrüllen der Kinder) hauptsächlich deren aktueller Belastung durch die Trennung zuschreibt. Je nach Art der Attribuierung würde der Erziehungsbeistand im beschriebenen Beispiel möglicherweise andere Schlüsse ziehen und dem Jugendamt andere Konsequenzen vorschlagen.

Das **Kovariationsprinzip** nach Kelley (1973) beschäftigt sich mit den theoretischen Regeln, wonach entschieden wird, ob wir eher internal oder external attribuieren.

- Dazu gehört erstens die **Konsensusinformation**: Diese beschreibt das angenommene Ausmaß, indem andere Menschen sich gegenüber diesem Stimulus genauso verhalten würden wie der Agierende. Im o.g. Beispiel könnte der Stimulus also die elterliche Trennung sein. Der Erziehungsbeistand könnte zu dem Schluss kommen, dass eine Trennungssituation eine für die meisten Menschen sehr belastende Situation ist, in denen sie emotional überfordert sind.
- Als zweites spielt die Information zur **Distinktheit** eine Rolle: Diese beschreibt Informationen darüber, inwieweit sich der Agierende gegenüber verschiedenen Stimuli auf dieselbe Art und Weise verhält. Bezogen auf das Beispiel wäre also die Information wichtig, inwiefern die Mutter auch in anderen Situationen zu einem aggressiven Verhalten gegenüber ihren Kindern geneigt hat.
- Eine dritte relevante Information ist die zur **Konsistenz**: Diese beschreibt, inwieweit das Verhalten des Agierenden gegenüber ein und demselben Stimulus zu allen Zeiten und Umständen gleich sind. Übertragen auf das Beispiel würde der Erziehungsbeistand also die Partnerschafts- und Trennungsgeschichte der Mutter in den Blick nehmen und möglicherweise zu einem Urteil kommen, inwiefern sich dabei bestimmte Muster in Trennungssituationen erkennen lassen können, die dem Kindeswohl eher zu- oder abträglich erscheinen.

Insgesamt haben Menschen die Tendenz **selbstwertdienliche Attributionen** vorzunehmen, d.h., sie schreiben ihren Erfolgen eher internale Gründe und Misserfolgen eher externale Gründe zu – eine Ausnahme bilden dabei Menschen mit depressiven Störungen (Aronson et al. 2014). Zu berücksichtigen sind auch kulturelle Aspekte: In kollektivistischen Kulturen werden im Unterschied zu individualistischen Kulturen Misserfolge eher auf internale und Erfolge eher auf externale Ursachen zurückgeführt.

Eine zentrale sozialpsychologische Erkenntnis liegt in der Beschreibung des **fundamentalen Attributionsfehlers**. Dieser meint die Tendenz eigenes Verhalten sozialen Umständen zuzuschreiben und fremdes Verhalten auf Grund von Persönlichkeitsmerkmalen zu erklären.

4.4 Einstellung

Beobachtungen, Gedanken und Gefühle werden von Einstellungen geprägt und sind nicht objektiv (Kapitel 3.2). Einstellungen sind Bewertungen von Menschen, Gegenständen oder Ideen (Ajzen/Fishbein 1980, Petty et al. 1994) und bilden ein komplexes Konstrukt.

„Eine **Einstellung** ist ein mentaler oder neuronaler Bereitschaftszustand, der durch Erfahrung zustande kommt und einen gerichteten oder dynamischen Einfluss ausübt auf die Reaktion des Individuums gegenüber allen Objekten und Situationen, zu denen es in Beziehung steht (Allport 1993 [1935] 565–575, Übersetzung: G. E.)." (Eckardt 2015, 66).

Wie entstehen nun Einstellungen und woraus setzen sie sich zusammen? Einstellungen entstehen aus **kognitiven, affektiven und Verhaltenserfahrungen.** Nicht jede Einstellung wird gleich gebildet, sie kann stärker auf der einen oder anderen Erfahrungsart beruhen.

4.4.1 Einstellungskomponenten

Einstellungen bestehen also aus drei Komponenten, die hier am Beispiel der Einstellung zur Todesstrafe erläutert werden sollen.

1. **Die affektive Komponente:** Diese beschreibt die emotionale Reaktion auf das Einstellungsobjekt: Ich lehne die Todesstrafe ab, weil ich mich nicht zum Herrscher über Leben und Tod aufspielen will, oder aber ich befürworte die Todesstrafe, weil z. B. „Kinderschänder" diese verdient haben. Affektiv basierte Einstellungen beruhen nicht auf der Prüfung von Fakten, sondern z. B. auf dem persönlichen Wertesystem, religiösen oder moralischen Glaubenssätzen; sie sind nicht unbedingt von Logik bestimmt. Sie sind stark von biographischen Erfahrungen geprägt und basieren auf individuellen und z. T. sensorischen Empfindungen.
2. **Die kognitive Komponente:** Diese umfasst Gedanken und Überzeugungen über das Einstellungsobjekt mit dem Ziel Vor- und Nach-

teile zu klassifizieren und eine daraus resultierende Entscheidung zu treffen: Ich lehne die Todesstrafe ab, weil die weltweiten Statistiken belegen, dass sie keine relevante abschreckende Wirkung hat. Oder aber: Ich befürworte die Todesstrafe, weil sie meiner Meinung nach die Anzahl an Wiederholungstaten drastisch reduziert. In dem Maße, wie eine Einstellung primär auf den realen oder vermeintlich faktenbasierten Annahmen über das Einstellungsobjekt beruht, gehen wir von kognitiv basierten Annahmen aus.

3. **Die Verhaltenskomponente:** Damit ist ein beobachtbares Verhalten in Bezug auf das Einstellungsobjekt gemeint. Laut der Selbstwahrnehmungstheorie von Daryl Bem (1972) kennen Menschen ihre Einstellung zu bestimmten Dingen nicht und können nur aus ihrem Verhalten auf ihre Einstellung schließen. Also: Ich habe mir nie Gedanken über meine Einstellung zur Todesstrafe gemacht, aber jetzt finde ich mich auf einer Veranstaltung von amnesty international wieder und sammele Unterschriften gegen die Todesstrafe in den USA. Oder aber: Meine Freundin ist vergewaltigt worden und ich will, dass der Täter mit dem Tode bestraft wird. So kann aus einem bestimmten Verhalten auf die eigene Einstellung geschlossen werden, dieses nennt man dann verhaltensbasierte Einstellung.

Weiterhin wird zwischen expliziten und impliziten Einstellungen differenziert. **Explizite Einstellungen** sind bewusst, oft kognitiv basiert und können gut verbalisiert werden. **Implizite Einstellungen** hingegen sind unwillkürlich, schwer kontrollierbar, unbewusst sowie oftmals verhaltensbasiert (Aronson et al. 2014).

4.4.2 Einstellungsänderung

Wie können sich nun Einstellungen ändern oder geändert werden? Diese Fragen spielen in der Gewalt- oder auch in der Gesundheitsprävention eine entscheidende Rolle.

Einstellungsänderungen können laut Haddockund Maio (2014) mittels **Persuasion,** also Überzeugung oder mittels **Anreizen bzw. Sanktionen** erzeugt werden.

Der **Yale-Ansatz** besagt, dass die Effektivität persuasiver – also überzeugender – Kommunikation davon abhängt, **wer was zu wem sagt.**

- „Wer“ bezeichnet die Quelle der Botschaft. Wie glaubwürdig oder attraktiv ist der- oder diejenige, der oder die mich von etwas überzeugen will.
- Unter dem „was“ werden die Merkmale der Botschaft verstanden. Überzeugender sind meist die Botschaften, die auf Vor- und Nachteile einer Sache aufmerksam machen und nicht primär versuchen zu überreden.
- „Wem“ zielt auf die Rezipienten der Botschaft. Wenn einer Zielgruppe etwas vermittelt werden soll, müssen z.B. deren Alter und deren mögliche Interessen berücksichtigt werden (Aronson et al. 2014).

Mitunter wird der Versuch unternommen, die Einstellung von Menschen über ängstigende Botschaften zu ändern, dieses wird auch als **furchterregende Kommunikation** bezeichnet. Sehr furchterregende Botschaften scheitern in der Regel, weil Menschen sich davon überwältigt fühlen (Libermann/Chaiken 1992). **Mäßige Furchterregung** funktioniert hingegen eher und zwar dann, wenn in der Botschaft Vorschläge und Lösungswege für ein alternatives Verhalten enthalten sind (Petty et al. 1994).

Wie kann nun Widerstand gegen persuasive Kommunikation entstehen und reifen? Bernard et al. (2003) sprechen von **„Einstellungsimpfung“**, die entsteht, wenn im Voraus aktives und genaues Nachdenken über Pro und Contra-Argumente passiert oder beispielsweise in einer Gruppe bestimmte Situationen aktiv durchgespielt werden.

Eine weitere Frage ist, inwiefern Einstellungen, Verhalten – z.B. Wahlverhalten – vorhersagen können. Man geht insgesamt inzwischen von einer sehr **begrenzten Vorhersagbarkeit** aus. Bei expliziten Einstellungen und bei geplantem Verhalten ist die Verhaltensabsicht allerdings der beste Prädiktor (Ajzen/Fishbein 1980).

4.5 Aggression

„Aggression beim Menschen ist das Verhalten, mit Absicht anderen Menschen zu schaden. Sie ist das Ergebnis eines Zusammenwirkens von biologischen, soziokulturellen und psychologischen bzw. psychopathologischen Faktoren“ (Buselmaier 2016, 116)

Unter **Aggression** wird in der Sozialpsychologie eine **intendierte Handlung** – und kein Gefühl! – verstanden, die darauf abzielt, anderen Menschen physischen oder psychischen Schmerz zuzufügen.

Unterschieden wird allgemein zwischen **feindseliger Aggression,** die aus einer bestimmten Affektlage resultiert und **instrumenteller Aggression,** die primär dazu dient, ein eigennütziges Ziel zu verfolgen und dabei Verletzungen anderer in Kauf nimmt. Aggression und Gewalt wird in der Sozialpsychologie nicht scharf voneinander differenziert; **Gewalt** wird zumeist als besonders schwere Form der Aggression definiert (Nolting 1997).

4.5.1 Entstehung von Aggression

Es gibt diverse theoretische Annahmen, die sich auf die Erklärung und die Entstehung von Aggressionen beziehen (Bierhoff/Herner 2002). Eine die Menschheit und insbesondere die Sozialwissenschaften beschäftigende Frage, ist es, ob Aggression **angeboren ist oder erlernt** wurde. Sehr bekannte kontroverse Standpunkte aus der Philosophie sind zum einen die Auffassung des englischen Staatstheoretikers Thomas Hobbes (1588–1679) und die des französischen Pädagogen Jean Jacques Rosseau (1672–1748). Hobbes ging davon aus, dass jeder Mensch primär an seiner Selbsterhaltung interessiert sei und durch den Staat vor dem anderen geschützt werden müsse. Rosseau vertrat hingegen die Überzeugung, dass der Mensch an sich ein gutes Wesen hätte und vornehmlich durch gesellschaftliche Einflüsse verdorben würde (Weischedel 1998).

Sigmund Freud kreierte in seiner Abhandlung „Jenseits des Lustprinzips" von 1920 den **Thanatos- oder auch Destruktionstrieb** als Antagonisten des Sexualtriebes und ordnete ihm das Gefühl des Hasses zu, das aber nur im Zusammenhang mit Liebe wirklich zu verstehen und zu deuten sei.

> „Nun lehrt uns die klinische Beobachtung, dass der Hass nicht nur der unerwartete regelmäßige Begleiter der Liebe ist (Ambivalenz), nicht nur häufig ihr Vorläufer in menschlichen Beziehungen, sondern auch dass Hass sich unter mancherlei Verhältnissen in Liebe und Liebe in Hass verwandelt" (Freud 1923/1975, Bd. 3, 309).

Dollard und Miller entwickelten in ihrer **Frustrations-Aggressionshypothese** (1939) eine Art Hydraulikmodell, in dem durch nicht ausgedrückte aggressive Emotionen (Frustration) ein Druck (Aggression) entstehe, der abgebaut werden müsse. Nolting (1997) spezifiziert diese These dahingehend, dass vor allem eine als ungerechtfertigt empfundene Frustration zu Ärger führe, andernfalls könne Frustration auch Enttäuschung oder Ohnmachtsgefühle auslösen.

Laut Bandura (1976) ist aggressives Verhalten primär ein **soziales und gelerntes Verhalten,** das beim Auftreten über das Feedback von Umwelt (Angst, Rückzug, Gegenwehr) reguliert wird. Aus Tierexperimenten wird ersichtlich, dass der Aggressionstrieb aus früher Erfahrung gehemmt werden kann, wenn z.B. Katzen- und Hundebabys zusammen aufwachsen.

Dennoch gibt es evolutionsbiologisch betrachtet gute Gründe für die Verbreitung und Beibehaltung von Aggression. Dazu zählen Selbstverteidigung und Rivalität, der Kampf um Ressourcen und Machthierarchien und letztlich die Absicht, den Fortbestand der eigenen Gene zu sichern (Buselmaier 2016). Weiterhin spielen **neuronale und chemische Einflüsse** eine Rolle: Das Gewebshormon Serotonin hat beispielsweise einen hemmenden Einfluss auf impulsive Aggression, während Testosteron sich verstärkend auf das Aggressionsverhalten auswirkt.

> „Aggression und gewalttätiges Verhalten hängt von der Funktion unterschiedlicher Hirnstrukturen ab und diese werden wiederum von Genen kontrolliert. Man schätzt in den Neurowissenschaften und in der Molekulargenetik den genetischen Anteil der Aggression auf weit über 50 %. Gleichzeitig besteht natürlich eine Wechselwirkung zwischen der genetischen Veranlagung und dem individuellen sozialen Umfeld in der Weise, dass eine problematische Umgebung aggressives Verhalten bei genetisch veranlagten Personen verstärkt. Umgekehrt wirkt ein sozial ausgeglichenes Umfeld der Entwicklung von aggressiven Verhaltensweisen entgegen" (Buselmaier 2016, 121).

Einiges spricht aber wiederum auch für die enorme Bedeutung **kultureller Einflüsse.** Die Ethnie der Irokesen lebte beispielsweise bis in das 17. Jahrhundert weitgehend friedlich. Erst durch den konflikthaften Wettbewerb um Tierfelle mit einem Nachbarstamm, der durch die Ankunft der Europäer ausgelöst wurde, entwickelten sie eine eher kriegerische Kultur (Aronson et al. 2014).

Das **geschlechtsspezifische Stereotyp**, das Männer sich aggressiver als Frauen verhalten, kann nur in sehr allgemeiner Hinsicht bestätigt werden. Männer verhalten sich im Durchschnitt körperlich aggressiver während Frauen zu **relationalen Aggressionen** neigen. Das bedeutet, dass andere Menschen durch verdeckte oder manipulative Handlungen – z.B. Streuung von Gerüchten – in ihren Beziehungen geschädigt werden. In Bezug auf schwere **Gewalttaten und Morde** gibt es hingegen deutlich geschlechtsspezifische Differenzen. So sind nach einer Statistik des amerikanischen Justizministeriums 80 % der Mörder, die ein Familienmitglied töteten, Männer (Aronson et al. 2014).

Insgesamt ist zu konstatieren, dass bei der Entwicklung und beim Ausdruck von Aggression Triebe, Instinkte und biologische Faktoren zwar eine wichtige Rolle spielen, aber keinesfalls befriedigend durch diese erklärt werden, sondern auch situative, soziale und psychische Faktoren einen großen Einfluss haben. Zu weiteren Faktoren, die die Aggressionsschwelle deutlich herabsetzen, zählen weiterhin Alkohol, Schmerzen, Hitze, hohe Luftfeuchtigkeit, Luftverschmutzung und starke Geruchsbelästigung.

4.5.2 Soziale Einflussfaktoren

Soziale Situationen, die zu Aggressionen führen, können heftige Frustrationen sein, die entstehen, wenn ein erwartetes Ziel nicht erreicht werden kann oder eine Befriedigung sich aus irgendeinem Grund nicht einstellt. An dieser Stelle soll nochmals auf die bereits erwähnte Frustrations-Aggressions-Hypothese hingewiesen werden, die besagt, dass die Wahrnehmung ein bestimmtes Ziel nicht erreichen zu können, die Wahrscheinlichkeit einer aggressiven Reaktion stark erhöht.

Deprivation ist interessanterweise an sich kein ausreichender Auslöser für Aggression; nur relative Deprivation bzw. Deprivation im sozialen Vergleich ist dafür geeignet (Hartung 2000). Die Wahrnehmung also, dass das, was man hat, weniger ist als das, was einem nach eigener Einschätzung zustünde oder was andere Menschen in ähnlichen Situationen besitzen, trägt zu einer vermehrten Entstehung von Aggression bei. Dieses war lange Zeit auch ein Grund dafür, warum beispielsweise Slums möglichst weit weg von wohlhabenderen Vierteln angesiedelt wurden. In Zeiten von weltweiter Digitalisierung funktioniert dieser Abschottungsmechanismus nur noch sehr begrenzt.

Aggressionen können weiterhin durch bestimmte Cues (Hinweisreize) getriggert werden: Eine weltweite Studie von Archer und Gartner (1984) belegt beispielsweise, dass die Mordrate in den unterschiedlichen Ländern hoch mit der Verfügbarkeit von Handfeuerwaffen korrelierte. In diesen Fällen fungierte offenbar der Waffenbesitz als Hinweisreiz.

Ein weiterer Cue sind aggressiv handelnde Menschen. Dieses hat insbesondere Einfluss auf Kinder, was bereits bei dem beschriebenen Lernen am Modell (s. Kapitel 3.6.4)erläutert wurde.

4.5.3 Reduktionsmöglichkeiten

Eine für die Soziale Arbeit oftmals drängende Frage ist, wie aggressives Verhalten verstanden, eingeschränkt oder verhindert werden kann.

> Ein Geschwisterpaar aus dem südosteuropäischen Raum hatte seine ersten Lebensjahre in einer deutschen Großstadt auf der Straße verbracht und war mit 3 bzw. 5 Jahren von den deutschen Behörden aufgegriffen und in einer Jugendhilfeeinrichtung stationär untergebracht worden. Beide Jungen wurden von den zuständigen Sozialarbeitern als intelligent und aufgeschlossen beschrieben, aber nicht willens, sich an Gruppenregeln zu halten oder Beschränkungen zu akzeptieren. In diesen Fällen reagierten sie mit verbaler und z. T. auch körperlicher Aggression.

Forschungsbefunde zeigen einigermaßen konsistent, dass die Androhung oder auch die Durchführung schwerer Bestrafung für eine künftige bzw. erfolgte Übertretung von gesetzten Grenzen sich als wenig wirksam erwiesen hat, sondern im Gegenteil die die

Aufrechterhaltung bzw. Erhöhung von aggressivem Verhalten zur Folge hat. Hingegen hat sich z.B. die **Kombination** von **positiver Verstärkung** prosozialen Verhaltens (s. Kapitel 4.6) bei gleichzeitiger gezielter und **milder Bestrafung** aggressiver Handlungen im Hinblick auf die Eindämmung von Gewalt an Schulen als sehr wirksam erwiesen (Olweus 1995).

Bei der Sanktionierung von Gewalttaten haben sich weniger schwere Strafen, sondern vielmehr eine hohe **Eintretenswahrscheinlichkeit** einer Strafe auf eine Tat als geeignet gezeigt. Insbesondere bei Kindern und Jugendlichen erscheint es bei der Reaktion auf aggressives Verhalten sinnvoll, zwischen

- **direkter** (impulsiver),
- **indirekter** (tritt auf Umwegen auf),
- **reaktiver** (bezieht sich auf eine unmittelbar zuvor geschehene Handlung) und
- **proaktiver** Aggression, die primär beabsichtigt eine bestimmte Reaktion hervorzurufen,

zu unterscheiden (Petermann/Koglin 2015).

Welche individuellen Mechanismen stehen nun Menschen zur Verfügung, um Wutgefühle und daraus resultierendes aggressives Verhalten einzudämmen? Es gibt keine ausreichenden Befunde dafür, dass das Ausleben oder „Rauslassen" aggressiver Impulse die Wahrscheinlichkeit von weiteren aggressiven Handlungen reduziert; die sogenannte Katharsishypothese lässt sich somit nicht aufrechterhalten.

Hilfreich erscheint:

- erstens eine **Sensibilisierung der Selbstwahrnehmung** – in welchen Momenten und unter welchen Umständen empfinde ich eigentlich Wut
- zweitens die **Erweiterung seiner selbstregulatorischen Fähigkeiten** – wodurch und womit kann ich mich und meine Wut beruhigen
- drittens das **Erlernen gewaltfreier Kommunikationsstrategien** (s. Kapitel 7.2.3) sowie der **Steigerung von Empathie und Mitgefühl** (s. Kapitel 2.6.2) (Barnow 2015).

4.6 Prosoziales Verhalten

> Prosoziales Verhalten und Altruismus bezeichnen das Bedürfnis, einem anderen Menschen zu helfen, auch wenn dies mit Kosten und Nachteilen für den Helfenden verbunden ist.

Altruismus wird zum Teil enger und ausschließlich als durch Empathie und Perspektivübernahme motiviert verstanden (Bierhoff/Herner 2002). Insbesondere in sozialen Arbeitsfeldern ist es notwendig prosoziales oder altruistisches Verhalten vom sogenannten **Helfersyndrom** (Schmidbauer 2013) abzugrenzen; letzteres beschreibt die vornehmlich auf psychischen Defiziten basierende Sucht zu helfen und gebraucht zu werden. Ohne prosoziales Verhalten von vielen Menschen funktionieren aber Gesellschaften in Notlagen wie z.B. nach Flut- oder Erdbebenkatastrophen nicht. Aus diesem Grunde erscheint es auch notwendig, einer zunehmenden **Pathologisierung** und Stigmatisierung von Hilfebereitschaft in der Gesellschaft aktiv entgegen zu wirken.

4.6.1 Entstehung von prosozialem Verhalten

Zum einen spielen auch hier wieder Instinkte und **genetische Faktoren** eine Rolle. Menschen helfen offensichtlich unbewusst am ehesten Verwandten und dann, wenn dies das Überleben der eigenen Gene sicherstellt.

Zum anderen helfen Menschen anderen aus primär **altruistischen Gründen,** wenn sie aus welchen Gründen auch immer Empathie für das Gegenüber empfinden. Nicht selten spielen hier auch transgenerational bedingte Aspekte eine Rolle. Die große Hilfsbereitschaft vieler Deutscher gegenüber geflüchteten Menschen im Jahre 2015 ist auch im Zusammenhang mit den eigenen bzw. transgenerational vermittelten Fluchterfahrungen zu sehen, die im und nach dem zweiten Weltkrieg entstanden sind.

Hilfsbereitschaft basiert auch auf einer weit verbreiteten **Reziprozitätsüberzeugung**. Diese beinhaltet die mehr oder weniger bewusste Erwartung, dass die Hilfeleistung anderen gegenüber die Wahrscheinlichkeit erhöht, dass diese in Zukunft auch uns helfen werden. Diese Überzeugung wird untermauert durch die **Theorie des sozialen Austausches.** Die Theorie besagt, dass Kosten und Nutzen von Hilfeleistungen ausgeglichen sein muss; die Belohnungen und Kosten werden in sozialen Beziehungen mitverfolgt (Aronson et al. 2014).

In wenig formalisierten sozialen Beziehungen (Teams mit flachen Hierarchien, Partnerschaften etc.) werden oftmals implizite „Konten" geführt. Solange diese den Beteiligten ausgeglichen erscheinen, werden sie nicht thematisiert. Wenn die Bilanz nach Ansicht von mindestens einem Beteiligtem allerdings in Schieflage gerät, kann es zu heftigen Konflikten kommen.

4.6.2 Förderung prosozialen Verhaltens

Ob und in welchem Ausmaß prosoziales Verhalten entsteht, hängt von **kulturellen, persönlichen und situationalen Determinanten** ab.

Hunt (1992) weist z.B. auf zwei unterschiedliche afrikanische Stämme hin, die Altruismus bzw. das Fehlen eines solchen in extremer Weise lebten. Der eine Stamm sah das Teilen von Lebensmitteln mit älteren und schwächeren Menschen als Verschwendung von Ressourcen an, der andere Stamm zeichnete sich durch unbedingte Großzügigkeit allen Mitgliedern des Stammes gegenüber aus.

Hofstede (2001) verweist auf die unterschiedliche Ausformung prosozialen Verhaltens bei **individualistisch und kollektivistisch geprägten Kulturen** hin; in letzteren wird selbstverständlicher Hilfe angeboten.

In einer großen länderübergreifenden Studie von Levine et al. (2001) wurde die alltägliche Hilfsbereitschaft anhand dreier Experimente in 23 unterschiedlichen Großstädten untersucht. Zu den Experimenten zählte u.a. das Aufheben eines heruntergefallenen Stiftes oder das über die Straße Helfen eines vermeintlich blinden Menschen. In Rio de Janeiro lag die Hilfebereitschaft mit 93 % am höchsten und in New York mit knapp 45 % am zweitniedrigsten.

Zu den **persönlichen Faktoren** zählt neben **Empathie** und Perspektivübernahme, die bereits unter Kapitel 2.6.1 und 2.6.2 ausführlich erläutert wurden, auch die **moralische Urteilsfähigkeit** (Bierhoff 1988).

Eine der wichtigsten Theorien zur **Moralentwicklung** stammt von Lawrence Kohlberg (1996). Seine Theorie besagt, dass der Mensch drei Ebenen des moralischen Denkens durchläuft.

- Die erste Ebene bezeichnet die sogenannte **präkonventionelle Moral,** diese ist geprägt durch Regeln und soziale Erwartungen und funktioniert primär über Belohnungs- und Bestrafungsmechanismen.
- Die zweite Ebene ist die **konventionelle Moral,** diese basiert auf verinnerlichten gesellschaftlichen Regeln und Normen und einer gewissen Ambiguitätstoleranz von Interessenskonflikten.
- Die dritte Ebene wird **postkonventionelle Moral** genannt und laut Kohlberg nur von einer Minderheit überhaupt erreicht. Auf dieser Ebene werden gesellschaftlich akzeptierte Normen im Hinblick auf mögliche Widersprüche mit universellen ethischen Prinzipien hinterfragt und das Wohl der gesamten Menschheit – und nicht nur einer Nation – versucht in den Blick zu nehmen.

In Bezug auf die **situationalen Determinanten** ist z.B. der Wohnort ein entscheidender Faktor; die Hilfsbereitschaft ist in kleineren Städten prinzipiell größer als in Großstädten (Aronson et al. 2014).

Weiterhin spielt offenbar die Anzahl von Zuschauern in einer Situation, in der Hilfe angebracht wäre, eine Rolle.

Im nächsten Punkt soll exemplarisch auf den **Bystander-Effekt** eingegangen werden, der beschreibt, unter welchen Umständen Menschen sich scheuen, eine Hilfeleistung zu erbringen und wie dies modifiziert werden kann.

4.6.2 Der Bystander-Effekt

Der Bystander-Effekt wurde erstmals 1968 im Journal of Personality and Social Psychology von den Psychologen Darley und Latané beschrieben. Hintergrund war ein Mordfall, der sich 1964 in New York ereignet hatte und dem eine junge Frau namens Catherine Genovese in ihrem Hausflur zum Opfer gefallen war. Nach einer journalistischen Recherche hatten mehrere Nachbarn die Schreie der Frau über eine halbe Stunde lang gehört und erst danach die Polizei eingeschaltet.

Darley und Latané beschäftigte nun die Frage nach den Gründen für eine solche Passivität. Sie stellten die Hypothese auf, dass die **Wahrscheinlichkeit in Notsituationen Hilfe zu leisten** mit der Anzahl der anwesenden Personen abnähme. Sie kreierten ein sozialpsychologisches Experiment, in dem VersuchsteilnehmerInnen unter unterschiedlichen Bedingungen Hilfeschreie eines vermeintlichen epileptischen Anfalls hörten – einmal dachten sie, sie seien allein, ein anderes Mal, dass die Schreie von mehreren gehört würden. Die aufgestellte Hypothese konnte durch das Experiment bestätigt werden: Je mehr ZeugInnen die VersuchsteilnehmerInnen wähnten, desto weniger waren sie bereit zu helfen.

Auf dieser Grundlage wurde das Phänomen der **Verantwortungsdiffusion** beschrieben: Das Verantwortungsgefühl für Hilfeleistungen nimmt ab, je mehr Zeugen es gibt.

Latané und Darley (1970) entwickelten daraufhin ein fünfstufiges Modell zur **Bystander-Intervention.**

- Bei der ersten Stufe – **Aufmerksamkeitszuwendung** – muss eine Notfallsituation als solche überhaupt erst bemerkt und dann besondere Aufmerksamkeit zuerkannt werden.
- Der zweite Schritt beinhaltet die **Interpretation der Situation** als Notfall. Genau an diesem Punkt setzt ggf. der **Bystander-Effekt** ein. Wenn Menschen davon ausgehen, dass noch andere dieselbe Situation zwar wahrnehmen, aber eventuell nicht als Notfall interpretieren, entsteht das Phänomen **pluralistischer Ignoranz**. Dieses bedeutet, dass die Interpretation der anderen Vorrang vor der eigenen eventuell davon abweichenden Interpretation hat. ZeugInnen gehen davon aus, dass bei einem Notfall alles in Ordnung ist, weil keiner der Umstehenden sich besorgt zeigt. Auf ein konkretes Beispiel bezogen könnte das bedeuten, dass mehrere Personen an einem sterbenden wohnungslosen Menschen vorbeigehen, weil sie davon ausgehen, dass die anderen PassantInnen diesen bereits als bloß Betrunkenen identifiziert haben und die eigene Sorge als unbegründet und darüber hinaus als lästig abtun.
- Auf der dritten und vierten Stufe fällt dann die Entscheidung **Verantwortung zu übernehmen** und **Hilfe zu leisten.**

- Die fünfte Stufe wird als **Implementierung einer Hilfeleistung** beschrieben, wobei diese Hilfeleistung eventuell auch komplizierte und nicht routinierte Hilfeleistungen umfassen kann wie z.B. die Anwendung von Wiederbelebungsmaßnahmen, die noch zuvor geleistet wurden und über das Wählen der Notrufnummer hinausgehen.

4.7 Gruppenphänomene

Es zählt zu den grundlegenden menschlichen Bedürfnissen, Beziehungen einzugehen und sich einer Gruppe anzuschließen.
Dieses Bedürfnis ist evolutionär bedingt. Gruppen stiften Identität und in bzw. mit ihnen werden soziale Normen entwickelt, die eine Orientierung im sozialen Miteinander ermöglichen.

Eine **Gruppe** definiert sich durch zwei oder mehr Menschen, die miteinander interagieren und in dem Sinne interdependent sind, dass ihre Bedürfnisse und Ziele eine gegenseitige Beeinflussung bewirken (Cartwright/Zander 1968).

Gruppen unterscheiden sich hinsichtlich ihres Formalisierungsgrades. Es gibt **formelle Gruppen**, wie z.B. eine Schulklasse oder eine Fußballmannschaft, die sich durch klare Ein- und Austrittskriterien auszeichnen oder **informelle Gruppen** wie eine Clique oder Anhänger einer Partei, bei denen die Zugehörigkeit diffuser ist. Informelle Gruppen haben die Tendenz zur Homogenität – z.B. im Alter und/oder Geschlecht und/oder Meinungen sowie Überzeugungen.

4.7.1 Gruppenentscheidungen und soziale Rollen

Gruppen treffen ihre Entscheidungen deutlich anders als Einzelpersonen. Zum einen sind sie bei ihren Entscheidungen risikofreudiger, es werden insgesamt extremere und eher polarisierende Entscheidungen getroffen. Gruppenentscheidungen sind zum anderen in der Hinsicht fehleranfälliger, als dass das Aufrechterhalten der Kohäsion und der Solidarität tendenziell wichtiger ist als das Suchen und Integrieren von Fakten und neuen – möglicherweise abweichenden – Informationen (Kerr/Tindale 2004).

Ein gutes Beispiel dafür sind Entscheidungen, die ein Team im Jugendamt hinsichtlich der Einschätzung trifft, ob eine Kindeswohlgefährdung vorliegt oder nicht. Wenn diese oftmals quälende Entscheidung in die eine oder andere Richtung endlich gefallen ist, gibt es oftmals große Hemmungen Einzelner, im Nachhinein noch Informationen mitzuteilen, die diese Entscheidung in Zweifel ziehen könnten. Durch dieses Versäumnis kommen dann **Gruppenfehlentscheidungen** zustande (Kindler 2005).

Viele Gruppen verfügen über gut definierte **soziale Rollen**; sie dienen der Spezifikation, wie sich einzelne Menschen, die eine bestimmte Position innerhalb der Gruppe haben, verhalten sollen. Rollen können insofern hilfreich sein, weil jede/r weiß, was er/sie von dem anderen zu erwarten hat. Die Identifikation mit Rollen birgt aber auch Gefahren. Die Identität des Individuums und seine Ansichten können vollkommen dahinter verschwinden (Freigang et al. in Vorb.).

Dieses wurde eindrucksvoll im Stanford-**Gefängnisexperiment** von Haney/Zimbardo (1977) demonstriert, das 2001 in dem eindrücklichen deutschen Spielfilm „Das Experiment" von Oliver Hirschbiegel inszeniert wurde. Hierbei wurden die Teilnehmenden in zwei Gruppen unterteilt. Eine Gruppe übernahm die Rolle der Gefangenen und die andere die Rolle der Aufsichtspersonen. Im Verlauf des Experiments kam es zu so heftigen Gewaltausbrüchen zwischen den beiden Gruppen, dass das das Experiment vorzeitig abgebrochen werden musste.

Anhand des Experiments wurde das Phänomen der **Deindividuation** sichtbar, die auch im oben beschriebenen Bystander-Effekt enthalten ist. Deindividuation beschreibt ein verringertes Verantwortungsgefühl und eine größere Freisetzung von Aggressionen in einer Gruppe. Mitunter wird dieses Verhalten noch verstärkt, um die vermeintlichen Gruppennormen zu erfüllen und nicht durch Abweichung aufzufallen.

4.7.2 Intergruppenverhalten

Polarisiert betrachtet können Interaktionen zwischen Gruppen einerseits von **Konflikten** und andererseits von **Kooperation** bestimmt sein. Dazwischen gibt es eine ganze Bandbreite an Phänomenen wie friedliche Koexistenz oder auch schlichter Nichtbeachtung einer anderen Gruppe.

Tajfel (1982) entdeckte in unterschiedlichen Studien das Phänomen der **Eigengruppenbevorzugung**. Es wurden Minimalgruppen nach dem Zufallsprinzip gegründet. Die TeilnehmerInnen verhielten sich in der Regel gegenüber den Mitgliedern ihrer Gruppe freundlicher und schätzten ihre Mitglieder als sympathischer und kompetenter ein als die Mitglieder der anderen Gruppen. Erklärt wird dieses durch die Stärkung des Selbstwertgefühls bei der Identifizierung mit spezifischen sozialen Gruppen.

Die Theorie des **realistischen Gruppenkonfliktes** besagt, dass begrenzte Ressourcen zu Konflikten zwischen Gruppen und zu vermehrten Vorurteilen führen und in Diskriminierung münden.

Ein klassisches Experiment von Sherif et al. (1961) macht die Entstehung eines solchen Konfliktes und die Entstehung von Vorurteilen (s. Kapitel 4.8) zwischen zwei Gruppen sehr eindrücklich deutlich. Das Experiment wurde in einem Ferienlager durchgeführt. Es wurden zunächst zwei Gruppen gebildet, deren jeweilige Kohäsion, also ihr Zusammengehörigkeitsgefühl durch Namensgebung etc. gestärkt wurde.

In einem zweiten Schritt wurde die Konkurrenz zwischen beiden Gruppen durch kompetitive Spiele gefördert und es entstand bald eine Feindseligkeit zwischen den Gruppen, die nicht einfach dadurch verschwand, dass die kompetitiven Spiele beendet wurden.

Als nächstes untersuchte Sherif, wie es möglich sein könnte, die gegenseitige Abneigung und die entstandenen Vorurteile zwischen den Gruppen wieder zu reduzieren. Versuche im Sinne der Kontakthypothese (Allport 1971) beide Gruppen in neutralen Situationen einfach bloß zusammenzubringen, scheiterten. Eine Harmonie konnte durch bloße Begegnung nicht hergestellt werden, wenn dabei bestehende Konflikte und Konkurrenzempfindungen einfach nur ignoriert oder unterdrückt wurden.

Vier Schritte erwiesen sich beim Abbau von Konflikten als wirkungsvoll:

- Beide Gruppen wurden in die Situation gebracht, in welchen sie wechselseitige Abhängigkeit erfuhren, z.B. durch Inszenierung von Notfallsituationen, die nur gelöst werden können, wenn die beiden Gruppen zusammenarbeiteten.
- Den Gruppen wurde ein gleicher Status zugebilligt; ungleiche Machtverhältnisse trugen eher dazu bei, Konflikte zu zementieren.
- Es wurde eine freundlich-informelle Umgebung geschaffen, in der für beide Gruppen nicht mehr die Möglichkeit bestand, getrennt zu bleiben.
- Es wurden informelle Kontakte zwischen den Mitgliedern der unterschiedlichen Gruppen gefördert (Uslucan 2014).

4.8 Konformität und Vorurteile

Wie in Kapitel 4.7.1 ausgeführt, haben die meisten Menschen ein starkes Bedürfnis sich an sozialen Normen zu orientieren und mit diesen konform zu gehen.

> **Konformität** wird in erster Linie durch den realen oder vorgestellten Einfluss anderer Menschen hergestellt – nach dem Motto, was sollen denn die Leute denken.

Ein beeindruckendes Experiment zu **Konformität und sozialer Zustimmung** stammt von Solomon Asch (1951/1956), in dem VersuchsteilnehmerInnen dazu aufgefordert wurden, die Länge von Linien zu beurteilen und sich zu einem großen Teil von ihrer eigenen Wahrnehmung durch die Mehrheit korrigieren ließen.

> „Von jeweils drei verschieden langen Linien war die eine vierte Linie auszuwählen. Jedes Mitglied der Gruppe sagte sein Urteil laut an. Während dieses einförmigen ‚Tests' fand sich eine Einzelperson plötz-

lich dem Widerspruch einer ganzen Gruppe gegenüber, und dieser Widerspruch trat im Laufe des Versuchs immer wieder auf. Alle Versuchspersonen bis auf eine hatten von dem Versuchsleiter eine Weisung erhalten, an bestimmten Stellen mit einem einstimmigen falschen Urteil zu antworten" (Eckardt 2015, 84).

Unterschieden wird zudem zwischen informationalem und normativem sozialen Einfluss (Aronson et al. 2014). **Informationaler sozialer Einfluss** entsteht primär aus dem Bedürfnis heraus zu wissen, was „richtig" ist und sich darum besonders stark an dem Verhalten anderer Menschen zu orientieren. Vor allem in mehrdeutigen oder krisenhaften Situationen spielt informationaler sozialer Einfluss eine große Rolle. Ein gutes Beispiel dafür sind Erziehungssituationen. Diese sind in der Regel von großer Mehrdeutigkeit und einer Vielzahl von Handlungsoptionen geprägt – Nachgeben vs. Durchgreifen. Gleichzeitig existiert ein starkes Bedürfnis der erziehenden Personen, es richtig machen zu wollen.

Normativer sozialer Einfluss drückt sich in dem Bedürfnis aus, akzeptiert zu werden. Der Konformitätsdruck wird umso höher, je mehr Menschen in dieser Gruppe sind und je näher sowie wichtiger die subjektiv empfundene Bedeutung der Gruppe ist. Insbesondere durch Mobbingsituationen wird dieses Bedürfnis attackiert und trägt z.B. in hoch kohäsiven, gruppenorientierten Kulturen wie der japanischen zu einer vergleichsweise hohen Selbstmordrate jugendlicher SchülerInnen bei (Aronson et al. 2014).

4.8.1 Vorurteile

Vorurteile sind ein allgegenwärtiges soziales Phänomen, von dem nicht nur Minderheiten, sondern sämtliche sozialen Gruppen betroffen sind. Der Begriff des Vorurteils bezieht sich auf die **allgemeine Struktur der Einstellung** (s. Kapitel 3.4) und betrifft insbesondere ihre **affektive Komponente;** d.h., Vorurteile sind oft nicht bewusst und haben einen starken irrationalen Anteil. Vorurteile können zwar prinzipiell positive und negative Aspekte erfassen, aber:

Im Allgemeinen wird ein **Vorurteil** als eine **negative oder feindselige Einstellung** gegenüber Menschen einer bestimmten Gruppe definiert, die nur auf ihrer bloßen Mitgliedschaft in dieser Gruppe basiert (Bierhoff/Herne 2002).

So verstanden haben Vorurteile ein gefährliches Potential. Viele Angehörige von Minderheiten, die oft Opfer negativer Vorurteile sind, haben z.B. eine geringere Selbstachtung. Ein klassisches Experiment dazu stammt von Clark und Clark (1947), die feststellten, dass afroamerikanische Kindern lieber mit weißen Puppen spielten, weil sie äußerten, dass die weißen Puppen hübscher und allgemein den schwarzen Puppen überlegen seien.

Vorurteile haben auch eine entlastende Funktion. In frustrierenden Situationen haben Menschen die Tendenz, Aggressionen auf Gruppen zu richten, die allgemein wenig angesehen und relativ machtlos sind (z.B. Flüchtlinge nehmen uns die Arbeit weg und für uns bleibt nichts übrig). Aus dem Bedürfnis heraus, die Welt als gerechten Platz anzusehen, an dem jeder das bekommt, was er verdient, entsteht das Phänomen der **Zuweisung der Schuld an die Opfer** (blaming the victim). Es bezeichnet die menschliche Neigung, dem Opfer die Schuld für seine Misere zu geben (Aronson et al. 2014). Besonders deutlich wird dieses Phänomen in dem grandiosen wenn auch schwer erträglichen Film „Dogville“ von Lars von Trier (2003).

Vorurteile werden durch Sozialisation und Lernen erworben. Sie entstehen aus der menschlichen Tendenz, Informationen zu kategorisieren und zu gruppieren (s. Kapitel 3.3). Bei einem berühmten und oft nachgestellten Experiment der US-amerikanischen Lehrerin Jane Elliot von 1970, die die Kinder in eine blau- und braunäugige Gruppe einteilte, und den blauäugigen Kindern deutliche Vorteile einräumte, entstanden in kürzester Zeit bei dieser Gruppe Überlegenheitsgefühle und in der Gruppe der braunäugigen Kinder Minderwertigkeitsgefühle und Aggressionen. An diesem Experiment zeigt sich zum einen das Bedürfnis zwischen **In-Group und Out-Group** zu differenzieren und das Phänomen **Fremd-Gruppen-Homogenität:** Es wird tendenziell geglaubt, dass die anderen alle gleich sind.

4.8.2 Stereotypisierung und Diskriminierung

Der Begriff Stereotyp bezieht sich auf die **kognitive Komponente** von Einstellungen.

Ein **Stereotyp** beschreibt eine generalisierte Sichtweise auf eine Gruppe von Menschen, bei der man allen Mitgliedern der Gruppe identische Eigenschaften zuschreibt, ohne Variationen unter den Mitgliedern angemessen zu beachten.

> „Stereotype sind als ein Ergebnis der Bemühung zu verstehen, die Reizvielfalt der sozialen Umwelt zu ordnen und sie handhabbar zu machen. Deshalb findet eine Kategorisierung statt, bei der ähnliche Dinge und Personen nicht mehr weiter differenziert, sondern als gleich betrachtet werden; es findet eine Reduktion der Komplexität statt. Ferner tritt eine kognitive Aufwandsersparnis auf; d. h. ein „Problem", eine Zuordnung wird ohne viel Nachdenken gelöst" (Uslucan 2014, 4).

Stereotype spiegeln kulturelle Annahmen wieder und attribuieren (s. Kapitel 4.3) **dispositional** und nicht situativ. Eine typische dispositionale Annahme ist, dass die Gruppe von Harz-IV-Empfängern dazu neigt, ihr Geld für Zigaretten und Alkohol statt für Kinderspielzeug auszugeben. Der dispositionale Stereotyp, dass Menschen jüdischen Glaubens besonders geschäftstüchtig sind, wurde hartnäckig über Jahrhunderte tradiert. Dabei wird die Neigung eine Beziehung zwischen zwei Merkmalen (jüdische Religion und Geldbesitz), die real nicht gegeben ist, als **illusorische Korrelation** bezeichnet.

Stereotypisierungen dienen einer **Vereinfachung und Reduzierung von Komplexität** und können auch durchaus positiv sein, z.B. alle Menschen mit schwarzer Hautfarbe haben ein gutes Rhythmusgefühl. Stereotype zeichnen sich weiterhin darin aus, dass sie trotz des Hinzukommens neuer Informationen relativ veränderungsresistent sind.

Diskriminierung resultiert aus der Verhaltenskomponente von Einstellungen und bezeichnet eine **ungerechtfertigte negative oder schädliche Handlung** gegenüber einem Mitglied einer Gruppe wegen seiner bloßen Zugehörigkeit zu dieser Gruppe und stellt aus ethischer Sicht immer ein Problem dar (Landhäußer, 2013).

4.8.3 Reduktionsmöglichkeiten

Wie ist es nun möglich, feindselige, unerwünschte Stereotypen und Diskriminierungen abzubauen?

Devine/Monteith (1999) differenziert zwischen einer **automatischen** und einer **kontrollierten Verarbeitung** von Stereotypen.
Nur bei einer kontrollierten Verarbeitung ist es möglich, eine bewusste Entscheidung zu treffen, stereotype Informationen zu ignorieren und davon abweichende besonders wahrzunehmen.

Bezogen auf den Kontext der Sozialen Arbeit bedeutet dies die Notwendigkeit, die stereotypen Annahmen über Hartz-IV-Familien – die geben eher Geld für Zigaretten als für Kinderspielzeug aus – zu reflektieren und sich bewusst dafür zu entscheiden, von diesem Stereotyp abweichenden Informationen besondere Aufmerksamkeit zu schenken.

Aronson, E., Wilson, T., Akert, R. (2014): Sozialpsychologie. 6. aktualisierte Aufl. Pearson Studium, München [u.a.]
Jonas, K., Stroebe, W., Hewstone, M. (Hrsg.) (2014): Sozialpsychologie. 6., vollst. überarb. Aufl. Springer, Berlin [u.a.]

Was erklärt die Theorie der kognitiven Dissonanz und wie kann kognitive Dissonanz reduziert werden?
Beschreiben Sie den Unterschied zwischen interner und externer Validität.
Was ist unter dem fundamentalen Attributionsfehler zu verstehen?
Was besagt der Yale-Ansatz und was bedeutet er übertragen auf den Kontext der Sozialen Arbeit?
Welche Wirkung zeigt die Androhung von Strafen auf aggressives Verhalten?
Beschreiben Sie das fünfstufige Modell der Bystander-Intervention.
Wieso sind Gruppenentscheidungen fehleranfällig?
Was unterscheidet ein Vorurteil von einem Stereotyp?

5 Familien- und Erziehungspsychologie

Familienpsychologie beschäftigt sich primär mit den Voraussetzungen und Folgen von Sozialisations- und Erziehungsprozessen in der Familie. Erziehungspsychologie fokussiert hingegen auf die Darstellung unterschiedlicher Formen von Erziehungsverhalten sowie auf die relevanten Kontextbedingungen von Erziehung. Die Familie lässt sich zum einen als soziale Beziehungseinheit und zum anderen als zentrale Bildungs- und Sozialisationsinstanz beschreiben, die sich in der westlich orientierten Gesellschaft durch eine Vielfalt in ihren Erscheinungsformen auszeichnet. Erziehung verlangt in diesem Kontext von den Eltern, ihre Kinder vor allem darin zu unterstützen, Komplexität und Ambivalenz gut auszuhalten. Dabei ist die Beachtung von transgenerationalen Mechanismen beispielsweise bei der Weitergabe von gewalttätigem Verhalten in der Erziehung von hoher Bedeutung. Weiterhin wird ein Blick auf die Besonderheiten von Familien geworfen, bei denen ein oder mehrere Mitglieder psychisch und/oder körperlich erkrankt sind, da Fachkräfte der Sozialen Arbeit hierbei mit spezifischen familiären und erzieherischen Dynamiken konfrontiert sind. Abschließend wird das für die Soziale Arbeit relevante Handlungsfeld der Erziehungsberatung sowie andere Interventionsformen wie Elterncoaching und Elterntraining dargestellt.

Familienpsychologie ist laut Klaus Schneewind (2016) eine „querliegende psychologische Disziplin“. Das bedeutet, dass sie in vielen Teilbereichen der Psychologie (Entwicklungspsychologie, klinische Psychologie, pädagogische Psychologie, etc.) eine wichtige Rolle spielt. Im Unterschied zu den USA gibt es in Deutschland keine eigenständige akademische Ausbildung zu Familienpsychologie. Es existieren auch keine vergleichbaren deutschsprachigen Fachzeitschriften wie z.B. das Journal of Family Psychology oder auch das Journal of Marriage and Family. **Familienpsychologie** beschäftigt sich u.a. mit den Voraussetzungen und Folgen von Sozialisations- und Erziehungsprozessen in der Familie und mit Zusammenhängen zwischen Persönlichkeitsentwicklung und familiärer Sozialisation sowie mit innerfamiliären Beziehungserfahrungen und Bindungsrepräsentationen (Walper/Pekrun 2001, Jungbauer 2014). Für die Soziale Arbeit ist auch die familienpsychologische Anwendungsforschung von hoher Relevanz, da sie sich mit der Veränderbarkeit, „von familialen Beziehungsmustern über entsprechende Interventionsmaßnahmen wie Training, Coaching, Beratung oder Therapie“ (Schneewind 2016, 246) beschäftigt.

Erziehungspsychologie fokussiert sich in Abgrenzung zur Familienpsychologie auf eine umfängliche Beschreibung und Erhebung unterschiedlicher Formen von Erziehungsverhalten. Weiterhin beschäftigt sie sich mit Erziehungszielen, entwicklungspsychologischen Grundlagen von Erziehung und weiteren Kontextbedingungen von Erziehungspraktiken (Fuhrer 2005).

Da **frühe Hilfen**, **Elterntraining** und **Erziehungsberatung** als wesentliche Handlungsfelder der Sozialen Arbeit anzusehen sind, ist auch die Erziehungspsychologie für die Soziale Arbeit von Interesse.

Erziehungspsychologie unterscheidet sich von der **Pädagogischen Psychologie** insofern, als letztere sich in erster Linie mit Motivations- und Lernproblemen sowie diesbezüglichen Präventions- und Interventionsstrategien (Schuster 2017) befasst (s. Kapitel 3.6.5).

Zu wesentlichen Wandlungsfaktoren von Familien allgemein zählen u. a. die gestiegene Lebenserwartung, gesunkene Heiratsneigung, hohe Scheidungsraten, nicht eheliche Partnerschaften und Lebensgemeinschaften, Geburtenrückgang, veränderte Erziehungswerte und das Nebeneinander von traditionellen und alternativen Familienmodellen. Zu den Funktionen von Familie zählt neben ihrer **reproduktiven und sozialisierenden Funktion** auch eine **Regenerations- und Solidaritätsfunktion** (Wunderlich 2014, Nave-Herz 2012), d. h., Familien gelten gemeinhin als Ort, an den man sich potenziell zurückziehen und fraglose Unterstützung erhalten kann.

5.1 Erziehungsvorstellungen und Ziele

Die Vorstellung davon, wie ein Kind richtig zu erziehen sei, bewegt sich in den westlich geprägten Kulturen seit der Antike zwischen zwei Polen: Mal gilt das Kind als ein von ErzieherInnen zu disziplinierendes, dann wieder als ein vor „falscher“ Erziehung zu schützendes Wesen.

Platon war beispielsweise der Auffassung, dass Erwachsene als Vorbilder der Kinder denkbar ungeeignet seien und plädierte dafür, Kinder im Alter von sechs Jahren einer allgemeinen Erziehung unter staatlicher Kontrolle zuzuführen. Aristoteles vertrat hingegen die Ansicht, die individuellen Stärken und Begabungen der Kinder seien am besten im familiären Rahmen zu fördern (Kreppner 1998). Mit Rousseau wird seit Mitte des 18. Jahrhunderts bezweifelt, dass Erziehende ihren Zöglingen wirklich Inhalte und konkrete Ziele beibringen sollen; vielmehr sei es ihre Aufgabe, sie in ihrem generell gegebenen Lern- und Bildungswillen zu unterstützen und zu fördern (Zirfas 1996).

Was kann heute unter psychologischen Gesichtspunkten die Aufgabe von Erziehung sein?

Nach Fuhrer (2005) bedeutet Erziehung unter postmodernen Gesellschaftsbedingungen, Kindern und Jugendlichen Fähigkeiten zu vermitteln, die es ihnen ermöglichen, zukünftige unvorhersehbare Lebensbedingungen zu bewältigen. Fuhrer betrachtet Erziehung insbesondere unter dem Blickwinkel der Förderung von Entwicklung und des Beistands bei der Erfüllung von Entwicklungsaufgaben. Das bedeutet unter den aktuellen gesellschaftlichen Bedingungen eine hohe Herausforderung für Eltern und andere erziehende Personen, die sich auch in der Tatsache niederschlägt, dass in Deutschland jeder fünfte Minderjährige Erziehungsberatung in Anspruch nimmt (Menne/Hundsalz 2006). Bereits 1993 bemerkt Kraft dazu:

> „Denn das, was die Erwachsenen den Kindern schuldig bleiben oder vielleicht auch angesichts komplizierter Lebenslagen derzeit schuldig bleiben müssen, kehrt später als Bedürfnis nach Unterstützung, Hilfe und eben Beratung wieder. Erziehung und Beratung sind, wenn dieses mechanistische Bild erlaubt ist, gleichsam wie kommunizierende Röhren miteinander verbunden“ (Kraft 1993, 347 f.).

5.2 Elternschaft und elterliche Erziehung

Wenn Menschen Kinder bekommen, stehen mehrere Fragen im Zentrum:

- Bin ich kompetent genug, um für das Überleben meines Kindes zu sorgen?
- Werde ich mein Kind lieben können bzw. wird mein Kind mich lieben?
- Bekomme ich genügend Unterstützung?
- Kann ich meine neue Identität ausbilden?
  (Reichle/Werneck 1999)

Insgesamt geht es im **Übergang zur Elternschaft** um die Bildung neuer, elterlicher Repräsentationen. Das Selbstbild und die Schemata, die man über sich selbst hat, müssen angepasst werden. Ebenso verändern sich das Bild des Partners/der Partnerin, das Bild der zu Großeltern mutierenden Eltern sowie der Blick auf die gesamte Herkunftsfamilie und die des Partners. Es geht darum, ob das Kind bestimmte Traditionen fortsetzen soll oder eben gerade nicht. Im **Elternprogramm** SAFE greift der Psychoanalytiker Karl Heinz Brisch (2011) genau diese zumeist unbewussten Projektionen und Phantasien von Eltern auf ihr ungeborenes Kind auf und arbeitet mit diesen, um diese so ins Bewusstsein zu bringen und bei Bedarf veränderbar bzw. flexibler werden zu lassen.

Erziehung verlangt in westlich geprägten Kontexten von den Eltern eine erhöhte **Selbststeuerungsfähigkeit**, um ihre Kinder bei der Entwicklung von **Ambivalenztoleranz**, **Kreativitätsfähigkeit** und **Komplexitätsbewältigung** zu fördern (Dornes 2012). Erziehung hat sich laut Dornes in der Konsequenz enttraditionalisiert. Dieses hat eine überwiegend leidmindernde und befreiende Kraft. Es zieht aber auch eine größere Bedeutsamkeit von Erziehungsberatung, **Schulsozialarbeit** und therapeutischen Angeboten nach sich.

5.3 Erziehungsstile

In der Erziehungspsychologie wird von unterschiedlichen Erziehungsstilen bzw. Dimensionen von Erziehung gesprochen (Fuhrer 2005).

Unterschieden wird zwischen einem **autoritären, permissivem, vernachlässigenden** und **autoritativen Erziehungsstil**. Die dazu passenden Dimensionen sind das Ausmaß der **Kontrolle** und die Qualität der **emotionalen Reaktion.**

So gleichen sich ein autoritärer und autoritativer Erziehungsstil zwar in ihrem hohen Anforderungsniveau, unterscheiden sich aber deutlich in der emotionalen Reaktion auf das Kind, die beim ersteren macht- und elternorientiert und beim letzteren akzeptierend und kindorientiert ist.

Ein permissiver, erlaubender und ein vernachlässigender Erziehungsstil ähneln sich wiederum in ihrem geringen Ausmaß an Kontrolle und Anforderung, unterscheiden sich aber deutlich hinsichtlich der emotionalen Qualität.

Die Erziehungsstilforschung stammt aus den 1930er Jahren aus den USA und wurde ursprünglich nicht an Eltern, sondern anhand von Erziehungsstilen von Jugendleitern herausgearbeitet. Der Feldpsychologe Kurt Lewin und seine MitarbeiterInnen interessierten sich dafür, unter welchem Führungsstil sich die Jugendlichen mehr oder weniger aggressiv bzw. konstruktiv verhielten:

> „Die Autoren unterschieden drei *Führungsstile,* einen autoritären, einen demokratischen und einen Laisser-faire Stil. In der *autoritär geleiteten Gruppe* trafen die erwachsenen Gruppenleiter die wesentlichen Entscheidungen: Kontrolle wurde somit in sehr direktiver Weise ausgeübt. Demgegenüber wurden der *Laisser Faire-Gruppe* sehr viele Freiheiten gelassen; die Gruppenleiter lobten und übten nur dann Kritik, wenn sie ausdrücklich darum gebeten wurden. Zudem übten sie kaum Kontrolle aus. In der *demokratisch geleiteten Gruppe* wurden die Entscheidungen von den Kindergruppen getroffen. Die Gruppenleiter wirkten motivierend und unterstützend auf die Kinder ein, die Verantwortung für die Entscheidungen lag aber bei der Gruppe" (Fuhrer 2005, 225).

In diesem Experiment wurde deutlich, dass in der demokratisch geführten Gruppe aggressives Verhalten am geringsten ausgeprägt war. Bei den autoritär geführten Gruppen war in Anwesenheit von den Jugendleitern ein gehemmt aggressives Verhalten zu beobachten, sobald die Gruppenleiter aber nicht anwesend waren, stieg das aggressive Verhalten stark an.

Forschungsbefunde weisen darauf hin, dass ein sehr **machtorientierter Erziehungsstil** und körperliche Bestrafung positiv mit kindlichem Problemverhalten korrelieren(Schwenck/Reichert 2012). Noch bis vor zehn Jahren gaben laut einer Studie z.B. 75 % der Mütter von Kindern im Kindergartenalter an, ihre Kinder körperlich bestraft zu haben, 13 % setzten diese Maßnahmen oft ein (Hahlweg et al. 2008).

Schneewind (2016) betont, dass die familienpsychologische Forschung inzwischen eindeutige Belege dafür geliefert habe, dass vor allem eine **autoritative elterliche Haltung** positive Effekte auf die kindliche Entwicklung hätte. Fast alle **Elterntrainings** und auch Erziehungsberatungsstellen versuchen eine solche Haltung zu unterstützen. Die Umsetzung wird aber oftmals dadurch erschwert, dass Mütter und Väter in ihrer eigenen Kindheit seelische und/oder körperliche Gewalt von ihren Eltern oder anderen wichtigen Bezugspersonen erfahren haben und dieses Verhalten insbesondere in Stress- und Überforderungssituationen an ihre Kinder weitergeben. Im Folgenden soll es daher um die Wirksamkeit und den Umgang mit transgenerationalen Mechanismen gehen.

5.4 Transgenerationale Konzepte

> „Jeder Mensch hat wohl in sich eine mehr oder weniger vor sich selbst verborgene Kammer, in der sich die Requisiten seines Kindheitsdramas befinden. Vielleicht ist es sein geheimer Wahn, seine geheime Perversion oder ganz schlicht der unbewältigte Teil seines Kinderleidens. Die einzigen Menschen, die mit Sicherheit Zutritt zu dieser Kammer bekommen werden, sind seine Kinder" (Miller 1997, 44).

Transgenerationale Prozesse und intergenerationale **Beziehungsdynamiken** werden nach wie vor unterschätzt und unterbewertet (King 2015).

Transgenerationalität bezeichnet den Prozess, in dem Erfahrungen, Werte und Überzeugungen zwischen den Generationen weitergegeben werden.

Bereits Sigmund Freud konstatierte vor gut hundert Jahren, dass keine Generation imstande sei, ihre bedeutsamen Ereignisse vor den nächstfolgenden **Generationen** zu verbergen (Freud 1922). In jedem Leben schälen sich Themen und Rätsel heraus, die familial Unbewältigtes, kulturell Ungelöstes und manches Mal **Traumatisierungen** enthalten. Ein besonderes Merkmal dieser Themen ist, dass über sie oftmals nicht gesprochen wird,

> „[…] als sei eine Familiengeschichte nichts anderes als eine Folge von ineinander verschachtelten Anlässen zur Scham, die man im Innern der Familien und nach außen lieber verschweigt […]" (Eribon 2016, 67).

Transgenerationale Mechanismen beziehen sich im psychoanalytischen Sinne auf **unverarbeitete Konflikte und Traumata,** die eine anhaltende Fixierung auf die Geschichte der Eltern verursachen. Nur die Aufhebung solcher Identifizierungen erlaubt einer psychoanalytischen Denkweise zufolge die Wiederherstellung der Geschichte und lässt das Erlebte zur Vergangenheit werden.

Eine Studierende der Sozialen Arbeit, die ihr Praktikum in der Schulsozialarbeit absolviert, erzählt im Rahmen ihrer Praxisbegleitung von dem Fall eines zehnjährigen Mädchens, bei dem der Verdacht eines sexuellen Missbrauchs besteht. Die sonst sehr ruhige und besonnene Studierende sagt sehr heftig, dass sie damit nichts zu tun haben wolle, das nehme sie zu sehr mit. Auf die vorsichtig formulierte Frage, ob sie ihre heftige Abwehrreaktion mit eigenen biographischen Erinnerungen in Verbindungen bringen könnte, verneint dies die Studierende entschieden. Am Ende der Sitzung erwähnt sie beiläufig, dass es ihr allerdings etwas komisch vorkäme, dass ihre Mutter früher immer vehement darauf bestanden hätte, dass sie, die Tochter, das Bad abschließen solle, wenn der Großvater in der Nähe sei.

Die Vorstellung, dass nur Eltern unidirektional ihre Kinder beeinflussen und sie nicht auch umgekehrt in ihrer persönlichen Entwicklung von ihren Kindern geprägt werden, ist allerdings vereinfachend und so auch nicht zutreffend (Völter 2008). Auch sind transgenerationale Prozesse nicht vorherbestimmend, sondern lediglich prägend. Die Soziologin Ulrike Jureit betont zwar die Bedeutsamkeit aber auch die **Veränderbarkeit von transgenerationalen Einflüssen:**

> „Transgenerationalität determiniert Persönlichkeit nicht, sondern strukturiert sie" (Jureit, 2006, 76).

Die Suche nach den **eigenen Wurzeln** ist auch für die **Identitätsbildung** von oftmals zentraler Bedeutung. Dieses wird auch z.B. bei der psychosozialen Arbeit und Begleitung mit Pflege- und Adoptivfamilien immer wieder ersichtlich (Sauer 2008, Nowacki 2012). Fachkräfte der Sozialen Arbeit sind mit dem Phänomen der Transgenerationalität in vielfältiger Weise konfrontiert. Dieses bezieht sich nicht nur auf Familien, die manchmal über Generationen hinweg von der Jugendhilfe betreut werden. Es betrifft auch viele nach außen hin irrational erscheinende **Familiendynamiken** und **familiäre Muster**, aus denen sich die einzelnen Familienmitglieder nur schwer lösen können. Diese Muster wirken umso stärker, je **unausgesprochener** und **tabuisierter** sie sind.

> „Aus der Holocaustforschung wissen wir, dass Phantasien und Symptombildungen in der zweiten und dritten Generation stärker mit der Vergangenheit des Schweigenden als mit der des Sprechenden verbunden sind. Die Nachgeborenen füllen entweder die nicht-erzählten Geschichten mit Phantasien, oder sie versuchen mit viel Energie, der geahnten Vergangenheit auszuweichen" (Rosenthal 1997, 49).

Im Kontext der Sozialen Arbeit scheint es im Umgang mit transgenerationalen Phänomenen insgesamt geboten, ihre Bedeutsamkeit einerseits nicht zu unterschätzen und sie andererseits aus einer vermeintlichen Zwangsläufigkeit im Sinne von Vererbung herauszulösen. Weiterhin ist es sinnvoll, transgenerationale Weitergabe nicht nur unter negativen und zu verhindernden Gesichtspunkten zu betrachten, sondern mit den jeweiligen Akteuren zu überlegen, ob es auch **Talente, Stärken** und **Begabungen** gibt, die familiär weitergegeben wurden und werden.

5.5 Kinder psychisch/körperlich erkrankter Eltern

> „Wer ist schuld" flüsterte ich […] „Liebes niemand ist schuld" […] „Wer hat sie verletzt?" […] „Niemand, Liebes, niemand hat sie verletzt. Die Traurigkeit […]. Es ist eine Krankheit […] eine Krankheit, bei der die Traurigkeit wächst, fast unmerklich für die Menschen außen herum. Irgendwo nimmt es den Anfang. Sie wächst und wächst, und eines Tages ist sie so groß, dass sie nicht mehr zu ertragen ist." (Heinitz 2014, 28).

Ca. 1,5 Millionen Kinder in Deutschland leben mit einem psychisch kranken Elternteil zusammen (Borg-Laufs 2012). Viele HelferInnen erwachsener psychisch kranker Menschen sind unzureichend darüber orientiert, ob ihre KlientInnen Kinder haben, oder unsicher, wie sie damit umgehen sollen und welche Aufgabe sie diesbezüglich haben.

Jeder dritte Mensch erkrankt im Laufe seines Lebens an einer psychischen Erkrankung, jeder fünfte Patient in einer psychiatrischen Einrichtung ist Mutter oder Vater eines minderjährigen Kindes. Eine **psychische Erkrankung** ist also oft auch eine **Familienerkrankung** (Schone/Wagenblass 2010). Die **Familienfunktionalität** bei Familien mit einem psychisch kranken Elternteil ist oftmals geringer ausgeprägt und hängt von der **Krankheitsbewältigung** bzw. der Art der Belastungsverarbeitung, dem Erziehungsverhalten der Eltern sowie der Paar- und Familiendynamik ab.

Eine **Tabuisierung** der Erkrankung führt zu Verunsicherung und Hilflosigkeit auf Seiten der Kinder und eine mangelnde Betreuung und geringe emotionale Präsenz führen zu dem Phänomen der **Parentifizierung** (Jeske et al. 2010).

Parentifizierung meint, dass die Kinder elterliche **Funktionen** übernehmen und ihre Eltern in emotionaler oder auch in praktischer Hinsicht übermäßig versorgen.

Dieses führt oftmals dazu, dass sie ihren eigenen Entwicklungsaufgaben – z. B. ausreichend zu spielen – nicht adäquat nachkommen können. Merkmale von Parentifizierung auf Seiten der Kinder sind eine ausgeprägte Frühreife, ein hohes Maß an Selbständigkeit und an Verantwortungsübernahme sowie die bereits erwähnte Vernachlässigung altersadäquater Entwicklungsaufgaben.

Psychisch erkrankte Elternteile verfügen oftmals über eine **eingeschränkte Empathiefähigkeit** und emotionale Präsenz. Das kann sich in dysphorischem, reiz- und irritierbarem, z.T. weniger fürsorglichem und zugewandtem oder manchmal auch überprotektivem Verhalten ausdrücken (Hantel-Quitman 2015). Wie bei Kindern körperlich erkrankter Eltern entscheidet nicht das Ausmaß der Erkrankung über deren Verarbeitung, sondern vielmehr die Frage, welchen Umgang die Familien damit finden. Wichtig ist eine **kognitive Orientierung** zum Krankheitsgeschehen, **ein sicherer Rahmen**, um über Ängste und Sorgen, aber auch Sachfragen zu sprechen, sowie die Aufrechterhaltung partieller Normalität und **Möglichkeiten zur Ablenkung** (Romer/Hagen 2007).

Bei der Unterstützung von Familien mit körperlich erkrankten Mitgliedern ist es auch für die zuständigen SozialarbeiterInnen wichtig, sich mit dem Phänomen Krankheit als universelle Erfahrung auseinandergesetzt zu haben. Was im folgenden Zitat für FamilientherapeutInnen im medizinischen Bereich gefordert wird, kann genauso für Fachkräfte der Sozialen Arbeit in diesem Bereich gelten:

> „Es reicht nicht, über verschiedene Techniken für die medizinische Familientherapie zu diskutieren oder spannende neue Versorgungskontexte anzuregen. TherapeutInnen muss es zugleich ermöglicht werden, ihre eigenen Gesundheitsgeschichten, Überzeugungen und Erfahrungen und ihre Reaktionen auf die Fragen ihrer Patienten zu verstehen und angemessen mit ihnen umzugehen" (McDaniel et. al 2013).

In selbsterfahrungsbezogenen Modulen im Studium der Sozialen Arbeit wäre es demzufolge wichtig, Erfahrungen mit emotionalem Leid **und** körperlichem Schmerz bzw. mit einer eigenen Krankheitsgeschichte sowie mit der Herausforderung des Umgangs mit eingetretenen und drohenden Verlusterfahrungen zu thematisieren.

Insgesamt ist bei Kindern psychisch oder körperlich erkrankter Menschen deren **Resilienz**, die im Zuge belastender Ereignisse entwickelt werden kann, weder zu vernachlässigen noch zu überschätzen:

„Der Begriff der Resilienz umfasst die Fähigkeit eines Kindes, mit Druck und Belastung fertigzuwerden, die täglichen Herausforderungen zu bewältigen, sich angesichts von Enttäuschungen oder unerfreulichen und traumatischen Erfahrungen rasch wieder zu fangen, klare und realistische Zielvorstellungen zu entwickeln, Probleme zu lösen, gut mit den Mitmenschen zurechtzukommen, sich selbst und anderen mit Respekt zu begegnen" (Brooks/Goldstein 2015, 21).

Im Folgenden sollen zwei Fallbeispiele beschrieben werden, die unterschiedlich gut vom Helfersystem unterstützt werden konnten.

Der 15-jährige Ludwig leidet an chronischen Übelkeitsgefühlen und Schulangst, seine Mutter wiederum an einer chronischen Angsterkrankung und depressiven Schüben. Sein Vater arbeitet als Polizist und versucht die Familie vor Außeneinflüssen zu schützen. Die Familie hat so gut wie keine Sozialkontakte mit Nachbarn, Freunden oder anderen Verwandten. Da Ludwig den Schulbesuch über längere Zeit komplett verweigert, werden viele Helfer in das System geholt. Dazu zählen eine Familientherapeutin, ein Erziehungsbeistand, ein Verhaltenstherapeut, ein Schulsozialarbeiter, die zuständige Jugendamtsmitarbeiterin und die Schuldirektorin. Die Unterstützungsangebote werden von der Familie nur sehr verhalten angenommen, was u. a. darauf zurückzuführen ist, dass die Helfer z. T. nicht voneinander wussten, die Familie in ihrer Eigenlogik nicht ausreichend berücksichtigt wurde und einerseits zunächst viel Zeit verschenkt und andererseits großer Druck ausgeübt wurde.
Im Unterschied dazu kann der Fall vom siebenjährigen Felix als eine zarte Erfolgsgeschichte bezeichnet werden. Felix hat noch zwei jüngere Geschwister, seine Mutter ist alleinerziehend und wegen Depressionen Patientin in einer erwachsenenpsychiatrischen Tagesklinik. Felix macht sich große Sorgen, dass seine Mutter sterben könnte und schämt sich gleichzeitig sehr für seine Sorgen. Er bezeichnet die Krankheit seiner Mutter als „Mamas Beunruhigungskrankheit". Im Zuge der Elternberatung konnte zum einen die Depression enttabuisiert werden und im Einzelkontakt mit Felix dessen Schamgefühl angesprochen und validiert – d. h. bestätigt werden. Empfohlen wurde in Kooperation mit dem Erwachsenenpsychiater die Aufrechterhaltung bzw. Etablierung von ablenkenden und stärkenden Aktivitäten, z. B. Fußballspielen. Insgesamt konnte erstens eine gute Zusammenarbeit zwischen den unterschiedlichen HelferInnen hergestellt, zweitens eine ausreichende und mit der Familie ausreichend kommunizierte Flexibilität bei den angedachten Interventionen realisiert und drittens eine gute Balance zwischen Ressourcenbeachtung, krankheitsbezogener Aufklärung und Konfliktbearbeitung erzielt werden.

Insgesamt sind für die beschriebenen Familiensysteme eine **altersadäquate Aufklärung und Information** der Kinder, eine gründliche Aufklärung und Information der Eltern – was ist altersadäquates Verhalten und was sind behandlungsbedürftige Symptome – und eine **Kooperation** zwischen den Fachdiensten wünschenswert. Hilfreich kann darüber hinaus die Teilnahme an Elterntrainings, an Selbsthilfegruppen und bindungsorientierten Interventionen sein sowie die Verfügbarkeit **sozialarbeiterischer, psychiatrischer** und **familientherapeutischer** Unterstützung. Ein wichtiges gemeinsames Merkmal all dieser Interventionen sind **Netzwerkorientierung** und **Niedrigschwelligkeit**.

5.6 Erziehungsberatung – Elterntraining – Elterncoaching

„Für ihn ist das Leben ein einziger Spielplatz […] für mich immer nur Pflichterfüllung". Dieses Zitat stammt von einer Mutter, die mit ihrer 15-jährigen rebellierenden Tochter zur Erziehungsberatung kam und in deren Erzählungen deutlich wurde, dass ihre Vorstellungen von Erziehung konträr denen ihres Mannes gegenüberstanden. Sie selbst hatte einen ausgesprochen kontrollierenden Erziehungsstil, während ihr Mann die meisten Entscheidungen seinen Kindern überließ und Konflikten aus dem Weg ging. Im Verlaufe des Prozesses wurde die Wirkungslosigkeit von konkreten Handlungsempfehlungen mehr als deutlich; als hilfreich erwiesen sich die Momente, in denen sich die beteiligten Familienmitglieder in ihrer Handlungslogik verstanden und nicht verurteilt fühlten.

In vielen Arbeitsfeldern der Sozialen Arbeit ist die notwendige aber durchaus herausfordernde **Elternarbeit** oftmals entscheidend für das Gelingen oder Misslingen pädagogischer oder auch therapeutischer Interventionen. Die Auswirkungen **dysfunktionaler Erziehung** – wie z.B. körperliche oder seelische **Gewalt** aber auch mangelnde physische sowie psychische Präsenz sind hinreichend bekannt (Hantel-Quitmann 2015).

Erziehungsberatung zeichnet sich durch einen „offenen Zugang für alle Ratsuchenden" (Nußbeck 2014, 24) aus und stellt ein freiwilliges und kostenloses Angebot im Rahmen der Kinder- und

Jugendhilfe dar (Kuckuck 2013). Erziehungsberatung bezieht aber auch diagnostische und psychotherapeutische Elemente mit ein (Körner/Hensen 2008). In Erziehungsberatungsstellen arbeitet in der Regel ein multidisziplinäres Team, das sich aus SozialarbeiterInnen, PsychologInnen, Kinder- und JugendtherapeutInnen und systemisch orientierten FamilientherapeutInnen zusammensetzt.

Es gibt in Deutschland mittlerweile eine Vielzahl von **Elterntrainings**; Kaminski (2008) fasst die gemeinsamen wirksamen Merkmale und Inhalte von Elterntrainings in folgenden Komponenten zusammen:

- Wissen über kindliche Entwicklung und Betreuung
- positive Interaktion zwischen Eltern und Kind
- Sensibilität und Fürsorge der Eltern
- Kommunikation über Emotionen
- Verhaltensmanagement
- Kommunikation über Regeln und Grenzen
- Förderung kognitiver Kompetenzen (bei den Kindern)
- Förderung sozialer Kompetenzen – wie können die Eltern das Kind beim Kontakt mit Gleichaltrigen unterstützen

In vielen Elterntrainings wie z.B. **Triple-P** (Markie-Dadds et al. 2007) geht es primär um die Stärkung der handlungsbezogenen Kompetenzen und um Installierung eines konsequenten Auftretens der Eltern gegenüber ihren Kindern. Das ist allerdings gerade bei den Eltern schwierig, die sich in genereller Weise von ihren Erziehungsaufgaben überfordert sehen und sich aus der Beziehung zu ihren Kindern „zurückziehen". Karlheinz Pleyer (2003) prägte den Begriff der parentalen Hilflosigkeit, der auf eine nicht selten bestehende Orientierungslosigkeit hinsichtlich der Erziehungsideen und -handlungen hindeutet. **Parentale Hilflosigkeit** führte laut Pleyer mitunter dazu, dass sich die Eltern aus dem Kontakt zu ihren Kindern zurückziehen, weil sie sich als unwirksam in der Erziehung erleben.

An diese elterlichen Ohnmachtsgefühle knüpft die Grundidee des **Elterncoachings** wie z.B. die des dänischen Familientherapeuten Jesper Juul (2011) an, das in Deutschland viel Beachtung gefunden hat. Dieses zielt in erster Linie eher auf die **Stärkung von Beziehung** zwischen Eltern und Kind.

Auf diese Idee fokussiert auch das **systemisch orientierte Elterncoaching**, das theoretisch gut begründet ist und auf das an dieser Stelle etwas näher eingegangen wird. Der Begriff Coaching meint in diesem Kontext eine Art Ausbildung der Eltern (Schlippe/Ollefs 2007). Im systemisch orientierten Elterncoaching gilt die Loyalität des Coaches zwar den Eltern, das Bündnis wird aber ausdrücklich **nicht gegen,** sondern **für** das Kind eingegangen. Dabei stehen nicht Prinzipien oder die gängigen Erziehungsmechanismen von Lob und Strafe, sondern die Beziehung im Vordergrund. Dies gründet sich auf der Vorstellung, dass fixe Erziehungsprinzipien die Beziehung blockieren und zwischen diese treten können.

Das systemische Elterncoaching, das von Arist v. Schlippe und Michael Grabbe entwickelt wurde, basiert auf dem Konzept **der elterlichen Präsenz** und des **gewaltlosen Widerstandes** des israelischen Psychologen Haim Omer(Omer/Schlippe 2010). Es beinhaltet ein neues Verständnis von **Autorität**, das wiederum einen Verzicht auf das Privileg der Distanzierung, auf die eigene Unfehlbarkeit, auf Bestrafung und auf Illusion der Kontrolle über das Kind impliziert.

Psychosoziale Unterstützung von Familien, ob in Form von sozialer, pädagogischer, psychologischer oder beraterisch-therapeutischer Form – stellt insgesamt ein sehr komplexes und anspruchsvolles Arbeitsfeld dar, für das entwicklungs- erziehungs- und familienpsychologische Kenntnisse notwendig aber keineswegs hinreichend sind, sondern nur Bausteine darstellen, die von weiteren sozialwissenschaftlichen und juristischen Wissensbeständen ergänzt werden müssen.

Fuhrer, U. (2009): Lehrbuch Erziehungspsychologie. 2. überarb. Aufl. Huber, Bern

Hantel-Quitmann, W. (2015): Klinische Familienpsychologie. Klett-Cotta, Stuttgart

Omer, H., von Schlippe, A.(2010): Stärke statt Macht. Neue Autorität in Familie, Schule und Gemeinde. Vandenhoeck & Ruprecht, Göttingen

Schneewind, K. (2016): Familienpsychologie. Skizze einer ‚querliegenden' psychologischen Disziplin. Familiendynamik, 41 (3), 2–13

Differenzieren Sie Familien-, Erziehungs- und pädagogische Psychologie voneinander.

Beschreiben Sie die unterschiedlichen Funktionen von Familien.

Charakterisieren Sie unterschiedliche Erziehungsstile und stellen Sie deren wesentliche Unterscheidungsmerkmale dar.

Diskutieren Sie die Aussage, inwiefern Transgenerationalität strukturierend aber nicht vorherbestimmend ist.

Was ist mit dem Begriff der Parentifizierung gemeint?

Worin unterscheiden sich die Angebote von Erziehungsberatung, Elterntraining und Elterncoaching?

6 Klinisch-psychologische Grundlagen

Die **klinische Psychologie** beschäftigt sich auf einem Kontinuum zwischen **Gesundheit** und **Krankheit** mit der **Diagnostik** und den **Behandlungsmöglichkeiten** von seelisch bedingtem Leiden bzw. der Beeinträchtigungen von Funktionen. Psychische Störungen sind in erster Linie als Konstrukte zu verstehen, die gesellschaftlich stark geprägt sind. Die Klinische Psychologie befasst sich somit erstens mit der Erforschung psychischer Störungen und zweitens mit der Erforschung psychischer Aspekte bei körperlichen Störungen. Es gibt zwei relevante und momentan gebräuchliche Klassifikationssysteme psychischer und Verhaltensstörungen: das weltweit gültige **ICD-10** und das nordamerikanische **DSM-V**. Im Unterschied zum ICD-10 ist das DSM-V ein multiaxiales **Klassifikationssystem**. Neben der Klassifikation unterscheidet die klinische Psychologie bei der diagnostischen Erfassung und Befunderhebung psychischer Störungen zwischen unterschiedlich stark standardisierten Verfahren. Zu einer adäquaten diagnostischen Einschätzung und Behandlungsplanung psychischer Störungen gehört in Deutschland die Kenntnis der ICD-10 Kriterien und der aktuellen **S3-Behandlungsleitlinien**. Im Rahmen dieses Kapitels werden beispielhaft **depressive Störungen**, **Angststörungen**, **Abhängigkeitserkrankungen** und **Traumafolgestörungen** beschrieben, weil diese in der sozialarbeiterischen Praxis besonders häufig anzutreffen sind. Darüber hinaus wird ein Überblick über die zentralen Aspekte und Unterschiede der wesentlichen psychotherapeutischen Grundorientierungen gegeben, auch wenn forschungsbasierte Strömungen in der Psychotherapie zunehmend eine integrative und schulenübergreifende Herangehensweise proklamieren.

> „Psychische Störungen sind nicht grundlagenwissenschaftlich eindeutig definierte, feststehende Entitäten, sondern stellen letztlich nur nach dem aktuellen Stand der Forschung sowie für die Praxis sinnvolle und nützliche Konstrukte dar, auf die sich Forscher und Praktiker als bestmögliche Lösung für eine begrenzte Zeit geeinigt haben" (Wittchen/Hoyer 2011, 7).

In den vorangegangenen Kapiteln wurde der Schwerpunkt auf die Darstellung und Vermittlung möglichst allgemeiner psychologischer Phänomene gelegt. Mit dem Begriff des Klinischen wird ein **Übergang** zum Spektrum zwischen Gesundheit und Krankheit sowie zwischen **Normalität** und **Pathologie** beschritten. Im oben genannten Zitat wird deutlich, dass psychische Störungen primär Konstrukte sind, die stark gesellschaftlich geprägt sind. Ein Beispiel dafür ist, dass z.B. das übermäßige Lesen von Romanen vor ca. 150 Jahren in vielen gesellschaftlichen Schichten als krankheitserregender und verdummender Müßiggang befunden wurde, während mittlerweile z.B. in Deutschland verschiedene gesellschaftliche Initiativen gestartet werden, um das Lesen als entscheidenden Zugang zur Bildung zu stärken (Kirsch et al. 2003). Ein weiteres Beispiel ist der veränderte Suchtbegriff; der übermäßige Genuss von Alkohol und Tabak wird heute in westlich orientierten Gesellschaften deutlich stärker problematisiert und pathologisiert als vor 50 Jahren.

Dieses Kapitel soll primär zum Verständnis klinischer Phänomene beitragen und für deren Relevanz in den Handlungsfeldern Sozialer Arbeit sensibilisieren.

> „In vielen sozialpädagogischen Handlungsfeldern werden die Berufseinsteiger mit Adressaten konfrontiert, die entweder bereits unter psychischen Erkrankungen leiden oder ein hohes Risiko aufweisen, solche zu entwickeln. Einerseits gelten psychosoziale Problemlagen als Hochrisikofaktoren für die Entwicklung von psychischen Erkrankungen und andererseits wirken sich psychische Erkrankungen besonders stark auf die gesellschaftliche Teilhabe aus“ (Schmid et al. 2012, 11).

Es ist unumstritten, dass **psychische Erkrankungen** zu den **häufigsten Erkrankungen** überhaupt zählen und auch am häufigsten zu chronischem Leid führen; epidemiologische Untersuchungen in Deutschland gehen von einer **Lebenszeitprävalenz** von 43 % aus (Lieb et al. 2012). Das bedeutet, dass fast die Hälfte aller in Deutschland lebenden Menschen mindestens einmal im Leben eine psychische Störung entwickelt. Im Vordergrund stehen dabei Depressionen, Angsterkrankungen und **somatoforme Störungen.**

Womit beschäftigt sich jetzt die klinische Psychologie?

Die **Klinische Psychologie** ist ein Teilgebiet der Psychologie und verfolgt als solche das Ziel, menschliches Verhalten und Erleben zu verstehen, vorherzusagen und bei Bedarf zu verändern. In Abgrenzung zur Psychologie im Allgemeinen fokussiert die Klinische Psychologie dabei auf **Erleben und Verhalten, welches mit einem außergewöhnlichen Ausmaß an Leid oder an Funktionsbeeinträchtigungen** einhergeht. In diesem Zusammenhang spricht man von den **psychischen Störungen** als dem zentralen Thema der Klinischen Psychologie in Forschung und Praxis (Berking/Rief 2012).

Die Klinische Psychologie befasst sich also mit der Erforschung psychischer Störungen, d.h. den Störungen des Erlebens und Verhaltens sowie mit der Erforschung psychischer Aspekte bei körperlichen Störungen (Bastine 1998, Davison/Neale 2007).

Ihre Hauptaufgabengebiete sieht sie:

a. in der **Beschreibung** und **Klassifikation** dieser Störungen sowie der Entwicklung diagnostischer Instrumente und Vorgehensweisen
b. in der Erforschung ihrer **Ätiologie**, d.h. der prädisponierenden, auslösenden und aufrechterhaltenden Bedingungen der jeweiligen Störung
c. in der Entwicklung und Evaluation **klinisch-psychologischer Interventionsmethoden** zur Prävention, **Beratung**, **Psychotherapie** und **Rehabilitation**.

Die **universitäre klinische Psychologie** begreift sich – abweichend von den meisten praktisch tätigen klinischen Psychologen und Psychotherapeuten – als vorrangig **akademische Wissenschaft,** die sich auf die Forschungsergebnisse der empirischen Psychologie stützt und diese für die Behandlung psychischer Störungen und für die Weiterentwicklung von Interventionsmethoden nutzt.

Im Unterschied zur **Klinischen Sozialarbeit** und zur **Sozialtherapie**(Schwendter 2000) beachtet die **störungsspezifische Klinische Psychologie** weniger die sozialen und kontextuellen Faktoren, sondern konzentriert sich auf die **individuumsbezogenen** Faktoren von Störungen und Krisen.

Eine erweitert verstandene **„Kontextuelle Klinische Psychologie"**

(Auckenthaler 2012, 25) interessiert sich deutlich mehr für die Umweltbedingungen, unter denen Störungen entstehen und fühlt sich auch einem **biopsychosozialen Krankheitsmodell** (Engel 1977) verpflichtet. So verstanden ist Klinische Psychologie allerdings sehr viel schwerer und nur noch graduell von klinischer Sozialarbeit abzugrenzen.

Klinische Sozialarbeit befasst sich hauptsächlich mit psychosozialen Problemen, die in Verbindungen mit psychischen Störungen, Behinderungen und chronischen Erkrankungen auftreten und interessiert sich für deren Behandlung sowie für die Entwicklung spezifischer psychosozialer Interventionen. (Gahleitner/Mühlum 2010). Sie versteht sich als eine primär praxeologisch orientierte Wissenschaft, die sehr viel stärker als die klinische Psychologie den Theorie-Praxisbezug in den Vordergrund stellt (Pauls 2004). So wie sich die klinische Psychologie allerdings zunehmend mehr für kontextuelle Aspekte und für deren verstärkte Einbeziehung interessiert, strebt die klinische Sozialarbeit mittlerweile ein deutlich stärker forschungs- und evidenzbasiertes Vorgehen an (Sommerfeld/Hüttemann 2007).

6.1 Klassifikationsmodelle und Diagnostik psychischer Störungen

Ein wesentliches Merkmal heutiger **Klassifikationssysteme** psychischer Erkrankungen besteht in dem gänzlich **deskriptiven** und nicht theoriegebundenen **Störungsverständnis**:

> „Der entscheidende grundlegende Unterschied zur traditionell eher kategorialen Psychopathologie ist die Annahme der Kontinuität von normal zu abnormal. Das heißt, psychische Störungen sind lediglich Hemmungen oder Steigerungen (= Abweichungen) normaler (abnormal) psychischer Prozesse" (Wittchen 2011, 31).

Die traditionelle Psychopathologie unterteilte Störungen beispielsweise noch in **Neurosen** und **Psychosen** ein. Eine Neurose basiert auf einem inneren, ungelösten neurotischen Konflikt – ein klassisches Beispiel wäre der Konflikt zwischen Autonomie- und Abhängigkeitswünschen. Im Unterschied zur Psychose bleibt bei der Neurose der Bezug zur Realität vollständig erhalten. In den aktuell gültigen Klassifikationssystemen wird der Begriff der Neurose nicht mehr benutzt, weil er suggeriert, die Ursache einer psychischen Erkrankung zu erkennen und somit nicht mehr deskriptiv ist.

Der Begriff der Psychose ist erhalten geblieben. Er umfasst beschreibend jene Störungen, bei denen ein Realitätsverlust auftritt. Damit sind massive Störungen der Wahrnehmung und des Denkens gemeint, wie z. B. Halluzinationen oder Wahnvorstellungen.

Es gibt zwei relevante und momentan gebräuchliche Klassifikationssysteme psychischer und Verhaltensstörungen. Die weltweit gültige **ICD-10** (International Classification of Diseases)-Klassifikation psychischer Störungen wird von der WHO herausgegeben und ist das Klassifikationssystem, das auch in Deutschland genutzt wird. 2018 wird voraussichtlich das ICD-11 als neue Version dieses Klassifikationssystem erscheinen.

Das ICD-10 ist weitgehend kompatibel mit dem nationalen Klassifikationssystem der USA, dem **DSM-V** (Diagnostic and Statistic Manual of Mental Disorders and Diseases). Da das ICD-10 alle Krankheiten und nicht nur die psychischen Erkrankungen beschreibt und insgesamt hoch komplex ist, gibt es eine zu Forschungszwecken entwickelte Version und eine, die primär der Praxis dient. Insgesamt umfasst das ICD-10

> „[…] spezifische Kriterien für die in den ‚Klinischen Beschreibungen und diagnostischen Leitlinien' enthaltenen Diagnosen, die für den allgemeinen Gebrauch und die Ausbildung von Psychiatern und anderen im Gesundheitswesen Tätigen entwickelt wurde […]" (Dilling/Freyberger 2015, 17).

Klassifikatorische Diagnostik meint die Zuweisung von Diagnosen zu Symptomkomplexen von Personen (Wittchen/Hoyer 2011) und dient zunächst einer **Nachvollziehbarkeit** und **Überprüfbarkeit** von **Diagnosestellungen**. Dennoch führt die Standardisierung diagnostischer Entscheidungen in der Praxis auch oft zu Schwierigkeiten, zumal gerade die Anzahl der in den Klassifikationssystemen aufgeführten Erkrankungen im DSM-V enorm angestiegen ist. Dieses wird auch von dem sehr bekannten US-amerikanischen Psychiater Allen Frances stark kritisiert:

> „Je mehr wir uns mit der umfassenden Pathologisierung der Norma-

> lität abfinden, desto mehr verlieren wir den Kontakt zu unseren starken Selbstheilungskräften und vergessen, dass es das Beste ist, nur ab und zu mal, möglichst selten, eine Pille zu schlucken" (Frances 2016, 147).

Dennoch wird auch in der Sozialen Arbeit zunehmend die Wichtigkeit einer Diagnostik deutlich. Diese berücksichtigt allerdings in sehr viel stärkerem Maße die Umgebungsfaktoren und kann stärker individualisiert, weniger standardisiert und als eine **biopsychosoziale Diagnostik** verstanden werden (Gahleitner 2013).

Im Unterschied zum DSM-V wird die Diagnose beim ICD-10 nur auf der Störungsachse kodiert. Bei **psychischen Störungen des Kindes- und Jugendalters** wird allerdings auch beim ICD-10 **multiaxial** auf sechs Achsen diagnostiziert (Remschmidt et al. 2012), um die verschiedenen Ebenen zu berücksichtigen, die psychische Störungen beeinflussen.

- Auf der ersten Achse werden die **klinisch-psychiatrischen Syndrome,**
- auf der zweiten mögliche **umschriebene Entwicklungsrückstände,**
- auf der dritten das **Intelligenzniveau,**
- auf der vierten die **körperliche Symptomatik,**
- auf der fünften **„abnorme" psychosoziale Umstände**
- und auf der sechsten die **globale Einschätzung des Funktionsniveaus** kodiert.

Der elfjährige Michael wurde stationär in einer Kinder- und Jugendpsychiatrie aufgenommen, nachdem er zunehmend verbal und körperlich aggressiv gegenüber jüngeren Mitschülern geworden war. Während der Behandlung wurde deutlich, dass Michael sehr unter einer latenten aber massiv spürbaren Spannung zwischen seinen Eltern litt. Sein Verhalten wurde von den Behandelnden so interpretiert, dass er diese Spannungen durch ein aggressives Verhalten, das weit über ein lediglich trotziges und oppositionelles Verhalten hinausging, in Schule ausagierte. Nach seiner Entlassung sind in seinem Abschlussbericht folgende multiaxiale Diagnosen nach ICD-10 zu finden:

- Achse 1: Störungen des Sozialverhaltens bei fehlenden sozialen Bindungen (F91.1)

- Achse 3: durchschnittliche Intelligenz (HAWIK-Diagnostik)
- Achse 4: keine körperliche Begleitsymptomatik
- Achse 5: Disharmonie in der Familie zwischen den Erwachsenen
- Achse 6: mäßige soziale Beeinträchtigung insbesondere in der Kontaktaufnahme zu Gleichaltrigen (3)

Nach klinisch-psychologischem Verständnis gehören zu einer adäquaten diagnostischen Einschätzung und Behandlungsplanung psychischer Störungen die Kenntnis der ICD-10-Kriterien und die der aktuellen **Behandlungsleitlinien**.
In Deutschland gelten die sogenannten **S3-Leitlinien,** die von der Arbeitsgemeinschaft der wissenschaftlichen medizinischen Fachgesellschaften (AWMF) entwickelt wurden. Die Kenntnisnahme dieser ist auch für angehende Sozialarbeiterinnen und Sozialarbeiter wichtig und interessant, weil zum Beispiel bei der Entwicklung der Leitlinie der Deutschen Gesellschaft für Psychiatrie, Psychotherapie und Nervenheilkunde für die psychosozialen Therapien bei schweren psychischen Erkrankungen gemeinsam mit vielen Fachverbänden auch der deutsche Berufsverband für Soziale Arbeit (DBSH) beteiligt war und diese Leitlinie ein gutes Beispiel für ein biopsychosoziales Verständnis psychischer Erkrankungen darstellt (Gühne et al. 2016). Dabei stellen diese Leitlinien **systematisch entwickelte** und **forschungsbasierte Aussagen** dar, die allerdings rechtlich nicht bindend sind.

Neben der Klassifikation unterscheidet die klinische Psychologie bei der diagnostischen Erfassung und Befunderhebung psychischer Störungen zwischen unterschiedlichen **standardisierten Verfahren.** Dazu zählen Checklisten, strukturierte und standardisierte Interviews (Schneider/Margraf 2013).

Checklisten enthalten z.B. die Auflistung einzelner Symptome, anhand derer überprüft werden kann, ob eine Diagnose im Sinne des ICD-10 gestellt werden kann.

In **strukturierten und standardisierten klinischen Interviews,** wie z.B. das Diagnostische Interview bei psychischen Störungen DIPS (Schneider/Margraf 2013), werden anhand eines vorstrukturierten Leitfadens die für die Diagnostik erforderlichen Informationen erfragt.

Standardisierte Interviews lassen keinen Spielraum mehr für individuell angepasste Nachfragen und so sind diese Instrumente zwar im hohen Maße **objektiv** und **reliabel**, d.h., sie ergeben nahezu dieselben Ergebnisse unabhängig von der Person, die das Interview durchführt. Sie sind aber in der klinischen Praxis wenig akzeptiert, da z.B. auch widersprüchliche Angaben von Patienten dabei nicht berücksichtigt werden können (Schneider/Margraf 2013). Aus diesem Grunde gilt das wenig strukturierte, sondern primär auf der klinischen Erfahrung und Expertise beruhende **klinische Interview** nach wie vor als zentrales diagnostisches Instrument.

Tiefenpsychologisch orientierte Verfahren legen zwar auch Wert auf eine sorgfältige Diagnostik und Indikationsstellung, verzichten aber weitgehend auf Checklisten und standardisierte Interviews, sondern folgen beispielsweise dem Prinzip **der gleichschwebenden Aufmerksamkeit** (Argelander 1970), dem „Hören mit dem dritten Ohr“ (Wittenberger 2016, 13) und legen Wert auf das Verständnis der sich bietenden Szene: Wie verläuft die „erste Szene“ der Begegnung, welche Assoziationen entstehen beim professionellen Gegenüber etc. Eine so verstandene Diagnostik konzentriert sich weniger auf das Sammeln von möglichst vielen Informationen, sondern vielmehr die **Reflexion der eigenen Gefühle** bei der Begegnung. Diese wird genutzt, um eine klinisch relevante Einschätzung der Symptomatik und Problematik zu erhalten.

Insgesamt soll durch Klassifikation und Diagnostik das **Grundverständnis für die psychische Störung** und deren relevanten Bedingungen gewonnen werden, um darauf eine **Therapieplanung** aufzubauen (Berking/Rief 2012).

6.2 Ausgewählte Störungsbilder

Frau M. stellt ihren 14-jährigen Sohn in einer Erziehungsberatung vor, weil sich die familiären Konflikte mit ihm häufen. Sie erlebe ihn als zunehmend aggressiv ihr gegenüber; manchmal habe sie auch Angst vor ihm. Nach ihrer eigenen Lebensgeschichte befragt, erzählt Frau M., dass sie das jüngste von 5 Geschwistern und ihr Vater Alkoholiker gewesen sei, der die Mutter und ihre älteren Geschwister systematisch verprügelt hätte. Sie selber sei Zeugin dieser Gewaltausbrüche gewesen und hätte erfolglos versucht, die Übergriffe auf Mutter und Geschwister zu verhindern. Mit 15 habe sie zwei Suizidversuche unternommen und sei schließlich in einer Jugendwohngruppe untergebracht worden. Mit 19 habe sie den Vater ihres Sohnes kennengelernt. Dieser sei ihrem Vater sehr ähnlich gewesen und habe sich ebenfalls als alkoholkrank und gewalttätig erwiesen. Er habe sie geschlagen und vor den Augen ihres Sohnes vergewaltigt. Als ihr Sohn 4 Jahre gewesen sei, habe sie es geschafft, mit ihm in ein Frauenhaus zu ziehen. Seit 9 Jahren lebe sie mit ihrem Sohn in einer eigenen Wohnung, eine aktuelle Partnerschaft existiere nicht. Sie selber leide unter heftigen Rückenschmerzen im Lendenwirbelbereich, ansonsten hätte sie chronisch das Gefühl, nervlich überreizt zu sein. Zudem werde sie schnell müde und leide unter innerer Unruhe und Schlafstörungen. Hinzukomme, dass sie zunehmend Mühe habe, das Haus zu verlassen. Auf Anraten der Erziehungsberatung begab sich Frau M. in psychotherapeutische Einzelbehandlung. In diesem Rahmen gelang es, einen Zusammenhang zwischen ihren depressiven Symptomen, den Ängsten vor ihrem Sohn und ihren biographisch bedingten schwer traumatisierenden Erlebnissen herzustellen. Daraufhin entspannte sich das Verhältnis zu ihrem Sohn deutlich.

Anhand dieses Fallbeispiels wird erkennbar, dass in der Praxis die in den Klassifikationssystemen getrennten Störungsbilder sich oft vermischen, bedingen, verstärken und oftmals auch eine transgenerationale Komponente aufweisen. Frau M. litt unter der Suchterkrankung ihres Vaters und entwickelte u.a. dadurch eine Traumafolgestörung, die sich in depressiven Symptomen, psychosomatischen Beschwerden und Ängsten äußerte und sich wiederum auf ihre Beziehung zu ihrem Sohn auswirkte.

Bevor nun die unterschiedlichen klinisch-psychologischen Interventionsmethoden und psychotherapeutischen Behandlungsmöglichkeiten dargestellt werden, sollen zunächst exemplarisch einige Störungsbilder skizziert werden, die in der sozialarbeiterischen Praxis besonders häufig anzutreffen sind. Dazu gehören zum einen die depressiven und die Angststörungen, weil diese zu den häufigsten psychischen Erkrankungen überhaupt zählen und zum anderen Abhängigkeitserkrankungen und Traumafolgestörungen. Diese Störungsbilder – die Depression ausführlicher, die anderen drei skizzenhaft – werden nun, obwohl sie in der Praxis nicht selten in Kombination auftreten, getrennt voneinander beschrieben, um sie in ihrem Erscheinungsbild besser einordnen zu können.

6.2.1 Depression und Suizidalität

Depressive Störungen zählen zu den **affektiven Störungen**. Nach ICD-10 wird zwischen leichten, mittleren und schweren depressiven Episoden (F32), rezidivierenden Störungen (F33)und einer chronischen, mehreren Jahren andauernden depressiven Verstimmung (Dystymia F34) unterschieden.

Zu den **klassischen Symptomen** einer Depression werden eine depressive Grundstimmung, Interessensverlust, Antriebsminderung/Aktivitätseinschränkung, erhöhte Ermüdbarkeit – weiterhin Freudlosigkeit, niedriges Selbstwertgefühl, vegetative Symptome wie Schlaf- oder Appetitstörungen gezählt. Bei jüngeren Kindern können Schulverweigerung, aggressives Verhalten, sozialer Rückzug und körperliche Beschwerden hinzukommen. Trauerreaktionen und Verlusterlebnisse im Jugendalter sind ausgeprägter und anhaltender als im Kindesalter (Harrington 2001).

> „Depressive Kinder und Jugendliche haben, wie Kinder mit sozial ängstlichem Verhalten oft Schwierigkeiten, mit Anderen Kontakte zu knüpfen und diese langfristig aufrechtzuerhalten. Die Betroffenen fühlen sich abgelehnt, wobei dieser Eindruck oft durch eine verzerrte Wahrnehmung begünstigt wird. Auf Grund ihrer Wahrnehmung schränken sie ihren ‚sozialen Radius' immer stärker ein, ziehen sich zurück und erleben sich als unbeliebt und unzugänglich. Im nächsten Schritt fehlt es den Betroffenen an sozialer Rückmeldung [...] und die soziale Unsicherheit und das Gefühl des Versagens breiten sich immer stärker aus" (Groen/Petermann 2015, 211).

Im Jugendalter ist die Rate von Depressionen doppelt so hoch wie bei Erwachsenen und liegt bei etwa 8 %, wobei das Risiko bei Mädchen in dieser Zeit dreifach erhöht ist; präpubertär sind keine Geschlechtsunterschiede nachzuweisen. Das Risiko in der Jugend depressiv zu werden, steigt um das Sechsfache, wenn ein Elternteil unter einer klinischen Depression leidet:

> „Als Ursachen für die Zusammenhänge zwischen der Depression der Eltern und der Kinder werden sowohl genetische Übertragung als auch psychosoziale Faktoren wie dysfunktionale Eltern-Kind-Interaktionen, Ehekonflikte oder mangelnde emotionale Ausdrucks- und Reaktionsfähigkeit der Eltern diskutiert [...]" (Pössel et al. 2004, 15).

Es existieren keine vereinheitlichten Theorien zur Entstehung von Depressionen: Depressive Störungen beruhen u.a. auf Störungen der Neurochemie, genetischen oder epigenetischen Veränderungen, Folgen medizinischer Erkrankungen, unbewussten Konflikten, sozialen Belastungen, familiären Konflikten, ungünstigen Bedingungen der Kindheit, negativen Lebensereignissen, fehlenden Fertigkeiten der Emotionsregulation oder der Stressbewältigung (Faßbinder et al. 2015).

> „Nach Seligmann (2000) fördert ein bestimmter Attributionsstil die Entstehung von Depressionen, insbesondere negative Ereignisse als intern (die eigene Person ist das Problem), stabil (das Problem ist unveränderlich) und generell (das Problem ist allgegenwärtig) verursacht anzusehen" (Groen/Petermann 2015, 10).

Daneben gibt es zahlreiche andere Modelle, die das Entstehen von Depressionen beschreiben.

Unter soziologisch geprägten Ansätzen ist insbesondere das Modell von Brown und Harris (1978) zu nennen. Laut diesem empirisch gut belegten Modell stellen der frühe Verlust einer bedeutsamen Bezugsperson, das Fehlen einer unterstützenden aktuellen Beziehung oder Partnerschaft, Arbeitslosigkeit und die Versorgung von mehr als drei Kindern bedeutsame Risikofaktoren dar, die die Entwicklung einer depressiven Störung begünstigen (Berking/Rief 2012).

Eines der aktuelleren Modelle ist das **Modell der Akzeptanz- und Commitment-Therapie: ACT** (s. Kapitel 6.5), das davon ausgeht, dass psychische Störungen durch mehrere Faktoren aufrechterhalten werden, die miteinander interagieren. Bei der Depression handelt es sich laut diesem Modell beispielsweise um die **dominante mentale Beschäftigung mit der Vergangenheit und der Zukunft.** Die betroffenen Personen sind permanent mit erlebtem Leid beschäftigt, bzw. sie antizipieren zukünftiges Leid und verlieren dabei den Blick auf die gegenwärtige Situation. Zu weiteren Faktoren zählt die **kognitive Fusion** – Gedanken und Vorstellungen werden mit der Realität verwechselt – (ich denke, x mag mich nicht, also mag er mich faktisch nicht), die **übermäßige Anhaftung an einem konstruierten Selbstbild** – Erfahrungen und Zuschreibungen werden zu vermeintlichen Persönlichkeitseigenschaften – (ich habe bei der Klausur versagt: Ich bin ein(e) VersagerIn) sowie eine übermäßige **Tendenz zur Anpassung und Konfliktvermeidung.**

„Wenn man sein Leben aufgrund von Vermeidungsverhalten nicht entsprechend seiner Werte gestaltet, hat man logischerweise wenig Zugang zu emotionalen Verstärkern (Belohnung). Dies fördert die Entstehung und Aufrechterhaltung von Depression" (Faßbinder et al. 2015, 93).

Bei der **Behandlung depressiver Störungen** ist es vordringlich, den PatientInnen über die Erkrankung und über die Behandlungsoptionen aufzuklären und dahingehend zu entlasten, dass keine klare und vor allem keine schuldhafte Genese existiert. Ziel ist es, die depressiven Symptome zu reduzieren und die berufliche und psychosoziale Teilhabe wiederherzustellen. Bei **schweren Depressionen** ist oftmals eine **Kombination aus Psycho- und Pharmakotherapie** indiziert, bei minder schweren depressiven Störungen ist zu berücksichtigen, dass die Einnahme von Psychopharmaka mit **Nebenwirkungen** verbunden ist, die auch des Öfteren zu einem **Abbruch der Behandlung** führen können(Berking/Rief 2012).

Bei depressiven Störungen ist immer eine bestehende **Suizidalität abzuklären.** Auch wenn diese Aufgabe vordringlich bei ärztlichen oder psychologischen PsychotherapeutInnen bzw. PsychiaterInnen liegt, sind auch SozialarbeiterInnen mit dem Phänomen der Suizidalität in der Praxis nicht selten konfrontiert.

Beim Verdacht bestehender Suizidalität ist es zwingend geboten, diesen anzusprechen, aktiv nachzufragen und abzuschätzen, wie sehr sich derjenige von seinen suizidalen Gedanken distanzieren kann und wie absprachefähig er ist. Nach wie vor existiert der **Mythos durch das Ansprechen von Suizidalität, Suizidalität erst zu erzeugen.** Dieser Mythos wird auch durch die eigene Abwehr, sich mit dem Thema Tod und Todeswünschen zu beschäftigen, genährt.

Je weniger ein Mensch in ein soziales Netzwerk integriert ist, umso höher ist sein **Suizidrisiko** einzuschätzen. Ebenso ist die reale Suizidgefahr bei Männern deutlich höher, während Frauen doppelt so viele **Suizidversuche** wie Männer unternehmen (Noyon/Heidenreich 2012). Das Suizidrisiko ist auch dann erhöht, wenn es in der Familie bereits Menschen gab, die Suizidversuche begangen haben oder sich das Leben genommen haben.

Nach einem Suizidversuch ist die **Bedingungsanalyse** gleichzeitig Teil der Therapie. Dabei geht es neben einem psychopathologischem Befund, der die kognitive und emotionale Verfassung sowie den Antrieb des Betroffenen umfasst, primär um die Abklärung

a. des akuten Auslösers (wie und warum wurde der Suizidversuch unternommen),
b. der aktuellen sozialen Situation (familiäre und soziale Verhältnisse) und
c. des Ausmaßes der erforderlichen Hilfen (Hilfebedarf) (Harrington 2001).

6.2.2 Angststörungen

Angst zählt zu den **Basisemotionen** und ist überlebenswichtig. Ängste verwandeln sich vereinfacht gesagt dann in Angststörungen, wenn sie Menschen in ihrem Erleben und in der Ausübung ihrer alltäglichen Handlungen massiv beeinträchtigen, einschränken und wenn sie zudem als nicht realitätsangemessen erscheinen.

Bei den Angststörungen wird nach ICD-10 zwischen phobischen Störungen (F40)und Angststörungen (F41) differenziert. Zu den häufigsten phobischen Störungen zählen die Agoraphobie, also die Angst sich in öffentlichen Räumen wie Menschenmengen oder Einkaufszentren aufzuhalten, und die soziale Phobie, d.h. die Angst vor anderen zu sprechen oder im Mittelpunkt der Aufmerksamkeit zu stehen.

Bei den Angststörungen werden Panikstörungen und eine generalisierte Angststörung unterschieden. Panikstörungen beginnen – anders als die eher anhaltende generalisierte Angststörung – anfallartig und sind oftmals von schweren somatischen Symptomen, wie Herzrasen oder Erstickungsangst begleitet. Die Schriftstellerin Ingeborg Bachmann litt Anfang der sechziger Jahre beispielsweise unter schweren Panikattacken und vor allem darunter, dass die Tragweite dieses Leidens noch wenig Beachtung erfuhr. Sie war insofern außerordentlich entlastet, bei Thure von Uexküll (1908–2004) einem der Gründer der psychosomatischen Medizin Folgendes zu lesen:

> „Solche Angstanfälle sind für den Betroffenen etwas außerordentlich dramatisches. Der Unbeteiligte kann sich kaum vorstellen, wie entsetzlich und furchtbar sie für die Patienten sind. Akute Angst ist ganz sicher schwerer zu ertragen als akuter Schmerz, und sei er auch noch so heftig. Ein Angstanfall wird immer als vernichtender Einbruch in das Leben erfahren, und so ist es leicht zu verstehen, dass er als Lebens-

vernichtung erlebt, und oft als Schlaganfall, als Herzinfarkt oder als ausbrechender Wahnsinn gedeutet wird." (v. Uexküll 1963, zit. nach Bachmann 2017, 139).

Das Ziel der Behandlung von Angststörungen ist es, das Vermeidungsverhalten von real oder vermeintlich angsterzeugenden Situationen zu reduzieren und somit den Bewegungsspielraum der Betroffenen deutlich zu erweitern. Laut der bereits erwähnten Behandlungsleitlinien ist dabei in der Regel die kognitive Verhaltenstherapie die Behandlungsform der ersten Wahl.

6.2.3 Abhängigkeitserkrankungen

Alkohol, Opioide, Cannabis, Kokain und andere suchterzeugende Substanzen wirken auf psychische und körperliche Funktionen. Sie werden psychotrope Substanzen genannt, also als Wirkstoffmischungen, die die menschliche Psyche beeinflussen. Im ICD-10 werden psychische und Verhaltensstörungen durch Alkohol unter F10 klassifiziert.

> „Psychische Abhängigkeit – ein nicht zu unterdrückendes Verlangen, die entsprechende Substanz zu konsumieren bzw. eine entsprechende Handlung auszuführen – und /oder physische Abhängigkeit – zum Beispiel Entzugserscheinungen – werden in der Literatur häufig als Sucht bezeichnet. Heute spricht man in der Wissenschaft nicht mehr von Sucht, sondern von Abhängigkeit oder Missbrauch, um Stigmatisierungen des Betroffenen zu vermeiden" (Hobmair 2013, 483).

Neben diesen „klassischen" Abhängigkeitserkrankungen wird auch zunehmend von **„Verhaltenssüchten"** gesprochen, diese umfassen z.B. die Internet-, Smartphone- oder auch Spielsucht. Auch für diese Störungen gilt, dass oftmals eine hohe Scham und Selbststigmatisierung deutliche Barrieren für eine Behandlung darstellen (Romanczuck-Seiferth 2017).

Zu den Kriterien eines „Alkoholabhängigkeitssyndroms" gehören u.a. ein starkes, z.T. zwanghaftes Verlangen Alkohol zu konsumieren, Schwierigkeiten, die Menge an Alkohol zu kontrollieren, körperliche Entzugserscheinungen und Toleranzentwicklung sowie ein zunehmender Interessensverlust an anderen Tätigkeiten.

Abhängigkeitserkrankungen gehören auch im Kindes- und Jugendalter zu den epidemiologisch wichtigsten entwicklungsbezogenen Störungen des Kindes- und Jugendalters überhaupt (Herpertz-Dahlmann 2008). Drogenbezogene Probleme von Jugendlichen sind z.B. als ein Teil multidimensionaler Problemlagen anzusehen, denen oftmals vielschichtige komplexe Traumatisierungen und Mangelerfahrungen zu Grunde liegen (Spohr et al. 2011). Der **Drogenkonsum** kann in diesem Sinne als ein Versuch der Selbstbehandlung und zugleich als ein Signal für schwere psychische Belastungen gesehen werden.

Neben Entzugsbehandlungen, die in Deutschland stationär in psychiatrischen und internistischen Kliniken durchgeführt werden, können psychotherapeutische Interventionen wie z.B. die motivierende Gesprächsführung (Millner/Rollnick 2015) im Einzel- oder im Gruppensetting insbesondere zum Motivationsaufbau und -erhalt für ein beispielsweise alkoholfreies Leben genutzt werden (Lieb et al. 2012).

6.2.4 Traumafolgestörungen

Im ICD-10 werden unter F43 Reaktionen auf schwere Belastungen und Anpassungsstörungen verschlüsselt. Differenziert wird z.B. zwischen einer **akuten Belastungsstörung**, die eine vorübergehende Störung auf eine außergewöhnliche psychische oder physische Belastung bezeichnet, und einer **posttraumatischen Belastungsstörung** (PTBS). Eine posttraumatische Belastungsstörung kann sich mit einer Latenz – Verzögerung – entwickeln, die zwischen Wochen und Monaten variieren kann. Kernsymptome einer PTBS bestehen

a. im **Wiedererleben**, d.h. in Form von wiederholten, unwillkürlichen und aufdrängenden Erinnerungen, Flashbacks oder Alpträumen,
b. in der **Vermeidung** bzw. in der Bemühung von Vermeidung von Gedanken oder Situationen, die belastende Erinnerungen, Gedanken oder Gefühle hervorrufen und
c. in einer **Übererregung,** die eine erhöhte Wachsamkeit (Hypervigilanz), Reizbarkeit und Schreckhaftigkeit beinhaltet.

Es ist wichtig, zwischen **traumatischem Ereignis** und **traumatischem Erlebnis** zu unterscheiden; nicht jedes außergewöhnlich belastende Ereignis, wie z.B. die Flucht aus einem anderen Land, ist traumatisierend.

Traumatisierung wird als **Prozess** verstanden. Dieser besteht aus **Ereignisfaktoren** (die Schwere und das Ausmaß des erlebten Traumas, **weiteren Risikofaktoren** (frühere belastende Faktoren, Bedrohungen aus dem familiären Umfeld, Armut) und **existierenden Schutzfaktoren** (soziale Unterstützung nach einem traumatischen Ereignis, Kompetenzen, **Ressourcen**, positive Erfahrungen im innerfamiliären Umfeld) (Fischer/Riedesser 2009, Zito 2010).

Von Menschen verursachte Traumatisierungen wie z.B. Vergewaltigung oder Folter – **„man-made-desaster"** – werden potenziell als traumatisierender erlebt als beispielsweise Naturkatastrophen. Bei man-made-desasters ist die interaktionelle Botschaft des Traumas, die, die Wertlosigkeit, Ohnmacht und ein Gefühl des Ausgeliefert- Seins transportiert, wesentlich stärker(Butollo/Karl 2012). Unterschieden wird weiterhin zwischen **akuter, einmaliger Traumatisierung (Typ 1)** und **chronischer, komplexer Traumatisierung (Typ 2)** (Terr 1995). In Praxis- und Handlungsfeldern der Sozialen Arbeit sind letztere deutlich häufiger anzutreffen.

Insgesamt bestehen traumatische Ereignisse aus einer Trias

- einer überwältigenden Bedrohung von außen,
- einer Alarmreaktion des Körpers, die sich aus Angst und Schmerz zusammensetzt und
- einem gleichzeitigen Erleben von Hilf- und Machtlosigkeit (Besser 2013).

Traumatisierte Menschen sind darüber hinaus generell deutlich gefährdeter, alltägliche Aufgaben nicht bewältigen zu können und chronisch zu erkranken (Felitti 2007; Sack et al. 2013).

Traumafolgestörungen bei Kindern sind oft schwer zu erkennen. Sie weisen ein breites Spektrum an Symptomen auf, das sich in aggressivem Verhalten, diversen psychosomatischen Symptomen, depressivem Rückzug und in posttraumatischem Spiel ausdrücken kann. In letzterem werden Themen oder Aspekte des traumatischen Erlebnisses wieder und wieder ausgedrückt. Frühkindliche chronische Traumatisierungen führen durch den ständigen Stress und die Angst sehr viel rascher zu einer ständigen Aktivierung von archaischen Notfallreaktionen im Hirnstamm (Besser 2013).

> „Kinder nehmen mögliche Stressoren entsprechend ihres (kognitiven) Entwicklungsalters wahr und reagieren auf (traumatischen) Stress unterschiedlich" (Landolt/Hensel 2012, 20).

Ein wichtiger Aspekt ist der der **transgenerationalen Traumatisierung;** die Übertragbarkeit der transgenerationalen Folgen von Kriegstraumata ist mittlerweile gut belegt (Reddemann 2015; Bräutigam 2000; Lennertz 2011). Gleichzeitig bergen traumatische Erfahrungen mitunter das Potenzial zu **posttraumatischem Wachstum;** d.h., Menschen können, wenn es ihnen mit oder ohne Hilfe möglich war, traumatische Erlebnisse zu integrieren, auch gestärkt aus diesen hervorgehen (Gahleitner et al. 2014, Berger 2015).

Das Ziel von **Traumabehandlungen** besteht prinzipiell in der Behandlung von seelischen Verletzungen, die in der Folge von schwer belastenden/lebensbedrohlichen Ereignissen auftreten. Dabei ist es zunächst von zentraler Bedeutung, eine wenn möglich **sichere Umgebung** herzustellen und die Betroffenen vor weiterer Traumaeinwirkung zu schützen und ihn in der helfenden Beziehung in seinen sozialen Netzwerken und durch die Vermittlung von Selbstberuhigungsstrategien zu stabilisieren.

Eine **Traumabearbeitung** sollte nur durch entsprechend geschulte Fachkräfte durchgeführt werden. Dennoch ist es gerade in den psychosozialen Arbeitsfeldern wichtig, der unvermeidbaren Begegnung mit schwer traumatisierten Menschen nicht aus dem Wege gehen zu wollen, sondern diesen auch zuzuhören, wenn sie von ihren Erfahrungen berichten.

> „Die Therapie einer solchen PTBS wird oft als medizinisch-psychiatrisches Problem dargestellt, ist es aber nicht: in den allermeisten Fällen reduziert sich die Symptomatik nicht durch eine spezielle Therapie, sondern durch das Erleben von Sicherheit, und zwar subjektiv erlebter Sicherheit. Kern der PTB ist nämlich der Verlust an Sicherheitsgefühl, einem existenziellen Vertrauen, einem Grundvertrauen in menschliche Beziehung. Die ständige Angst, dass wieder etwas völlig Unerwarte-

tes, Lebensgefährliches geschieht, lässt diese Menschen nicht mehr in Ruhe" (Grothe 2014, 10 f.).

In Bezug auf die Notwendigkeit einer aktiven **Selbstfürsorge** stellte bereits Munroe (1995) drei Forderungen für TraumatherapeutInnen auf, die sich auch sehr gut auch auf die Selbstfürsorgepflicht von Fachkräften der Sozialen Arbeit beziehen lassen:

a. Sie sollten die **Sekundäreffekte** ihrer Arbeit kennen und sich um ihr Wohlbefinden kümmern.
b. Sie sollten nicht allein arbeiten, bzw. regelmäßig **Supervisionen** aufsuchen.
c. Sie sollten sich des **ethischen Aspekts** der Selbstfürsorge bewusst sein: Das bedeutet, dass die Qualität der Arbeit leidet, wenn Selbstfürsorge nicht aktiv wahrgenommen wird.

Im nächsten Kapitel wird ein Überblick über **psychotherapeutische Grundorientierungen** gegeben. Auch in der Sozialen Arbeit werden diese diskutiert und haben Eingang gefunden als Grundlagen für ein beziehungsorientiertes Einzelfall- oder familienorientiertes Handeln mit KlientInnen.

6.3 Psychotherapeutische Grundorientierungen

Psychotherapie (**griech.** ψυχοθεραπεία, psychotherapía – *Heilen der Seele*) ist ein Teilgebiet der klinischen Psychologie und befasst sich mit der Behandlung von Menschen mit geistig-seelischen, körperlichen und psychosomatischen Krankheiten, Leidenszuständen oder Verhaltensstörungen mittels systematischer Anwendung psychologischer, d. h. wissenschaftlich fundierter Methoden verbaler und nonverbaler Kommunikation (Wittchen/Hoyer 2011).

Auf die Unterscheidung zwischen psychotherapeutischem, beraterischem und sozialpädagogischem Handeln wird erst in Kapitel 7 eingegangen. Hier geht es zunächst darum einen Überblick über die Kernpunkte der wesentlichen psychotherapeutischen Grundorientierungen zu bekommen und zu vermitteln, warum diese für die Soziale Arbeit nützlich und hilfreich sind.

Forschungsbasierte Strömungen in der Psychotherapie, die sich mit den allgemeinen und spezifischen Wirkfaktoren von Psychotherapie beschäftigen, proklamieren zunehmend eine **integrative und schulenübergreifende Herangehensweise** (Norcross/Goldfried 2015, Jacobi 2017). Der bekannte Psychotherapieforscher Klaus Grawe prägte bereits 1997 den Begriff der **research-informed psychotherapy,** die sich verpflichten solle, schulenübergreifend alle empirisch validierten Fakten hinsichtlich psychotherapeutischer Veränderungsmechanismen zu berücksichtigen. Dabei bezog Grawe neben einer Problem- und Störungsperspektive u.a. auch ausdrücklich die Perspektive auf vorhandene Ressourcen mit ein.

Ein weiteres sehr bekanntes Modell aus der psychotherapeutischen Prozessforschung ist das **allgemeine Modell der Psychotherapie** (Orlinsky/Howard 1987, Krause et al. 2015), das sich z.B. für die Erforschung von Veränderungsindikatoren in psychotherapeutischen Prozessen interessiert.

In Bezug auf den Vergleich der unterschiedlichen Therapieverfahren ist, angelehnt an Alice im Wunderland, das **„Dodo-Bird-Verdict"** – all have won and must have prices – zu nennen. Dieses besagt, dass grundsätzlich keine Therapieschule der anderen überlegen sei (Lambert/Ogles 2004), da der **allgemeine Wirkfaktor der therapeutischen Beziehung** spezifischeren methodenbezogenen Wirkfaktoren deutlich überlegen sei (Wampold/Imel 2015). Dabei ist grundsätzlich zu beachten, dass PsychotherapeutInnen dazu neigen, die Wichtigkeit der Beziehung zu überschätzen und die Realität des Patienten als Nebenqualität abzuqualifizieren (Lempp 1999). Im Kontext der Sozialen Arbeit existiert allerdings stellenweise eher das umgekehrte Phänomen.

Die **Psychotherapieforschung** befasst sich also durchaus vergleichbar mit dem evidenzbasierten Forschungsansatz in der Sozialen Arbeit (Sommerfeld/Hüttemann 2007) mit folgenden Themenkomplexen:

> „Es stellt sich somit nicht die Frage, ob allgemeine Wirkfaktoren *oder* spezifische Therapietechniken größere Wirkung erzielen. Die entscheidende Frage lautet vielmehr, auf welche Weise Techniken und allgemeine Wirkfaktoren im psychotherapeutischen Prozess zusammenwirken: Welche allgemeinen Wirkfaktoren werden bei welchen Patienten wann durch welche Techniken aktiviert, und durch welche allgemeinen

Wirkfaktoren werden umgekehrt welche Wirkungen spezifischer Therapietechniken vermittelt?" (Pfammatter/Tschacher 2016, 3)

Auch wenn eine schulenübergreifende Sichtweise und integrative Ansätze sowohl in der Psychotherapie als auch im Kontext der Sozialen Arbeit von großer Bedeutung und Nutzen sind, darf doch nicht vergessen werden, dass therapeutische „Schulen" oder Grundorientierungen z.T. auf komplett unterschiedlichen anthropologischen Grundannahmen beruhen und diese Unterschiede auch als Spiegel, „Heterogenität von Welt- und Menschenbildern in der gesamten Gesellschaft" (Kriz 2014, 31) zu sehen sind. Vier bedeutsame Grundorientierungen werden daher im Folgenden einzeln vorgestellt.

6.4 Psychodynamische Konzepte

Psychodynamische Theorien fokussieren auf die **HelferIn-KlientIn-Beziehung** und bieten ein außerordentlich feines Instrumentarium dafür, um annähernd zu verstehen, warum sich der Klient mir gegenüber so und nicht anders verhält. Wen sieht er in mir? Bin ich eine Art Mutter- bzw. Vaterfigur, die ihn schon immer nicht verstanden hat und der er dennoch trotzen muss? Oder: Warum verärgert mich gerade dieser Klient? Erinnert er mich vielleicht an meinen gehassten Cousin?

Sämtliche psychodynamischen Theorien gehen auf die **Psychoanalyse nach Sigmund Freud** (1856–1938) zurück. Trotz der mittlerweile großen Heterogenität psychodynamischer Theorien gibt es einige von allen geteilten Komponenten. Hierzu gehört die **Triebtheorie** und die Fokussierung auf zwei triebbezogene zentrale Themen: **Sexualität und Aggression.** Ebenso zentral sind die **Bedeutsamkeit des Unbewussten, Konflikt- und Abwehrprozesse sowie die Wichtigkeit von Beziehungserfahrungen** (Benecke 2016). Ein weiterer Kern der Psychoanalyse ist die Bedeutsamkeit von **inneren Konflikten.** Innere Konflikte entwickeln sich in der Dialektik zwischen **Selbstbezug** und **Objektbezug** (Mentzos 2009). Die Dialektik drückt sich in der entwicklungspsychologisch gut nachvollziehbaren Spannung zwischen dem Bedürfnis nach Autonomie (Selbstbezug) und Bindung (Objektbezug)aus.

Im Rahmen der Triebtheorie entwickelte Sigmund Freud zwei bis heute gut bekannte **topische Modelle**, mit deren Hilfe er bestimmte psychische Mechanismen „verortete“. Das erste topische Modell umfasste das **Bewusstsein, das Vorbewusstsein und das Unbewusstsein**, das Freud mit den Ausmaßen des unter Wasser liegenden Eisbergs verglich. Freud zufolge steuern uns unbewusste Motive in sehr viel stärkerem Maße als bewusste. Das zweite topische Modell beschrieb das Verhältnis zwischen **Es, Ich und Über-Ich**. Das Es steht in diesem Modell für alle triebhaften Regungen und Wünsche und das Über-Ich für die durch Sozialisation verinnerlichten Moralvorstellungen. Freuds verstärktes Interesse galt dem Ich, das zwischen beiden Instanzen vermitteln muss:

> „Es ist das Ich, das im Konflikt mit den triebhaften Regungen des Es steht und dieselben in Einklang bringen muss, nicht nur mit den Anforderungen der äußeren Realität, sondern auch mit den Forderungen des Über-Ich, in dem sich das kulturelle Erbe widerspiegelt" (Burchartz et al. 2016, 60).

Neben der Triebtheorie sollen in diesem Rahmen die **Objektbeziehungstheorie** nach Melanie Klein und Donald Winicott, die **Ich-Psychologie** nach Anna Freud und die **Selbstpsychologie** nach Heinz Kohut zumindest erwähnt werden.

Die Objektbeziehungstheorie fokussiert auf die Bedeutsamkeit der Mutter-Kind-Beziehung. Insbesondere Winicotts Konzept des **Übergangsobjektes** – bei kleinen Kindern oft ein Kuscheltier, bei Jugendlichen z.B. Fotos, Schmuckstücke oder auch das Smartphone – sind auch unter bindungstheoretischen Aspekten und bei der Gestaltung von **Transitionsprozessen** (Übergangsprozessen) – z.B. der Übergang von einer Jugendwohngruppe zum selbständigen Wohnen – von fundamentaler Bedeutung. Das Übergangsobjekt stellt eine Art Verbindung zwischen der äußeren und der inneren Welt des Kindes her und repräsentiert die Eigenschaften von wichtigen Objekten/Menschen und zeichnet sich durch seine fortwährende Verfügbarkeit aus.

Die Ich-Psychologie beschäftigt sich zentral mit **unterschiedlich reifen Abwehrmechanismen** wie z.B. Verleugnung, Projektion oder Sublimierung. Der Begriff des Abwehrmechanismus kann als Bewältigungsstrategie verstanden werden und dient dem Schutz des Ich.

Sublimierung ist z.B. ein sehr reifer und damit produktiver Abwehrmechanismus und bedeutet, Triebenergie z.B. in Arbeitsenergie umzuwandeln.

Der Abwehrmechanismus der **Verleugnung** ist weniger reif und dient primär der Abwehr und Bewältigung der Schuld, er findet sich z.B. bei SexualstraftäterInnen.

Der Abwehrmechanismus der **Projektion** lässt sich z.B. gut bei Sorgerechtsstreitigkeiten finden, wenn die Sorgeberechtigten auf den jeweils anderen die Absicht zu projizieren, das Kind allein für sich beanspruchen zu wollen.

Der **Selbstpsychologie** verdanken wir das Konzept des **Narzissmus**, also der übermäßigen Selbstliebe, das vereinfacht erklärt auf einem inneren Gefühl der Leere basiert. Das **Konstrukt des Selbst** ist nicht ganz leicht zu fassen. Mit dem Selbst wird ein durchaus widersprüchliches Selbsterleben bezeichnet, das sich in der Interaktion mit anderen als Identität erlebt und auch Ambitionen nach Größe, Macht und Anerkennung enthält (Milch 2001).

> „Mit der Selbstpsychologie richten wir unsere Aufmerksamkeit auf die narzisstische Entwicklung und prüfen, ob sich ein starkes Selbstgefühl in der Realität verankert oder ob ein übermäßig aufgeblähtes Größenselbst der Abwehr von Insuffizienzgefühlen dient" (Wittenberger 2016, 46f.).

Zu den psychodynamischen Therapieansätzen zählen darüber hinaus die Individualpsychologie von Alfred Adler (1870–1937), die insbesondere im Kontext der Erziehungsberatung eine wesentliche Rolle gespielt hat (s. Kapitel 5.6), die analytische Psychologie von C.G. Jung sowie bioenergetische und körperpsychotherapeutische Ansätze, die einen Fokus auf den aktuellen energetischen Zustand des Klienten und auf den Körperausdruck des Klienten legen (Tasche 2016).

Zu den psychodynamischen Interventionsmethoden gehören u.a. Deutungen, Durcharbeiten, Konfrontationen sowie Widerstands- und Übertragungsdeutungen (Körner 2016). Der Umgang mit den Phänomenen von **Übertragung** und **Gegenübertragung** sowie eine geforderte abstinente Haltung sind auch im sozialarbeiterischen Kontext von besonderer Bedeutung.

Übertragung meint die Aktivierung innerer Schemata bei Menschen, dabei wird die Wahrnehmung der Realität und des Gegenübers von aktualisierten inneren Erlebnisschemata überlagert (Bettighofer 2004).

Übertragungen sind als relativ normale, wenn auch unerkannt nicht immer hilfreiche Mechanismen – z. B. in Paarbeziehungen – zu betrachten, wie Menschen sich selbst und ihre Beziehungsgegenüber sowie ihre Beziehung zwischen sich und dem anderen erleben. Eine Übertragung kann z. B. darin bestehen, dass man sich vor dem Gegenüber ängstigt und klein fühlt, weil diese das innere Schema in Bezug auf einen autoritären ehemaligen Klassenlehrer aktiviert. Sie kann aber auch im positiven Sinne das Gefühl der Geborgenheit hervorrufen, weil die betreffende Person eine Erinnerung an die als liebevoll erlebte Großmutter auslöst.

Als Gegenübertragung wurde zunächst die unbewusste neurotische Reaktion des Analytikers auf die Übertragungsneurose des Patienten bezeichnet; sie galt als störender Einfluss; heute wird Gegenübertragung eher als nützlicher Resonanzboden und zusätzliches diagnostisches Hilfsmittel verstanden:

„Als **Gegenübertragung** werden innerpsychische Reaktionen (wie Emotionen, Phantasien und Handlungsimpulse) des Therapeuten auf den Patienten verstanden. Diese inneren Reaktionen des Therapeuten entstehen nach analytischer Auffassung unter dem interaktiven Einfluss des Patienten, sodass sie als Hinweise auf die unbewussten Beziehungsmuster, Konflikte, Repräsentanzen und strukturellen Vulnerabilitäten des Patienten diagnostisch genutzt werden können" (Benecke 2016, 49).

Angewendet auf die sozialarbeiterische HelferIn-KlientIn-Beziehung könnte dieses z. B. bedeuten, dass es nützlich sein könnte, innerlich plötzlich auftauchende autoritäre Impulse auf Seiten der

HelferInnen zu reflektieren. Es wäre in Betracht zu ziehen, dass diese Impulse mit dem sehr kindlich anmutenden Verhaltens des Klienten zu tun haben könnten und der Klient eventuell eine Mutter- bzw. Vaterübertragung auf den Helfer entwickelt hat.

Der Ansatz der **psychoanalytischen Sozialarbeit** unterstreicht die Bedeutsamkeit psychodynamischer Theorien für das Handlungsfeld der Sozialen Arbeit, insbesondere wenn „eine Problemdoppelung von äußerer und innerer Not vorliegt" (Günter/Bruns 2010, 18).

Als einer der wichtigsten Begründer ist neben August Aichhorn (1878–1949) und Siegfried Bernfeld (1892–1953)vor allem Ernst Federn (1914–2007) zu nennen. Er ist als KZ-Überlebender der Mitbegründer der psychoanalytischen Pädagogik und der psychoanalytisch orientierten Sozialarbeit in Gefängnissen.

> „Die psychoanalytische Sozialarbeit ist jener Beruf, der das Soziale und das Individuelle miteinander verbindet und mit dem Wissen der Psychoanalyse die sozialen und psychologischen Probleme der Menschen zu lösen versucht" (Federn 1999, 27).

In einem Aufsatz über das Helfen beschreibt er sehr eindrücklich seine Identität als psychoanalytischer Sozialarbeiter bei seiner Emigration 1948 in die USA, in denen man laut Federn ohne eigene analytische Erfahrung gar nicht als Sozialarbeiter hätte arbeiten können. Federn zufolge setzt der Prozess des Helfens eine Situation voraus, in welcher Personen eine gewisse Handlungsunabhängigkeit verloren haben und mit Hilflosigkeit, Abhängigkeit und manchmal auch Ohnmacht konfrontiert sind. Psychoanalytische Kenntnisse seien deshalb so nützlich, weil diese sich viel damit beschäftigt habe, inwiefern Abhängigkeits- und Ohnmachtsgefühle regressive und kindliche Gefühle und Handlungsweisen evozieren können und wie dann damit umzugehen sei (Federn 1999).

Zu den neueren Ansätzen innerhalb der psychodynamischen Theorien zählt u.a. die **intersubjektive Schule der Psychoanalyse** (Stolorow et al. 1996, Jaenicke 2006), die den notwendigen Austausch von Subjektivität zwischen TherapeutIn und KlientIn und die Organisation des Selbsterlebens in der Beziehungsgestaltung betont (Kriz 2014, 114).

Ein weiterer wichtiger Ansatz ist der unter Kapitel 2.6.1 schon angesprochene psychodynamische Ansatz der **Mentalisierung**. Bei diesem geht es primär darum, Achtsamkeit und Differenzierungsvermögen für eigene psychische Zustände und für die psychischen Zustände anderer Menschen zu entwickeln. Dieser Fähigkeit – sich selbst quasi von außen und andere von innen zu betrachten – ist insbesondere bei Missverständnissen eine besondere Bedeutung zuzumessen. (Allen et al. 2008, 23). Die Vorteile einer **mentalisierenden Haltung in der Sozialen Arbeit** sind relativ offenkundig. Sie bestehen in einem

a. forschenden und neugierigen Interesse an mentalen Zuständen des Selbst und anderer Menschen,
b. in einer hohen Toleranz für Mehrdeutigkeit und
c. in der gestärkten Fähigkeit mit unstrukturierten und offenen Situationen umzugehen (Kirsch 2014).

Der Mentalisierungsansatz führt zudem Konzepte der Psychoanalyse, **Bindungstheorie**, Neurobiologie und auch der Sozialen Arbeit zusammen und ist insofern auch unter transdisziplinärer Perspektive äußerst vielversprechend und praxisrelevant.

6.5 Verhaltenstherapeutische Konzepte

Verhaltenstherapeutische Konzepte bieten im Kontext der Sozialen Arbeit eine sehr gute Grundlage für ein **strukturiertes** und auch für die KlientInnen sehr **transparentes** Vorgehen: Welches Hauptziel möchte die KlientIn erreichen und was sind die verschiedenen Unterziele? Welcher Schritt steht als nächstes an? Was sind die Bedingungen, die möglicherweise verhindern, dass sich die KlientIn mit der Erreichung der nächsten Ziels beschäftigt?

Ähnlich wie bei den psychodynamischen Theorien gibt es auch nicht den einen verhaltenstherapeutischen Ansatz, sondern sehr heterogene Modelle, die sich auf einige wenige gemeinsame Grundannahmen stützen. Zudem hat sich die Verhaltenstherapie zu Beginn des 21. Jahrhunderts erheblich gewandelt und integriert mittlerweile auch sehr viele Theorieelemente anderer Schulen (Kriz 2014).

Verhaltenstherapeutische Konzepte sind bislang stärker **evidenzbasiert** – d.h. empirisch untermauert – als andere, was auch damit zusammenhängt, dass diese insbesondere in der deutschen universitären Psychologie klar dominieren. Allen verhaltenstherapeutischen Ansätzen gemeinsam ist ein lerntheoretisches Verständnis (s. Kapitel 3.6) für die Entstehung und die Behandlung von Störungen.

> „Traditionell hat die Verhaltenstherapie kein eigenständiges Konzept analog der psychischen Struktur und daher auch nicht von strukturellen Störungen" (Benecke 2016, 35).

Zu den frühen theoretischen Ansätzen zählen die bereits in Kapitel 3 beschriebenen Mechanismen der **klassischen** und der **operanten Konditionierung** sowie das **Lernen am Modell.** Die Methoden der **systematischen Desensibilisierung** und der **Exposition**, die unter anderem bei Angsterkrankungen laut der Behandlungsleitlinien zu den favorisierten Interventionen gehören, stützen sich auf die primär lerntheoretisch begründeten Ansätze der Verhaltenstherapie:

> „Vor allem bei bestimmten Angststörungen hat es sich als günstig erwiesen, die Patienten direkt mit jenen Situationen und Stimuli zu konfrontieren, vor denen sie Angst haben bzw. welche die Symptome auslösen. Dabei kann, ähnlich wie bei der systematischen Desensibilisierung, der Patient in einer graduellen Annäherung an die höchste Angststufe herangeführt werden (‚Habituationstraining')" (Kriz 2014, 139).

Mitte der 1970er Jahre setzte dann die **kognitive Wende** ein, bei der insbesondere kognitive Erwartungen, wie z.B. die **Erwartungsangst**, dass bestimmte antizipierte Ereignisse besonders schlimm werden, eine wichtige Rolle spielen. Die **kognitive Verhaltenstherapie** geht davon aus, dass jeder Mensch auf Grund seiner biographischen Erfahrung über individuelle Kognitionsmuster verfügt, die wesentlich seine Wahrnehmung und Verarbeitung dieser Situationen bestimmen (Hobmair 2013).

Bei Depressionen liegen nach Aaron T. Beck, der die kognitive Psychotherapie der Depression entwickelt hat und auf den auch das häufig verwendete diagnostische Instrument des BDI (Beck'sches Depressionsinventar) zurückgeht, z.B. ein extrem negativer Blick auf sich selbst und die Welt zugrunde, der mit Hilfe **kognitiver Umstrukturierung** modifiziert werden sollte (Beck/Freeman 1999).Das **rational-emotive Störungsmodell** von Albert Ellis geht von der ähnlichen Grundannahme aus, dass emotionale Probleme primär durch tendenziell negative Interpretationen äußerer Gegebenheiten entstehen.

Vor ca. 25 Jahren begann dann **die dritte Welle der Verhaltenstherapie,** die deutlich stärker emotions- und beziehungsbasiert vorgeht und frühe Lebenserfahrung sehr viel mehr mit einbezieht. Hierzu gehört z.B. die dialektisch-behaviorale Therapie nach Marsha Linehan (DBT), die insbesondere bei Menschen mit Borderline-Störungen eingesetzt wird, die Schematherapie nach Jeffrey Young oder die bereits unter Kapitel 6.2 erwähnte Akzeptanz- und Commitmenttherapie (ACT) nach Steven Hayes.

Die **dialektisch-behaviorale Therapie (DBT)** berücksichtigt im besonderen Maße die hochambivalenten Bedürfnisse von Borderline-PatientInnen, die sich in extrem starken Stimmungsschwankungen und einem rasch wechselnden Wunsch nach Nähe bzw. Distanz ausdrücken – daher der Begriff dialektisch. Im therapeutischen Vorgehen liegt der Schwerpunkt auf der Einübung von Fertigkeiten, den sogenannten **Skills**, um diese hochambivalenten Gefühle und Impulse besser wahrzunehmen und regulieren zu können. Die Skills beziehen sich auf das Einüben innerer Achtsamkeit, einer Erhöhung der Stresstoleranz, Emotionsregulation und der Selbstakzeptanz sowie ein Training der sozialen Kompetenzen (Kriz 2014).

Das aus der kognitiven Therapie entwickelte Therapiekonzept der **Schematherapie** wurde ebenfalls primär für Menschen mit Persönlichkeitsstörungen entwickelt. Der Schemabegriff meint tief und meist frühkindlich verankerte Muster, die dazu dienen, die Wirklichkeit und das Erlebte zu erklären (s. Kapitel 3.4). Die Schematherapie versucht diese meist frühkindlich entwickelten destruktiven Schemata, die der Theorie zufolge auf einer Frustration emotionaler Grundbedürfnisse beruhen, aufzuspüren und konstruktiv zu verändern.

> „Die Schematherapie […] erweitert die kognitive Verhaltenstherapie, insofern sie die Erforschung der Ursprünge psychischer Probleme in der Kindheit und Adoleszenz, außerdem emotive Techniken, der

Beziehung zwischen Therapeut und Patient und maladaptiven Bewältigungsstilen mehr Bedeutung beimisst und Aufmerksamkeit schenkt als erstere" (Young et al. 2008, 34).

Der **Akzeptanz- und Commitmenttherapie (ACT)** (s. Kapitel 6.2.1) geht es, wie der Name schon sagt, zum einen um eine höhere Akzeptanz von vorhandenen Gefühlen und Gedanken sowie um die Ermutigung, sich für seine persönlichen Ziele mit Engagement und Verbindlichkeit einzusetzen. Hayes (2004) stellt insgesamt eine **Erhöhung der psychologischen Flexibilität und Anpassungsfähigkeit** in den Mittelpunkt seines Ansatzes, d.h., die Fähigkeit, auch trotz bestehender Beeinträchtigungen, das Leben genießen zu können (Hoyer 2016).

Insgesamt bieten insbesondere die gut evaluierten Ansätze der dritten Welle der Verhaltenstherapie angehenden Fachkräften der Sozialen Arbeit interessante Hinweise, um im Einzelsetting mit oftmals psychosozial schwer beeinträchtigten Klienten strukturiert und wirksam an deren persönlichen Zielen arbeiten zu können.

6.6 Humanistische Konzepte

Die Gesellschaft der Humanistischen Psychologie wurde 1962 von Charlotte Bühler, Abraham Maslow und Carl Rogers in den USA gegründet. Humanistische Psychotherapieansätze beinhalten bestimmte grundlegende Annahmen über das menschliche Wesen; diese bestehen primär in einer Idee von **Ganzheit, Wachstum** und dem **Streben nach Selbstverwirklichung**.

Abraham Maslow (1973), einer der wichtigsten Theoretiker der humanistischen Psychologie, hat eine **fünfstufige Bedürfnishierarchie** entwickelt, die die notwendigen Bedingungen beschreibt, unter denen Menschen wachsen und sich entfalten können.

- Auf der untersten Stufe stehen die physiologischen Bedürfnisse, danach kommen
- Sicherheitsbedürfnisse, dann
- das Bedürfnis nach Zugehörigkeit und Liebe,
- auf der vierten Stufe das Bedürfnis nach Anerkennung und Wertschätzung und auf

- der fünften Stufe zuletzt das Bedürfnis und Streben nach Selbstverwirklichung (Kriz 2014, Tasche 2016).

Erst wenn die Bedürfnisse der unteren Stufen befriedigt sind, kann sich der Mensch um die Bedürfniserfüllung der höheren Stufen kümmern. Die Berücksichtigung aufeinander aufbauender Grundbedürfnisse sowie die in den humanistischen Psychotherapien favorisierte Grundhaltung von Akzeptanz und unbedingter Wertschätzung sind für die Praxis der Sozialen Arbeit in der direkten Begegnung mit Klienten von essenzieller Bedeutung.

> „Und hierin liegt das Geheimnis der therapeutischen Erfahrung: Akzeptanz, echte Akzeptanz, die im Gegenzug nichts fordert; volle Akzeptanz des Klienten, Warzen und Wunden und Verletzungen eingeschlossen. Eine solche Akzeptanz drängt die Angst vor dem Tod zurück, wenn auch vielleicht nur für eine Weile, für die Zeit der Therapie, wie der Lichtstrahl einer Taschenlampe jemanden beruhigt, der durch die Dunkelheit geht, ohne dass er die Dunkelheit völlig vertreibt. Akzeptanz erlaubt dem Klienten, sich auszuruhen, verschafft ihm Zeit und einen Raum, wo er sich intensiv spüren kann, die Dinge nüchterner betrachten, in sich hinein und um sich herum schauen kann, sein Sein organisieren, seine Instrumente stimmen, die richtige Note anschlagen. Eine solche Akzeptanz ist das Lebenselixier einer Therapie, der aktive Bestandteil" (Shpancer 2011, 181).

Zu den humanistischen Psychotherapien gehören vorrangig die **personenzentrierte Psychotherapie** nach Carl Rogers (1902–1987), **die Gestalttherapie** nach Fritz Perls (1893–1970), das **Psychodrama** nach Iakov Levi Moreno (1889–1974) und die **Logotherapie** nach Viktor Frankl. In diesem Rahmen soll der Schwerpunkt auf der Darstellung des in der Sozialen Arbeit breit rezipierten personenzentrierten Ansatzes liegen.

Carl Rogers entwickelte seine Therapietheorie in den 1940er und 1950er Jahren, er nannte seinen Ansatz anfänglich **nicht-direktiv.** Dieser implizierte das Angebot einer verbindlichen, respektvoll und gleichberechtigt gestalteten Beziehung sowie die Förderung von Selbstbestimmung und Eigenverantwortlichkeit (Rogers 2016). Im weiteren Verlauf seiner therapeutischen Arbeit benutzt Rogers dann den Begriff **klientenzentrierte** und schließlich **personenzentrierte Therapie,** da das Gegenüber im Mittelpunkt stehe und dieser Begriff auch weniger etikettierend und auch für nicht therapeutische Kontexte geeignet sei (Sander/Ziebertz 2010).

Laut Rogers entspringt die Motivation jeglichen Handelns einer jedem Menschen innewohnenden Antriebskraft, seine inneren Ziele und Potentiale zu verwirklichen. Diese Motivation nennt Rogers (1951) **Aktualisierungstendenz**. Sie beinhaltet, dass jeder Mensch über das Potenzial voller innerer Entfaltung verfügt und ist ein wesentlicher Bestandteil von Rogers Menschenbild.

Die **Selbstaktualisierung** bildet einen Teil der Aktualisierungstendenz. Selbstaktualisierung meint im Wesentlichen die dem Individuum innewohnende Kraft, das eigene Selbstkonzept und die darin enthaltenen Vorstellungen von sich selbst zu fördern und zu entfalten. Voraussetzung für die Selbstaktualisierung ist aber das Vorhandensein möglichst nicht eingeschränkter Selbstfunktionen im zwischenmenschlichen Kontakt. Das bedeutet vereinfacht gesagt, dass der Mensch sich im Kontakt mit anderen Menschen frei und sicher fühlt und nicht primär unter dem Druck steht, sich anpassen zu müssen. Das ist vor allem dann gegeben, wenn der Mensch als Kind von den wesentlichen Bezugspersonen unbedingte Wertschätzung seiner Personen erfahren hat, was – wie Fachkräfte der Sozialen Arbeit sehr gut wissen – nicht unbedingt die Regel ist.

Wenn das Kind in seinem Erleben permanent abgewertet oder nicht gesehen wird, wird seine Erfahrungsoffenheit gegenüber Emotionen und Impulsen, die eigentlich seinem **inneren Wachstum** und seiner Selbstaktualisierung dienen würden, immer eingeschränkter bzw. diese Gefühle werden eher als bedrohlich erlebt: Wird ein Kind beispielsweise immer wieder im Ausdruck vitalen Zorns oder vitaler Traurigkeit sanktioniert, wird es lernen, dass es für seine soziale Anerkennung besser ist, solche Gefühle nicht zuzulassen. So entstehen laut Rogers starke innere Spannungen, Ängstlichkeit und das Gefühl von Inkongruenz, d.h. Unstimmigkeit (Stumm/Kheil 2014).

Rogers formulierte sechs Therapiebedingungen, die benötigt werden, damit sich eine konstruktive Veränderung im therapeutischen Prozess und somit auch die Selbstaktualisierung des Klienten realisieren kann.

Die erste besteht darin, dass zwei Personen miteinander im **psychologischen Kontakt** sind, d.h., der Therapeut muss sich darum bemühen, zunächst den inneren Bezugsrahmen und die subjektive Wahrnehmung des Klienten zu verstehen.

Die zweite Therapiebedingung setzt eine oben beschriebene **Inkongruenz** des Klienten voraus. Die dritte, vierte und fünfte Bedingung stellen die Kernelemente der personenzentrierten Therapie dar und bezeichnen die erforderlichen Qualitäten des Therapeuten, die nicht nur antrainiert, sondern tief in seiner Person verwurzelt sein und auf der eigenen Selbstannahme basieren müssen: Es handelt sich um **Kongruenz**, **bedingungslose Wertschätzung und Empathie**.

Zur **Kongruenz** gehört einerseits eine ständige Aufmerksamkeit für das, was die KlientInnen in TherapeutInnen auslösen, und zum anderen die Authentizität und Echtheit der TherapeutInnen im Kontakt mit KlientInnen (Weinberger 2011). Dies bedeutet nicht, dass die TherapeutInnen alle ihre Gefühle verbalisieren, aber dass alle von Ihnen verbalisierten Gefühle stimmig sind.

Mit **bedingungsloser Wertschätzung** ist eine nicht an Bedingungen geknüpfte positive Beachtung der Person – nicht all seiner Handlungen! – gemeint. Das bedeutet, dass der TherapeutInnen freundlich neutral auf alle inneren Anteile des KlientInnen-Erlebens schaut.

Empathie oder einfühlendes Verstehen bedeutet, sich umfassend auf die Welt des Gegenübers einzulassen und das Bemühen um das Verstehen des anderen möglichst konkret zu verbalisieren. Dies geschieht zum einen durch die Verbalisierung – **Paraphrasierung** – und **Spiegelung emotionaler Erlebnisinhalte,** die er aus den Äußerungen der KlientInnen herausgehört hat, und zum anderen durch eine große Zurückhaltung hinsichtlich Ratschlägen oder Interpretationen.

Hinsichtlich des Ausmaßes an Nicht-Direktivität gibt es innerhalb der personenzentrierten Therapie mittlerweile zwei praktizierte Strömungen:

Bei der **klassisch-klientenzentrierten Strömung** ist jegliche Abwesenheit eines aktiven Veränderungsbestrebens seitens der TherapeutInnen oberste Prämisse.

Bei der **dialogischen Strömung** nehmen die TherapeutInnen eine deutlich aktivere Rolle ein und teilen ihre emotionalen Erlebnisinhalte, die als Reaktion auf die Äußerungen der KlientInnen entstehen, deutlicher und proaktiver mit (Fröhlich 2016, Baker 2012).

Die „Berater-Variablen“-Kongruenz, unbedingte Wertschätzung und Empathie sind nach wie vor bedeutsame Kernelemente von

Gesprächsführung und Beratung und gehören zu den Kernkompetenzen von Fachkräften der Sozialen Arbeit. Aus den vorherigen Ausführungen sollte deutlich geworden sein, dass diese Qualitäten nicht im Schnelldurchlauf erlernt, sondern tatsächlich persönlich durchdrungen werden müssen und insofern im Studium der Sozialen Arbeit nur ansatzweise erworben werden können.

6.7 Systemische Ansätze

„Patients have families" (Mc Daniel et. al 2013, 93) – diese im Grunde banale und für Fachkräfte der Sozialen Arbeit selbstverständliche Aussage kommt im klinisch-psychologischen Kontext weit weniger zu Tragen als man es vermuten sollte.

Systemische Therapieansätze beziehen verstärkt den Kontext der KlientInnen mit ein und gehen von der Prämisse aus, dass der Mensch primär ein soziales, in seiner Umwelt verankertes Wesen ist und sämtliche Interventionen auch Auswirkungen auf das Umfeld der KlientInnen haben.

Ihr Fokus liegt somit auf dem **sozialen** und **interaktionellen Aspekt** psychischer Störungen und auf der Betrachtung des Einzelnen in seinen jeweiligen Kontexten. Das bedeutet, dass neben der individuellen Behandlung ein besonderes Augenmerk auf die Einbeziehung weiterer (Familien-) Mitglieder und des für den Patienten bedeutsamen sozialen Systems gelegt wird.

Systemische Ansätze verstehen sich traditionell **multiprofessionell** und **transdisziplinär** – die Abgrenzung zu beraterischen Konzepten ist z.B. weit weniger scharf als bei psychodynamischen oder verhaltenstheoretischen Therapieschulen (v. Schlippe/Schweitzer 2016). Auch hier gibt es wieder keine einheitliche theoretische Grundlage. Man kann eher von einer grundsätzlich ähnlichen systemischen Haltung sprechen, „die auch in theoretischen Fragen die Wertschätzung von Unterschieden betont" (Levold 2014, 46) und insofern manchmal zur begrifflichen Unschärfe neigt.

In Bezug auf den Systembegriff können grundsätzlich **triviale** (nicht lebende) und **nicht triviale** (lebende) **Systeme** unterschieden werden. Menschen leben also in nicht trivialen Systemen, deren Verhalten nur begrenzt vorhersehbar und schwerer zu analysieren ist (Baecker 2012).

Der bekannte Systemtheoretiker Niklas Luhmann unterscheidet zwischen **biologischen, psychischen und sozialen Systemen,** die in sich geschlossen sind, aber aneinander anschließen können. Nach Luhmann existieren keine umweltunabhängigen Systeme und keine systemunabhängige Umwelt. Psychische und soziale Systeme sind strukturell miteinander verkoppelt; sie befinden sich zwar nicht auf einer Ebene aber sie verlaufen synchron. Kommunikation kann beobachtet werden, aber psychische Systeme entziehen sich laut Luhmann einer empirischen Untersuchung (Luhmann 1987).

Luhmann zufolge kommunizieren nicht Menschen, sondern **Kommunikation kommuniziert.** Insofern sind nach Luhmann nicht Probleme oder menschliches Leid Gegenstand von Psychotherapie, sondern Kommunikation über Probleme oder über menschliches Leid. Insofern messen systemische Ansätze den jeweiligen Kommunikationsmustern, in denen über Probleme gesprochen wird, eine besondere Bedeutung zu.

> „Konflikte und problematische Kommunikationsmuster (rigide Subsystembildung, Tabuisierungen, stereotype Zuschreibungen, Rückgriff auf Traditionen und Gewohnheiten etc.) können aus dieser Perspektive als Stabilisierungsmechanismen in Situationen verstanden werden, in denen Bestand oder Struktur der Paarbeziehung bzw. Familie bedroht erscheinen" (Levold 2014, 67).

Historisch betrachtet ist die Systemische Therapie aus der klassischen Familientherapie Anfang der 1950er Jahre in den USA an verschiedenen Orten entstanden. Dort wurden bei der Arbeit mit emotional gestörten Kindern und mit an Schizophrenie erkrankten Menschen bestimmte und wiederkehrende familiäre Interaktionsmuster beobachtet. 1959 wurde u.a. von Virginia Satir das MRI-Institut (Mental Research Institute) in Palo Alto gegründet; hier entstand die sogenannte **Palo-Alto-Schule** und die Anfänge **struktureller** und **strategischer Familientherapie.** Diese Ansätze basierten auf dem Konzept der **Kybernetik erster Ordnung.** Deren Anliegen war es, Systeme zu beobachten, zu beschreiben und zu erklären. Es dominierte die Vorstellung eines **Homöostase-Modells**, d.h., dass (Familien-)Systeme das vordringliche Interesse haben, sich selbst zu erhalten. Eine zentrale therapeutische Idee bestand darin, durch den Einsatz spezifischer, z. B. **paradoxer Interventionen** (Watzlawick, s. Kapitel 7.2.2) Klientensysteme gezielt zu verstören, um verschobene **Generationengrenzen** wieder zu etablieren (Minuchin) oder auch um **dysfunktionale Familienregeln** (Haley) entsprechend zu verändern (v. Schlippe/Schweitzer 2016).

Neben der Palo-Alto-Gruppe ist die **Mailänder Gruppe** um Mara Selvini Palazzoli von Bedeutung, die sich stärker an einer **Kybernetik zweiter Ordnung** orientierte. Diese beinhaltet, dass Systeme nicht von außen beobachtet geschweige denn gesteuert werden können – der Beobachter ist immer Teil des Systems. Man kann somit von einer relativistischen Position sprechen. Alles Verhalten in Beziehungen wird als Kommunikation gedeutet und der therapeutische Fokus liegt somit auf einer Bearbeitung der familiären Kommunikationsmuster. Durch das Mailänder System wurde die **zirkuläre Fragetechnik** eingeführt, bei der z. B. ein Systemmitglied über seine Vermutungen über die Beziehung zweier anderer Mitglieder befragt wird.

Um Helm Stierlin formierte sich in den 1970er Jahren die **Heidelberger Gruppe**, die sowohl den **mehrgenerationalen Ansatz** von Ivan Boszormenyi-Nagy, den **lösungsorientierten Ansatz** nach Steve de Shazer als auch den **narrativ-therapeutischen Ansatz** von White und Epston berücksichtigten. Insbesondere letzterem liegt die Idee zugrunde, dass Realitäten in außerordentlichem Maße auf subjektiven Sinndeutungen basieren. Diese Sinndeutungen sind der Stoff für individuelle Geschichten und Narrative; sozialrekonstruktive Ansätze, die in der qualitativen Sozialforschung eine große Rolle spielen, basieren ebenfalls auf dieser Annahme. Die Variabilität von Erkenntnis ersetzt somit in einem radikal konstruktivistischen Sinne die Vorstellung vom wahren Wissen.

Zu den mittlerweile sehr gut beforschten und evaluierten systemisch-integrativen Ansätzen, die zumeist in den USA entwickelt wurden und für das Praxisfeld der Sozialen Arbeit insbesondere im Bereich der niedrigschwelligen Hilfen sehr gut adaptierbar sind, zählen z. B. die **Multisystemische Therapie (MST)** (Swenson/Henggeler 2005), die **Multidimensionale Familientherapie (MDFT)** (Spohr et al. 2011) für die therapeutische Arbeit mit delinquenten und/oder suchtabhängigen Jugendlichen und die **bindungsorientierte Familientherapie (ABFT)** (Diamond/Stern 2003), die speziell für Jugendliche mit depressiven Störungen entwickelt wurde und auf die Wiederherstellung von Vertrauen und Gerechtigkeit zwischen den Familienmitgliedern abzielt.

In Deutschland ist insbesondere die **aufsuchende Familientherapie (AFT)** (Conen 2002) zu nennen und die **Multifamilientherapie (MFT)** (Asen/Scholz 2012), die – ähnlich wie in der Sozialen Arbeit bekannte Peerberatungsansätze – die gleichzeitige Behandlung von mehreren Familien mit ähnlichen Problemen in einer Gruppe in ihren Fokus stellt.

2008 wurde die Systemische Therapie für die Behandlung von Erwachsenen sowie von Kindern und Jugendlichen durch den Wissenschaftlichen Beirat Psychotherapie anerkannt (v. Sydow et al. 2007, v. Sydow 2015). Die sozialrechtliche Anerkennung steht bislang noch aus, d.h., die Krankenkassen erstatten für diese Form der Psychotherapie die Kosten nicht.

Zusammengefasst sind als zentrale handlungspraktische Aspekte der systemischen Therapie Ressourcenorientierung, mehrperspektivische und hypothetisierende Fragetechniken, die Fokussierung auf Verhalten in Beziehungen, die Einbeziehung transgenerationaler Muster und die Vorliebe für kreative Vorgehensweisen zu nennen.

Auckenthaler, A. (2012). Kurzlehrbuch Klinische Psychologie und Psychotherapie. Georg Thieme Verlag, Stuttgart/New York

Berking, M., Rief W. (2012): Klinische Psychologie und Psychotherapie für Bachelor. Band I. Grundlagen und Störungswissen. Lesen, Hören, Lernen im Web, Berlin

Kriz, J. (2014): Grundkonzepte der Psychotherapie. 7. überarb. und erw. Aufl. Beltz, Weinheim

Worin sieht die klinische Psychologie ihre wichtigsten Aufgaben und worin unterscheiden diese sich von der klinischen Sozialarbeit?

Nennen Sie die sechs Achsen des multiaxialen Klassifikationssystems des ICD-10 für Kinder und Jugendliche.

Skizzieren Sie ein Modell, das die Entstehung von depressiven Erkrankungen beschreibt und diskutieren Sie dessen Nützlichkeit für die Praxis der Sozialen Arbeit.

Nennen Sie die Kriterien eines Alkoholabhängigkeitssyndroms
Was meint das „Dodo-Bird-Verdict"?
Beschreiben Sie das Phänomen der Übertragung und finden Sie persönliche Beispiele, wann Ihnen dieses Phänomen bereits begegnet ist.
Worin unterscheidet sich die systemische Herangehensweise grundsätzlich von den anderen genannten therapeutischen Grundorientierungen?

7 Methodische Kompetenzen und Interventionsformen

Psychologische Ansätze sind insbesondere bei einzelfallorientierten Methoden von großer Bedeutung. Eine methodische und haltungsbezogene Basisfertigkeit als notwendige Voraussetzung sozialarbeiterischen Handelns besteht in der Fähigkeit zur Selbstreflexion. Der Begriff Reflexion meint, dass die Menschen sich selbst zum Gegenstand machen und primär durch Selbstbeobachtung die eigenen Motive, Gefühle und Gedanken in den Blick nehmen. Darüber hinaus zählen der professionelle Umgang mit Kommunikation und Gesprächsführung zu den wichtigsten Handlungsmethoden in der Sozialen Arbeit. Daher werden in diesem Kapitel die relevanten psychologischen Kommunikationsmodelle von Friedemann Schulz von Thun, Paul Watzlawick und Marshall B. Rosenberg beschrieben. Beratung als Methode der Sozialen Arbeit stellt zwar kein genuin psychologisches Konzept dar, allerdings liegen nicht wenige ihrer Wurzeln in der Psychologie. Beratung kann generell als ein zielgerichtetes, zeitlich begrenztes und kontext-spezifisches Handeln in der sozialen, pädagogischen und psychologischen Arbeit mit Menschen verstanden werden.

Die Soziale Arbeit verfügt über ein reichhaltiges Spektrum an Methoden und Techniken, um mit ihren Klienten zu arbeiten.

> „Eine **Methode** ist eine bewusst und geplant eingesetzte, häufig bereits erprobte Handlungsweise, mit der ein bestimmtes Ziel erreicht werden soll" (Sickendiek et al. 2008, 133).

Eine klassische Dreiteilung des Methodenrepertoires der Sozialen Arbeit geht auf Michael Galuske zurück, der die Methoden in **einzelfall-, gruppen-** und **gemeinwesenorientiert** unterteilt (Galuske 2013). Auch wenn die Psychologie durch gemeindepsychologische Ansätze (Trojan/Legewie 2001, Krause/Montenegro 2016) sowie durch sozialpsychologische Erkenntnisse durchaus auch zu der Entwicklung von gruppen- und gemeinwesenorientierten

Methoden beigetragen hat, ist es wohl als ihr größter Verdienst anzusehen, zu der Entwicklung von einzelfallorientierten Methoden beigetragen zu haben.

7.1 Selbstreflexion

Ende des 20. Jahrhunderts wurde der Begriff der **reflexiven Moderne** geprägt (Beck et al. 1996). Der Begriff Reflexion meint in diesem Zusammenhang, dass die Menschen sich selbst zum Gegenstand machen. Dieses ist in erster Linie deshalb notwendig, weil der Zweifel an allem und sich selbst sowie „eine verbreitete Institutionalisierung von **Selbstthematisierung**" (Seel 2013, 1654) charakteristisch für die reflexive Moderne sind. Dadurch wird eine bestimmte Paradoxie erzeugt: Trotz steigender Wissensbestände steigt das Gefühl des Nicht-Wissens bzw. eine tiefe Verunsicherung hinsichtlich der eigenen Normativitätsvorstellungen (Bräutigam/Müller 2014). Damit wächst auch der Bedarf an professioneller Rückversicherung, der zu einem nicht geringen Teil von Fachkräften der Sozialen Arbeit befriedigt werden soll.

Was aber genau bedeutet Reflexion bzw. die Reflexion der eigenen Person (Selbst-Reflexion) in Bezug auf das professionelle Handeln?

Im wörtlichen Sinne meint Reflexion seiner Selbst das Rückbeugen und Widerspiegeln der eigenen Motive, Gefühle und Logiken durch Selbst- und ggf. auch durch Fremdbeobachtung (Dewe/Schwarz 2014). Nicht nur in der Praxis, sondern auch in der wissenschaftlichen Auseinandersetzung mit zu erforschenden Themen ist **Selbstreflexion** relevant. Bereits der Ethnopsychoanalytiker George Devereux beschrieb in seinem Werk „Angst und Methode in den Verhaltenswissenschaften" (1973), dass neue Erkenntnisse primär Ängste und Abwehrmechanismen erzeugten. Insofern ist die persönliche Verstrickung zwischen dem Forschenden und seinem Material von höchstem Interesse (Bräutigam 2000).

Auch in der Praxis ist Selbstreflexion kein Selbstzweck, sondern dient in der unmittelbaren Begegnung mit KlientInnen im Sinne der Mentalisierungsfähigkeit (s. Kapitel 2.6.1) dazu, zwischen den eigenen Befindlichkeiten und denen des Gegenübers ausreichend differenzieren und sich somit dem Gegenüber in der erforderlichen Weise zur Verfügung stellen zu können.

> „Die Professionellen müssen sich folglich in die Lage ihrer Klienten hineinversetzen, deren Sinnhorizonte und Bewältigungsbedürfnisse intuitiv erfassen und gleichzeitig auf der Basis ihres Professionswissens stellvertretend adäquate Lösungen entwickeln" (Tiefel 2004, 35).

Die Fähigkeit zur Selbstreflexion – also die Fähigkeit sich selbst in den Blick zu nehmen und sich auch zuzumuten, schambesetzte, wenig gemochte und deutlich abgelehnte innere Anteile wahrzunehmen – ist eine grundlegende Kompetenz und notwendige Voraussetzung, um in einer helfenden Beziehung professionell zu agieren.

7.2 Gesprächsführung

> „Was die kleine Momo konnte, wie kein anderer, das war Zuhören […] Momo konnte so zuhören, dass dummen Menschen plötzlich sehr gescheite Gedanken kamen. Nicht etwa weil sie etwas sagte oder fragte, was den anderen auf solche Gedanken brachte, nein, sie saß nur da und hörte einfach zu, mit aller Aufmerksamkeit und Anteilnahme. Dabei schaute sie den anderen mit ihren großen dunklen Augen an und der Betreffende fühlte, wie ihn ihm auf einmal Gedanken auftauchten, von denen er nie geahnt hätte, dass sie in ihm steckten" (Ende 1973, 15).

Kommunikation und **Gesprächsführung** zählen zu den Basisfertigkeiten von in der Sozialen Arbeit tätigen Menschen. Wesentliche Prinzipien der bereits beschriebenen **klientenzentrierten Gesprächsführung** (s. Kapitel 6.6) finden sich in der sozialen Einzelfallhilfe wieder, in der die direkte Arbeit mit den KlientInnen und deren unmittelbarem Umfeld im Mittelpunkt steht:

> „Unabhängig von Art und Umfang des konkreten Hilfsangebots kann eine klientenzentrierte Gesprächsführung immer dann eingesetzt werden, wenn bei der KlientIn die Auseinandersetzung mit sich selbst gefordert ist, um zum Beispiel zu einem besseren Verständnis der eigenen Gefühle und Verhaltensweisen zu kommen" (Weinberger 2011, 128).

Insofern zählen zu den **Basisfertigkeiten** von Gesprächsführung das aus der klientenzentrierten Gesprächsführung bekannte Paraphrasieren und das aktive Zuhören (Rogers 2016) und der Umgang mit Ambivalenzen, der in der motivierenden Gesprächsführung eine zentrale Rolle spielt (Miller/Rollnick 2015). Dazu gehören aber auch systemische Techniken wie z.B. das zirkuläre Fragen, die Arbeit mit Unterschieden und Perspektivwechseln (Schlippe/Schweitzer 2016) oder auch die Technik der **Externalisierung** (White 1992). Insgesamt liegt die Kunst aber darin, eher weniger als mehr zu tun. Professionelle Gesprächsführung zu erlernen zielt meistens eher darauf ab, private Angewohnheiten im professionellen Kontext abzulegen und zu verlernen, als sich viele neue anzueignen. Konkret bedeutet dieses, dass z.B. aktiv moralisieren – „das sollten Sie unbedingt vermeiden" – der Verweis auf die eigene Person – „das kenne ich von mir" – oder auch ungefragt Tipps erteilen – „machen Sie es doch mal so" – in der Regel vermieden werden sollen (Weinberger 2011, 72f.).

Gesprächsführung basiert auf Kommunikation; insofern erscheint es geboten, die gängigsten Modelle menschlicher Kommunikation unter **kommunikationstheoretischen** Aspekten zumindest kurz vorzustellen. Ein klassisches aber noch sehr technizistisches und wenig dynamisches kommunikationspsychologisches Modell geht auf Shannon und Weaver zurück (Shannon/Weaver 1949, Röhner/Schütz 2012). Es besagt, dass Nachrichten in das vorhandene Wissen des Empfängers integriert werden mussen, um verstanden zu werden und bei der Übermittlung von Nachrichten zwischen Sender und Empfänger ein Rauschen bzw. Störung bei der Übertragung stattfinden kann. Kommunikation wird aber inzwischen als ein deutlich vielfältigeres und dynamisches Phänomen verstanden:

> „Obwohl Kommunikation ein universelles Alltagsphänomen ist, sind die Auffassungen, was unter dem Begriff Kommunikation zu verstehen sei, sehr unterschiedlich. So versteht man unter Kommunikation ganz unterschiedliche Formen der Informationsübermittlung wie Dialoge von Angesicht zu Angesicht (Face-to-Face-Kommunikation), aber auch das einseitige Rezipieren von Werbeinhalten über Massenmedien" (Röhner/Schütz 2012, 2).

In diesem Rahmen werden ausschließlich psychologische Auffassungen von Kommunikation beschrieben, die sich auf den Dialog zwischen zwei Menschen beziehen und in psychosozialen Handlungsfeldern von Interesse sind.

7.2.1 Das Vier-Ohren-Modell nach Friedemann Schulz v. Thun

Eines der bekanntesten Kommunikationsmodelle ist das vierdimensionale Kommunikationsmodell von Friedemann Schulz v. Thun (1981); populär geworden ist es unter dem Namen des **Vier-Ohren-Modells**.

Laut diesem Modell enthält jede Nachricht vier Aspekte:

- einen **Sachaspekt** – also das, worüber informiert wird –,
- einen **Selbstoffenbarungsaspekt** – was gibt der Sender von sich selbst preis-,
- einen **Beziehungsaspekt** – was impliziert die Nachricht für eine Beziehungsbotschaft – und
- einen **Apell** – was soll beim Empfänger ausgelöst werden.

Das Modell an sich ist relativ einfach zu verstehen, ist aber in der methodisch-professionellen Anwendung durchaus nicht simpel. Eine Schwierigkeit entsteht, wenn die Aspekte untereinander oder auch in sich nicht kongruent d.h. widersprüchlich sind, also wenn z.B. eine positive Beziehungsaussage von einer körperlich ablehnenden Haltung begleitet wird.

In einer Jugendwohngruppe teilt eine 14-jährige Jugendliche, die bereits einen Suizidversuch und einen stationären Aufenthalt in der Kinder- und Jugendpsychiatrie hinter sich hat und dorthin auf keinen Fall zurückkehren möchte, der zuständigen Sozialarbeiterin beim Abendessen mit, dass sich ihr Freund von ihr getrennt habe und dass sie in Ruhe gelassen werden bzw. allein auf ihr Zimmer gehen wolle. Als Beziehungsbotschaft erhält die Sozialarbeiterin die widersprüchliche Botschaft, dass die Jugendliche sie ins Vertrauen zieht und ihr gleichzeitig signalisiert, dass sie Distanz ihr gegenüber wahren soll. Auf der Selbstoffenbarungsebene teilt die Jugendliche ihr mit, dass es ihr schlecht gehe und sie Hilfe brauche, aber im Moment allein sein wolle. Auf der Appellebene warnt sie die Sozialarbeiterin, dass sie eventuell wieder suizidal sei und dass die Sozialarbeiterin gleichzeitig keine Schritte unternehmen solle, die die Jugendliche eventuell in die Klinik bringen könnten.

Anhand dieses Beispiels wird ersichtlich, dass die Entschlüsselung der unterschiedlichen Aspekte einer Botschaft – sofern überhaupt möglich – noch keinerlei Hinweise für eine eindeutig „richtige" Handlungsweise gibt.

Weiterhin problematisiert Schulz v. Thun „einseitige Empfangsgewohnheiten", d.h., wenn Menschen dazu neigen, Nachrichten primär mit einem Ohr zu hören. So wird oft Männern unterstellt, zwischenmenschliche Konflikte auf der Sachebene regeln zu wollen, während Frauen vermeintlich dazu neigen, sachliche Probleme beziehungsorientiert lösen zu wollen. Im psychosozialen Kontext ist es aber interessanter, die Bevorzugung des Apell- oder des Selbstoffenbarungsohres zu beleuchten:

> „Der Empfänger mit dem übergroßen Apell-Ohr ist meist wenig bei sich selbst, hat keine ‚Antenne' für das, was er selbst will oder fühlt. Als ich die Schule verließ, hatte ich eine große Meisterschaft entwickelt, zu merken, welche Reaktionen die anderen von mir erwarteten. So lachte ich nach jeder scherzhaft gemeinten Bemerkung an der richtigen Stelle. Mit dem Herausfinden der ‚richtigen Stelle' war ich jedoch derart beschäftigt, dass ich gar keine Energie mehr frei hatte, um herauszufinden, ob ich die Bemerkung überhaupt witzig fand" (v. Thun 1981, Bd. 1, 65).

Empfänger, die vorzugsweise mit dem „Selbstoffenbarungs-Ohr" hören, sind demgegenüber eher in der Lage, dem Gegenüber auch den Ausdruck negativer Gefühle zuzugestehen. Sie beziehen die Botschaften nicht automatisch auf sich, sondern entnehmen diesen eher, was diese über den Sender und dessen momentane Befindlichkeit aussagen. Problematisch wird es aber laut Schulz v. Thun dann, wenn dieses dazu führt, dass durchaus ernstgemeinte Kritik am Gegenüber primär abgewehrt und z.B. als Laune des Senders abgetan wird:

> „Ein ähnlicher Missbrauch des (ausschließlichen) Selbstoffenbarung-Ohres stellt das Psychologisieren dar. Damit ist gemeint: Eine Sachaussage nur danach zu untersuchen und zu ‚entlarven', welcher psychische Motor als treibende Kraft dahintersteckt (‚das sagst du ja nur, weil du …') – und zwar ohne das Gesagte sachlich zu würdigen" (v. Thun 1981, Bd. 1, 62).

Ein weiterer zentraler Hinweis, den Schulz v. Thun gibt, ist die notwendige Trennung der unterschiedlichen Empfangsvorgänge: **Wahrnehmen, Interpretieren** und **Fühlen.** Dieses ist notwendig, wenn man dem Sender ein adäquates Feedback geben will und somit eine für Fachkräfte der Sozialen Arbeit hochrelevante Kompetenz.

Beim unangekündigten Hausbesuch durch das Jugendamt findet die zuständige Mitarbeiterin eine unaufgeräumte und tendenziell dreckige Wohnung vor, die beiden Kleinkinder laufen in bekleckerter Kleidung umher, und die Mutter macht einen abwesenden Eindruck. Bei der Sozialarbeiterin entsteht ein immenser Handlungsdruck, sofort „etwas" unternehmen zu wollen.

In einer solchen Situation ist es sehr hilfreich und für die Abwägung von professionellen Handlungsoptionen absolut notwendig, die inneren Vorgänge der Wahrnehmung, der Interpretation und des Fühlens strikt zu trennen. Wenn die Reflexion dieser Ebenen gelingt, könnte es in diesem Fall folgendes bedeuten:

Wahrnehmungsebene: Die Wohnung wirkt auf mich dreckig, die Kinder sehen ungepflegt aus, die Mutter scheint apathisch.
Interpretationsebene: Die Mutter vernachlässigt ihre Kinder und hat ein Suchtproblem.
Gefühlsebene: Ich bin in Sorge – der Kinder wegen – ich bin wütend – auf die Mutter – ich bin frustriert – alle bisherigen Hilfen waren anscheinend sinnlos.

Durch die Trennung der Ebenen wird es möglich, diese für sich und auch im kollegialen Miteinander abzugleichen und kritisch zu überprüfen: Ist die Wohnung dreckig oder die eigenen Hygieneansprüche möglicherweise zu relativieren? Ist die von mir wahrgenommene Apathie der Mutter wirklich auf ein Suchproblem zurückzuführen? etc.

7.2.2 Paul Watzlawicks Auffassung menschlicher Kommunikation

Einen weiteren sehr wichtigen Beitrag zum Verständnis menschlicher Kommunikation hat der in Österreich geborene, von fernöstlichen Ideen beeinflusste und später in den USA am MRI (Kapitel 6.7) tätige Psychologe Paul Watzlawick (1921–2007) geliefert.

Watzlawicks berühmtes Konstrukt der **double-bind-Kommunikation** war maßgeblich durch die Lehre des berühmten indischen Philosophen und spirituellen Lehrers Jiddhu Krishnamurti (1895–1986) beeinflusst. Diese besagt u.a., dass eine wesentliche Quelle des Leids darin läge, Tatsachen und Konzepte nicht trennen zu können, sondern beides ununterbrochen miteinander zu vermischen.

> „Der Name ‚Double Bind' [...] deshalb, weil sich Botschaften mit widersprechenden Handlungsaufforderungen auf unterschiedlichen Ebenen der Kommunikation – der Sach- und der Beziehungsebene – an einen Betroffenen richten und ihn dadurch in eine Situation zwingen, in der er ‚versucht, nicht zu kommunizieren', wie es Paul später ausdrücken wird. Was aber nicht geht, denn ‚man kann nicht nicht kommunizieren', wie sein vielleicht populärster Spruch lauten wird" (Köhler-Ludescher 2014, 130)

Ein Beispiel für eine Double-Bind-Kommunikation ist z.B. die Aufforderung „Sei spontan" oder auch ein leidvoll vorgetragenes „Du brauchst Dich nicht um mich zu kümmern".

Die Aufforderung „Sei spontan" oder „Gehorche mir freiwillig" sind aber auch klassische Beispiele paradoxer Kommunikation, mit der sich Paul Watzlawick viel beschäftigt hat. Insbesondere in informellen und emotional aufgeladenen Beziehungen wie z.B. Paar- oder Eltern-Kind-Beziehungen sind **paradoxe Botschaften** häufig, aber auch in Helfer-KlientInnen-Beziehungen wird nicht selten paradox kommuniziert. Watzlawick führt das Beispiel einer Mutter an, die sich verzweifelt wünscht, dass ihr Sohn von sich aus und freiwillig lernen soll:

> „Statt also einfach zu verlangen, ‚ich wünsche, dass Du deine Aufgaben machst' (eine Forderung, die es dem Kind offen lässt, ihr zu gehorchen, oder nicht zu gehorchen und die Folgen zu tragen), verlangt diese moderne Mutter [...] ‚Du sollst deine Aufgaben machen *wollen*'.

> Diese ‚Lösung' erfordert, dass der Junge sich nicht nur richtig verhält (das heißt, seine Aufgaben macht), sondern sich aus dem richtigen Grunde richtig verhält (das heißt, seine Aufgaben macht, weil er sie machen *will)*" (Watzlawick et al. 2008, 87).

An diesem Beispiel wird deutlich, dass die geschilderte paradoxe Situation im Grunde für beide Kommunikationsteilnehmer eine sehr unangenehme ist. Der Sohn soll nicht in erster Linie etwas tun, sondern etwas tun wollen. Für die Mutter entwertet sich die Erfüllung ihres Wunsches, weil sie davon ausgehen kann, dass ihrem Wunsch nur zwangsweise nachgekommen wird, obwohl sie ihren Sohn eben nicht zwingen wollte.

Darüber hinaus ist Paul Watzlawick insbesondere mit seinen **fünf pragmatischen Axiomen** der menschlichen Kommunikation bekannt geworden (Watzlawick et al. 2011).
Das **erste Axiom** ist wohl sein bekanntestes und besagt – wie im obigen Zitat bereits angedeutet – die **Unmöglichkeit, nicht zu kommunizieren.** In der Praxis der Sozialen Arbeit ist es besonders hilfreich, sich zu verdeutlichen, dass auch Beziehungsabbrüche und die Verweigerung, in einen Dialog einzutreten ebenfalls als eine Form der Kommunikation verstanden werden müssen.

Das **zweite Axiom** bezieht sich auf eine Trennung von **Inhalts- und Beziehungsbotschaft**. Diese Trennung ist anhand des Modells von Schulz v. Thun bereits ausreichend erläutert worden.

Das **dritte Axiom** thematisiert die potenziell sehr unterschiedlich ausfallende **Interpunktion** von Ereignisfolgen und ist vor allem in der Betrachtung von Konfliktsituationen ungemein nützlich. In einer langjährigen Paarbeziehung schreibt beispielsweise eine Partnerin ihr Rückzugsverhalten dem klammernden Verhalten der anderen zu. Letztere sieht wiederum ihr klammerndes Verhalten in dem Rückzugsverhalten ihrer Partnerin begründet.

Das **vierte Axiom** differenziert zwischen einer digitalen und einer analogen Form der Kommunikation. **Digitale Kommunikation** meint vereinfacht gesprochen eine sehr eindeutige aber z.T. bedeutungsarme Form der Kommunikation. **Analoge Kommunikation** (z.B. Körpersprache) ist zwar in der Regel sehr bedeutsam ist aber mitunter auch mehrdeutig.
Das **fünfte Axiom** widmet sich schließlich der Unterscheidung zwischen einer **symmetrischen** – d.h. gleichrangigen – und einer

komplementären – d.h., es gibt klar definierte unterschiedliche Rollen – **Kommunikation.** Insbesondere in Teams, in denen es keine klar definierte Leitung gibt oder die Teamleitung symmetrisch kommunizieren möchte, aber gleichzeitig weisungsbefugt ist, führt eine Vermischung dieser beiden Kommunikationsformen immer wieder zu Verwirrung und Konflikten.

Insgesamt maß Paul Watzlawick der zwischenmenschlichen Kommunikation, die auch wesentlich zu der Eigendynamik in Beziehungen beiträgt, eine große Bedeutung bei. Er war der Auffassung, dass Beziehungen mehr als ein bloßes Aufeinandertreffen zweier Persönlichkeiten seien:

> „Wir müssen begreifen, dass Phänomene sich aus der Beziehung heraus ergeben und daher etwas Überpersönliches sind. In der Paartherapie hat man es immer wieder mit Partnern zu tun, die sich selbst dieser überpersönlichen Manifestation ihrer Beziehung nicht bewusst sind. Bei dem Gedanken, dass es etwas Drittes, Überpersönliches geben soll, das allein der Beziehung zuschreibbar ist, beginnt die große Schwierigkeit unseres manichäisches Denkens. Im Grunde genommen teilen wir alle die Welt nur in Wahr und Falsch, Gut und Schlecht, Schwarz und Weiß ein. Daher kommt auch die entrüstete Ablehnung der scheinbar seelenlose Idee, dass eine Beziehung mehr und anders sei als die Summe der Eigenschaften der beiden Beziehungspartner" (Köhler-Ludescher 2014, 258 f.).

Übertragen auf die SozialarbeiterInnen-KlientInnen-Beziehung bedeutet das, dass auch diese eine Eigendynamik entfaltet und eine KlientIn bei unterschiedlichen SozialarbeiterInnen ein möglicherweise komplett anderes Verhalten zeigt.

7.2.3 Gewaltfreie Kommunikation

Die Methode der **gewaltfreien Kommunikation** geht auf den Psychologen Marshall B. Rosenberg (1934–2015) zurück, der mit Carl Rogers zusammen studierte und arbeitete. Gewaltfreie Kommunikation ist somit auch sehr stark an den in der klientenzentrierten Gesprächsführung verwurzelten zentralen Variablen der Empathie, Kongruenz und der unbedingten Wertschätzung (s. Kapitel 6.6) orientiert:

„Ich nenne diese Methode Gewaltfreie Kommunikation und benutze den Begriff der *Gewaltfreiheit* im Sinne von Gandhi: Er meinte damit unser einfühlendes Wesen, das sich wieder entfaltet, wenn die Gewalt in unserem Herzen nachlässt. Wir betrachten unsere Art zu sprechen vielleicht nicht als ‚gewalttätig' dennoch führen unsere Worte oft zu Verletzung und Leid – bei uns selbst oder bei anderen" (Rosenberg 2013, 22).

Gewaltfreie Kommunikation setzt sich aus vier Komponenten zusammen:

Die **erste Komponente** meint eine von der Bewertung getrennte Beobachtung. Wie Watzlawick bezieht sich auch Rosenberg dabei auf den indischen Philosophen Krishnamurti, der die Vollbringung dieser Trennung als höchste Form der menschlichen Intelligenz bezeichnete.

Die **zweite Komponente** bezieht sich auf die Wahrnehmung und den Ausdruck eigener Gefühle. Dabei legt Rosenberg großen Wert darauf, sorgfältig zu differenzieren, ob es sich um ein Gefühl oder um eine kognitive Bewertung handelt. Rosenberg führt dazu mehrere Beispiele aus. „Ich bin traurig, dass Du gehst" wäre z.B. der Ausdruck eines Gefühls. Wenn jemand hingegen sagt, „wenn du mich nicht grüßt, fühle ich mich vernachlässigt", lässt Rosenberg das nicht als Gefühl gelten:

„Ich halte ‚vernachlässigt' für kein Gefühl. Meiner Meinung nach drückt es eher aus, was die Sprecherin darüber denkt, was die andere Person ihr möglicherweise antut. Das Ausdrücken eines Gefühls kann z. B. so klingen: ‚Wenn du mich nicht grüßt, bin ich enttäuscht'" (Rosenberg 2013, 66).

Die **dritte Komponente** besteht in der Verantwortungsübernahme für die eigenen Gefühle und für die Äußerung von Bedürfnissen. Dazu gehören ebenso die Bedürfnisse anderer in deren Äußerungen wahrzunehmen (Rosenberg 2012). Insbesondere für Menschen, die dahingehend sozialisiert wurden, eigene Bedürfnisse konsequent zu ignorieren, kann die direkte Äußerung von Bedürfnissen sehr schwierig und beängstigend sein.

Die **vierte Komponente** zielt auf die Fähigkeit ab, um etwas zu bitten, bzw. „Bitten in positiver Handlungssprache zu formulieren" (Rosenberg 2013, 89). Rosenberg macht eindrucksvoll deutlich, dass es einen bedeutsamen Unterschied macht, ob eine abgrenzende negative Aufforderung – „ich will, dass dieses und jenes nie wieder passiert" – vorgetragen wird oder eine spezifische Bitte vorgetragen wird – „ich möchte, dass Du dieses oder jenes für mich tust".

> „Echte Bitten vorzutragen erfordert Bewusstsein über unser Ziel. Wenn unser Ziel nur darin besteht, andere Leute und ihr Verhalten zu ändern oder unseren Willen durchzusetzen, dann ist die GFK nicht das geeignete Werkzeug [...] Wenn andere darauf vertrauen, dass unser vorrangiges Anliegen die Qualität der Beziehung ist und dass wir davon ausgehen, dass der Prozess dazu da ist, alle Bedürfnisse zu erfüllen, dann können sie auch darauf vertrauen, dass unsere Bitten keine getarnten Forderungen, sondern tatsächlich Bitten sind" (Rosenberg 2013, 102).

7.3 Beratung

Beratung ist kein genuin psychologisches Konzept. Allerdings liegen nicht wenige ihrer Wurzeln in der Psychologie. Beratung ist einerseits eine Methode der Sozialen Arbeit andererseits befindet sich Beratung in der Entwicklung zu einer eigenständigen Wissenschaft. In diesem Rahmen wird Beratung primär als Handlungsmethode der Sozialen Arbeit aus psychologischer Perspektive dargestellt.

Beratung kann generell als ein zielgerichtetes, zeitlich begrenztes und kontext-spezifisches Handeln in der sozialen, pädagogischen und psychologischen Arbeit mit Menschen verstanden werden, die Unterstützung bei der Lösung eines oder mehrerer Probleme suchen (Schäfter 2010).

Im psychosozialen Feld ist Beratung zudem als eine **hoch personalisierte Interventionsform** anzusehen: die Persönlichkeit des Beratenden und dessen eigene Identitätsvorstellungen spielen in Beratungsprozessen eine wesentliche Rolle (Krause et al. 2007).

Die Methoden der Beratung sind schier unerschöpflich – sie können letztlich alle Formen einer nicht verletzenden zwischenmenschlichen Kommunikation darstellen (Sickendiek et al. 2008). Zu den besonderen Beratungsformen zählt u.a. die **Online-Beratung** als eine im Kontext der Digitalisierung zunehmend wichtigere Form der Beratung (Eichenberg/Kühne 2014). Zu den besonderen Beratungskompetenzen zählen u.a. **interkulturelle**

Kompetenzen, die in der Sozialen Arbeit nicht nur im Umgang mit Menschen mit Migrations- oder Fluchthintergrund notwendig sind, sondern eine Querschnittskompetenz bilden(Thomas 2016). Kulturelle Befremdlichkeiten entstehen in fast jeder HelferIn-KlientIn-Beziehung, da beide in der Regel trotz derselben Nationalität **kulturell** unterschiedlich geprägt sind.

Insgesamt ist hervorzuheben, dass Beratung etwas anderes ist als die schlichte Umsetzung von bestimmten Methoden.

> „Mit einer naiven Auffassung von Beratung verbindet sich die Vorstellung, mit der Anwendung bestimmter kommunikativer Methoden und Techniken jeweils entsprechende Resultate und Effekte auf Seiten der KlientInnen hervorbringen zu können" (Sickendiek et al. 2008, 133).

Was Beratung so anspruchsvoll macht, ist nach Seel (2014) nicht die schlichte Weitergabe fachlichen Wissens, sondern die Einpassung dieses Wissens in die jeweilige Lebenswelt/Lebensrealität der Subjekte. Diese verändert sich sehr schnell und erfordert somit zum einen Flexibilität aber auch die Fähigkeit der Erfassung hochkomplexer Zusammenhänge. Darüber hinaus spielt insbesondere im Kontext der Sozialen Arbeit der **Machtaspekt** in Beratungsbeziehungen eine wichtige Rolle: Zu nennen sind hier primär die **Expertenmacht** (Wissensvorsprung der Berater) und die **Informationsmacht** (Zugang zu Informationen), die beim beraterischen Handeln eine Rolle spielen:

> „Als Institution einer reflexiven Gesellschaft verfügt Beratung über ein erhebliches Machtpotenzial, mit dem es verantwortungsbewusst umzugehen gilt. Es geht über die unmittelbare, interpersonelle Macht der Beratenden gegenüber den Beratenen weit hinaus […] Deshalb muss Sorge getragen werden, dass möglichst keine Interessen außer denen der Beratenen wirksam werden. Dies zu gewährleisten wird eine ganz zentrale Aufgabe bei der Professionalisierung von Beratung sein" (Seel 2014, 185).

7.3.1 Psychologische Beratung

Beratungskonzepte weisen im Allgemeinen, aber auch im psychosozialen Feld, eine enorme Spannweite auf. Zu ihnen zählen u.a. die lösungsorientierte Beratung, die lebensweltorientierte Beratung und die gemeindepsychologische Beratung (Hoff 2015).

Zu den explizit **beratungspsychologischen** Interventionsmöglichkeiten werden beispielsweise **Mediation**, **Coaching**, **Supervision** und **psychologische Trainings und Psychoedukation** (Klemenz 2014) gerechnet (s. Kapitel 8).

> „Wie sehr sich psychologische Beratung international von ihrem ursprünglich engen Selbstverständnis gelöst hat, zeigt die Beratungsdefinition der amerikanischen PsychologInnenvereinigung APA (*American Psychological Association*) noch klarer. Von der größten Teilgliederung, der Sektion *Counseling psychology* wird Beratung definiert als ‚Individuen helfen, Hindernisse ihres persönlichen Wachstums zu überwinden, wo immer sie erfahren werden, und zu einer optimalen Entwicklung persönlicher Ressourcen zu verhelfen" (Sickendiek et al. 2008, 16).

Beratungspsychologie im engeren Sinne beschreibt und erklärt die psychischen Vorgänge und Veränderungen, die im Zusammenhang mit Beratung stehen (Dietrich 1991). Schon seit längerem versucht sich aber die psychologische Beratung aus ihrem engen und tendenziell defizit- und diagnoseorientierten Verständnis zu lösen, auch um der Gefahr einer Stigmatisierung und stark einengenden Perspektive auf vorhandene Probleme zu entgehen.

> „So ist mit Blick auf die gegenwärtige Beratungspraxis [...] feststellbar, dass das technokratische Modell einer psychologischen Beratung nur noch wenig Anhänger auf sich vereint, während der weitaus größte Teil der psychologischen Berater und Beraterinnen einem in unterschiedlichste Richtungen zersplitterten und unübersichtlich werdenden Eklektizismus zuzurechnen ist" (Sickendiek et al. 2008, 49).

So ist bei aller Vielfalt oder Zersplitterung in der Beratungslandschaft festzustellen, dass psychologische Beratung inzwischen zumeist versucht, ihr Angebot „ressourcen- und grundbedürfnisorientiert" (Klemenz 2014, 18) zu gestalten. Sie ist daran interessiert, die beratungsbezogenen Erwartungen des Klienten, die Beratungsziele und die Indikation für eine Beratung feststellen. Neben einer Erfassung vorliegender Probleme geht es dabei eben auch um die Erfassung vorhandener **Ressourcen**:

> „Analog zur multimodalen Störungsdiagnostik hat sich im Bereich der Erziehungsberatung und in anderen Beratungsfeldern in den letzten 15 Jahren eine multimodale Ressourcendiagnostik entwickelt und etabliert […], die darauf abzielt, neben den Störungen auch die Person-Umwelt-Ressourcen des Klienten und seiner Familie durch unterschiedliche Methoden zu erfassen, um ein umfassenderes Bild des Klienten sowie von den verfügbaren, genutzten, nicht optimal genutzten oder ungenutzten Potenzialen seines personalen Umfeldes zu gewinnen" (Klemenz 2014, 188).

Ein hervorhebenswerter psychologischer Beratungsansatz für die Beratung bei krisenhaften und existenziell bedeutsamen Themen ist die insbesondere aus der Logotherapie erwachsene „existential Counselling and Therapy" (van Deurzen 1988, Noyon/Heidenreich 2012).

Viktor Frankl (1905–1997) begründete die **Logotherapie** auf dem biographischen Hintergrund des Überlebens mehrerer Konzentrationslager. Er prägte den Begriff des **tragischen Optimismus,** der die Bereitschaft und Haltung eines Menschen bezeichnete, auch sehr negativen Erlebnissen einen Sinn abzugewinnen. Von ihm stammt auch der Begriff der **tragischen Trias,** die aus Leiden, Schuld und Tod besteht. Diese Phänomene können laut Frankl im Leben nicht vermieden, sondern nur transformiert werden.

So kann Leiden in besondere Leistung, Schuld in persönliche Weiterentwicklung und die Konfrontation mit dem Tod naher Menschen oder mit dem drohenden eigenen Sterben einen Ansporn zur verantwortlichen Nutzung der begrenzten Lebenszeit darstellen(Frankl 1996, Noyon/Heidenreich 2012).

Existenzielle Beratungsansätze orientieren sich zwar an den aus den humanistischen Verfahren entwickelten Grundhaltungen, weisen aber dennoch ein paar Besonderheiten auf:

> „Darüber hinaus betonen jedoch existenzielle Ansätze in hohem Maße, dass Behandler und Klienten in Bezug auf existenzielle Themen ‚im selben Boot' sitzen: Im Umgang mit einer lebensbedrohlichen Diagnose zeigt sich etwa ein Schicksal, das jederzeit auch für Berater und Klienten in Bezug real werden kann – die diesbezügliche Haltung ist deshalb nicht die einer ‚Problemlösung' sondern eine menschlich soli-

darische Haltung, die auch die eigene Person des Therapeuten nicht ausschließt" (Noyon/Heidenreich 2012, 63)

Eine Klientin teilte mir per E-Mail mit, dass es noch eine Weile dauern würde, bis sie den nächsten Termin wahrnehmen würde, da ihre neun Monate alte Tochter „schwer krank sei". Einen Monat später erhielt ich eine weitere Mail, dass ihre Tochter vor wenigen Tagen gestorben sei, und ob sie demnächst wieder einen Termin haben könne. Meine Reaktion auf die sehr sachlich gehaltene Mail war ein spontaner großer Schreck verbunden mit heftiger Traurigkeit. Ich habe lange gebraucht, bis ich eine mir halbwegs angemessen erscheinende Antwortmail verfassen konnte, in der ich schrieb, dass es mir „unbeschreiblich leid" tue und dass ich ihr gern einen Termin anbiete und ob ich sonst etwas für sie tun könnte. Die Klientin bestätigte mir den genannten Termin, der binnen einer Woche erfolgen sollte. Im Vorfeld dieses Termins erlebte ich bei mir eine Mischung aus Angst und Respekt, da ich schwer einschätzen konnte, wie gut ich mit dem von mir vermuteten immensen Schmerz, Trauer und Verlustgefühlen der Klientin würde umgehen können. Dieses hing wesentlich damit zusammen, dass mir als Mutter der Verlust eines Kindes als eines der schlimmsten Erlebnisse überhaupt erschien.

7.3.2 Beratung und Psychotherapie – Übergänge und Abgrenzung

Während sich Psychotherapie ab dem 19. Jahrhundert vornehmlich im europäischen Raum aus der Gesundheitsversorgung entwickelte, erwuchs Beratung im nordamerikanischen Raum aus den pädagogischen und religiös geprägten Bereichen (McLeod 2004). Ein entscheidender Beitrag zu einem wissenschaftlich fundierten Verständnis von Beratung liegt z.B. in der Berufsberatung. Im deutschsprachigen Raum wurde bis in die 1970er Jahre Beratung maßgeblich durch psychologische und psychotherapeutische Konzepte geprägt (Sickendiek et al. 2008, Schubert 2015). Ende der 1970er Jahre zeichnete sich diesbezüglich eine konzeptionelle Wende ab:

„Zentrale Kritikpunkte im Rahmen dieser Diskurse haben auch heute noch ihre Gültigkeit: Das in der Psychotherapie vorherrschende psychogenetische Störungsverständnis führe zu einer Individualisierung gesellschaftlich-strukturell verursachter Problemlagen, die letztlich den Betroffenen als ‚eigenes' bzw. ‚persönliches' Problem zugeschrie-

> ben würden und wirke im Sinne einer Stabilisierung gesellschaftlicher Ungleichheiten. Auf der anderen Seite wurde dazu kritisch angeführt, dass unter der Dominanz der gesellschaftlich ausgerichteten Perspektive das subjektive Leiden der Betroffenen an diesen Verhältnissen in den Hintergrund gedrängt werde. Durch diesen ‚Paradigmenwechsel' wurde vor allem in der Sozialen Arbeit (inkl. Sozialpädagogik) und in der Psychiatrie das psychogenetische Modell durch ein gesellschaftskritisches soziogenetisches Modell ergänzt und zeitweise auch ‚ersetzt' (Schubert 2015, 38).

Mittlerweile ist zum einen die Orientierung an therapeutischen Konzepten geringer zum anderen aber auch die Abgrenzung zu ihnen weniger scharf. Es wird zunehmend auf die fließenden Übergänge zwischen Therapie und Beratung hingewiesen (Warschburger 2009, Schwing/Fryszer 2013). Auch in der englischsprachigen Literatur werden eher die Gemeinsamkeiten bzw. die ähnlichen Tätigkeiten von Beratern und Therapeuten (Feltham 1997, Nelson-Jones 2003) betont.

In Deutschland wird nach wie vor allerdings eine starke formale Trennung zwischen Psychotherapie und Beratung vorgenommen (s. Kapitel 8.2). Beratung ist eher **generalistisch** angelegt und findet in den unterschiedlichsten Kontexten statt. Neben Beziehungsfragen spielt auch die Frage nach den realen und konkreten Hilfen in Beratungssituationen eine wesentliche Rolle (Belardi 2011). **Psychotherapie** ist hingegen eine **Gesundheitsleistung,** auf diesen Kontext beschränkt und auf die Behandlung von Störungen bezogen, denen ein Krankheitswert beigemessen wird. Psychotherapie ist im Unterschied zu Beratung ein rechtlich geschützter Begriff, der eine bestimmte Ausbildung und staatliche Prüfung voraussetzt.

Formal fokussiert sich Psychotherapie zwar auf die Behandlung klinisch relevanter Störungen während Beratung eher mit Unterstützung von Menschen in schwierigen Lebenslagen und Krisen in Verbindung gebracht wird, aber:

> „Die Patienten tauchen häufig als Klienten in den Beratungsorganisationen auf, da die Niedrigschwelligkeit den Zugang erleichtert und die Patientenidentität häufig erst sekundär angenommen wird" (Degenhardt 2006, 179).

Zu den Qualitätskriterien sozialpädagogischer und psychosozialer Beratung zählen heute primär Interdisziplinarität, offene Settings und vielfältige Beratungskonstellationen. Es werden schulenübergreifende-integrative Vorgehensweisen und die Verknüpfung von professionellen und alltäglichen Elementen in der Beratung bevorzugt. Als vorrangige Ziele von Beratung sind **Prävention** und **Empowerment** zu betrachten(Sickendiek et al. 2008).

Zur Wirksamkeit von Beratung besteht noch keine ausreichende empirische Überprüfung hinsichtlich der Übertragbarkeit der allgemeinen Wirkfaktoren aus der **Psychotherapieforschung** (s. Kapitel 6.3) auf Beratungskontexte. Es ist aber durchaus vernünftig davon auszugehen, dass es auch hierbei Ähnlichkeiten zu den bereits bekannten Wirkfaktoren aus der Psychotherapieforschung gibt:

> „Möchte man sich im Sinne erfolgreicher Beratung schulenübergreifend auf bestimmte Wirkmechanismen einigen oder zumindest einen Grundkonsens herstellen, macht die Orientierung und Anwendung dieser psychotherapeutischen Wirkfaktoren in Beratung im hohen Maße Sinn" (Hoff 2015, 152 f.).

Klemenz, B. (2014): Beratungspsychologie. Konzepte, Methoden, Perspektiven. dgvt-Verlag, Tübingen Sickendiek, U., Nestmann, F., Engel, F. (2004-2013): Das Handbuch der Beratung. Bd. 1–3. dgvt-Verlag, Tübingen

Weinberger, S. (2011): Klientenzentrierte Gesprächsführung. Lern- und Praxisanleitung für psychosoziale Berufe. 13. Aufl. Juventa-Verl., Weinheim [u.a.]

Diskutieren Sie den Nutzen von Selbstreflexion für das professionelle Handeln in der Sozialen Arbeit.

Benennen Sie einige Verhaltensweisen, die im Rahmen professioneller Gesprächsführung vermieden werden sollten.

Was ist unter dem Missbrauch des Selbstoffenbarungsohres zu verstehen?

Erläutern Sie Watzlawicks 5 pragmatische Axiome der menschlichen Kommunikation, und finden Sie jeweils Beispiele aus dem Kontext der Sozialen Arbeit.

Welche Machtaspekte spielen im Kontext von Beratung eine wesentliche Rolle?

Was zeichnet existenzielle Beratungsansätze aus?

Diskutieren Sie die These, dass Soziale Arbeit heute interkulturell verstanden werden muss.

8 Schulpsychologie, Psychotherapie, Sozialpädagogische Familienhilfe – Hilfebedarf in verschiedenen Lebenslagen

Im abschließenden achten Kapitel geht es vornehmlich um die Schnittmengen und abgrenzbaren Aufgabenbereiche von unterschiedlichen Professionen in psychosozialen Kontexten. Ausgehend von der Perspektive der NutzerInnen und AdressatInnen der Sozialen Arbeit wird differenziert, welche Angebote in den Kontexten Bildung, Gesundheit und Hilfe zu welchem Zeitpunkt für wen indiziert und angebracht sein können. Weiterhin wird beschrieben, in welchen Handlungsfeldern sich VertreterInnen der Psychologie und der Sozialen Arbeit häufig wie begegnen. Im Kontext Bildung wird das Arbeitsfeld der Familienbildung sowie der Schulpsychologie bzw. Schulsozialarbeit skizziert. Im Kontext Gesundheit werden unterschiedliche Praxis- und Handlungsfelder im klinischen Bereich dargestellt. Im Hilfekontext können insbesondere die Frühen Hilfen als ein gutes Beispiel systemübergreifender Hilfen angesehen werden, da diese sich aus der Kinder- und Jugendhilfe, den allgemeinen sozialen Diensten und dem Gesundheitswesen speisen. Anhand dieses Beispiels wird die Notwendigkeit transdisziplinären Denkens und Handelns in psychosozialen Arbeitsfeldern und Praxiskontexten besonders deutlich.

In sozialarbeiterischen Praxiskontexten ist oftmals die Formulierung zu hören: „Dies und das konnte ich dann nicht mehr bearbeiten, die oder den hab ich dann zum Psychologen geschickt“. Dieser Verweisungsgedanke bezieht sich dann in der Regel auf die Konstruktion, dass der oder die KlientIn psychische und meistens auch tiefer in der Kindheit verwurzelte Probleme habe, die nicht im Rahmen von Hilfe- oder Beratungsgesprächen zu lösen oder klären seien. Weiterhin liegt diesem Verweisungsgedanken die Gleichsetzung von Psychologie, Psychotherapie und manchmal auch Psychiatrie zu Grunde. Dieses ist nur ein Beispiel dafür, dass z.T. auch Fachkräften die Aufgaben und Kernkompetenzen benachbarter Professionen – in diesem Fall der Psychologie – nicht klar bzw. ausreichend unterscheidbar sind. Dieses ist auch dem Umstand zuzuschreiben, dass PsychologInnen ebenso wie SozialarbeiterInnen in psychosozialen Handlungsfeldern keine klar umrissenen Aufgabengebiete haben wie z.B. ÄrztInnen oder JuristInnen, sondern eher über bestimmte Kernkompetenzen verfügen, die in der Praxis mal mehr und mal weniger zum Tragen kommen.

In diesem abschließenden Kapitel 8 sollen ausgehend von der Perspektive der NutzerInnen und AdressatInnen der Sozialen Arbeit zwei Fragen bearbeitet werden:

1. Welche Angebote in den **Kontexten Bildung, Gesundheit** und **Hilfe** sind zu welchem Zeitpunkt für wen indiziert und angebracht?
2. In welchen Handlungsfeldern weisen Psychologie und Soziale Arbeit wesentliche Schnittmengen auf?

Dabei geht es hier nicht darum, die Handlungsfelder der Sozialen Arbeit in ihrer ganzen Breite zu skizzieren, sondern lediglich exemplarisch Arbeitsfelder in den Blick zu nehmen, bei denen beide Professionen aufeinandertreffen.

1. Kontext Bildung: Familienbildung und Schule
2. Kontext Gesundheit: Frühförderung, Ambulante psychiatrische Betreuung und Psychotherapie, Erwachsenen – und Kinder- und Jugendpsychiatrie
3. Kontext Hilfe: Frühe Hilfen, ambulante, teilstationäre und vollstationäre Hilfen

Dass diese Kontexte oftmals nicht klar zu trennen sind, sondern sich überlappen und ineinandergreifen, soll folgendes Beispiel verdeutlichen:

Das Jugendamt wird durch die Leiterin eines Kindergartens informiert, dass der vierjährige Lucas nach wie vor nur in Ein- bis Zwei-Wort-Sätzen spreche, schnell in aggressive Auseinandersetzungen mit anderen Kindern verwickelt sei und oft nicht wetterfest gekleidet sei. Bislang sei es nicht möglich gewesen, mit dem Vater ein Elterngespräch zu führen. Man wisse nur, dass er alleinerziehend sei – die Mutter habe die Familie vor zwei Jahren verlassen – und er mit Lucas in der Wohnung seiner Eltern lebe. Man mache sich Sorgen, weil Lucas auch oft blaue Flecken am ganzen Körper habe. Beim darauffolgenden Hausbesuch durch zwei Jugendamtsmitarbeiterinnen wird deutlich, dass der Umgangston zwischen dem Vater, den Großeltern und Lucas sehr rau ist, generell wenig kommuniziert wird, Lucas viel allein draußen auf der Straße spielt und sich dabei wohl auch die blauen Flecke zuzieht. Es lassen sich zunächst keine klaren Anzeichen für eine körperliche Misshandlung finden. Es fällt aber auf, dass Lucas in seiner sprachlichen und sozioemotionalen Entwicklung erhebliche Defizite aufweist und von seinem familiären Umfeld nicht adäquat gefördert wird. Das Jugendamt entscheidet, Kontakt mit dem Gesundheitsamt aufzunehmen, um eine mobile Frühförderung für Lucas zu initiieren, die darauf abzielt, die sprachlichen und sozioemotionalen Kompetenzen des Jungen zu fördern. Dem Vater stellt das Jugendamt für 8 Stunden in der Woche eine sozialpädagogische Familienhilfe an die Seite, um diesen in seinen Erziehungskompetenzen zu stärken und ihn dabei zu unterstützen, mit Lucas deutlich mehr zu kommunizieren. Zudem soll der Vater ermutigt werden, gemeinsam mit Lucas, Familienbildungsangebote in der seiner näheren Umgebung wie z. B. eine Vater-Kind-Gruppe zu besuchen.

Bei diesem zwar in manchen Facetten idealtypisch konstruierten, aber von der Realität nicht allzu weit entfernten Fall wird deutlich, dass hier alle drei Kontexte beteiligt sind bzw. aus ihnen allen Hilfe- oder Unterstützungsangebote indiziert sind.

Die erheblichen Entwicklungsdefizite von Lucas sollen im **Gesundheitskontext** – Frühförderung – behandelt werden. Der Vater soll eine **individuelle ambulante Hilfe** bekommen – SPFH –, um seinem Erziehungsauftrag besser nachzukommen und dadurch soll der Zugang zu **Bildungsangeboten** – Freizeitangebote im Rahmen der Familienbildung – erleichtert und gestärkt werden. Idealerweise greifen diese Angebote reibungslos ineinander, vermeiden Doppelungen und kommunizieren und respektieren untereinander ihre unterschiedlichen Ziele und Arbeitsweisen. Dass dieses in der Praxis nicht unbedingt die Regel ist, versteht sich leider von selbst.

8.1 Kontext Bildung

Die biographisch früheste Begegnung mit Bildung entsteht meistens im Rahmen der **Familienbildung**. Unter dem Begriff der Familienbildung wird im Allgemeinen ein eigenständiger, heterogener und mit anderen Arbeitsfeldern der Kinder- und Jugendhilfe verbundener Bereich verstanden. Den Familien werden unter Berücksichtigung ihrer Bedürfnisse, Interessen und Erfahrungen in ihren jeweiligen Lebenslagen Hilfen angeboten, um die jeweiligen Lernprozesse und Entspannungsbedürfnisse zu unterstützen und zu begleiten (Rupp et al. 2011).

Einen gesetzlichen Rahmen erfährt Familienbildung jedoch in §16 SGB VIII als ein fester Bestandteil und Pflichtaufgabe der Kinder- und Jugendhilfe. Dadurch untermauert der Gesetzgeber die Wichtigkeit von Familien und zielt auf präventive Angebote ab, die zur Wahrnehmung der Erziehungsverantwortung und zur gewaltfreien Konfliktlösung beitragen sollen. So sollen erzieherische Kompetenzen sowie Selbsthilfepotenziale durch Bildung, Beratung und Erholung gestärkt werden.

Damit der Frage nach den Adressaten von Familienbildung nachgegangen werden kann, muss nach Correll und Lepperhoff (2013) verdeutlicht werden, dass Familien sich in pluralistischen Lebenslagen und Lebenskontexten befinden, die von gesellschaftlichen Einflüssen und Veränderungen geprägt sind (s. Kapitel 5.1). Es gibt in diesem Bereich keine klar unterschiedlichen Professionen zugeordneten Tätigkeiten; oftmals sind PsychologInnen eher in die Entwicklung bestimmter Präventionsprogramme eingebunden und SozialarbeiterInnen in der familienbildnerischen Praxis.

Im Bildungskontext **Schule** existieren hingegen vermeintlich klare Abgrenzungen, was die Aufgabenschwerpunkte von SchulsozialarbeiterInnen und SchulpsychologInnen anbelangt. Laut Drilling (2009) handelt es sich bei **Schulsozialarbeit** um ein niedrigschwelliges Angebot, dass Schule und Jugendhilfe miteinander verbindet und fachliche Qualifikation der Sozialen Arbeit der Institution Schule zur Verfügung stellt. Dennoch kann Soziale Arbeit, die sich weiter gefasst an alle Schüler und Lehrkräfte und enger gefasst nur an diejenigen mit einem besonderen Hilfebedarf wendet, nicht als einheitliches Arbeitsfeld gesehen werden (Speck 2014).

Schulpsychologie ist in Deutschland überwiegend eine Aufgabe öffentlicher Trägerschaft, aber nicht überall gesetzlich geregelt; auch hier finden sich unterschiedliche Aufgabenbeschreibungen und Schwerpunkte. Allgemein kann man sagen, dass die Schulpsychologie der psychologische Fachdienst der Schule ist und primär individuelle und schulbezogene Diagnostik und Beratung durchführt sowie darüber hinaus an diesbezüglichen Forschungs- und Evaluationsaufgaben beteiligt ist (Drewes 2015). Konkret bedeutet dies, dass SchulpsychologInnen in eine individuelle **Förder- und Inklusionsberatung** miteinbezogen werden sollen, Schulleistungsdiagnostik durchführen, Schulhilfekonferenzen einberufen und moderieren sollen und nicht nur SchülerInnen, sondern auch Eltern, LehrerInnen und ggf. die Institution beraten sollen (Seifried 2015).

Man könnte also die theoretisch begründete Differenzierung aufstellen, dass SchulpsychologInnen vornehmlich in der **einzelfallbezogenen Beratung, Diagnostik** und **Begutachtung** und Schulsozialarbeiter in der Bereithaltung präventiv orientierter Angebote für breiter angelegte Zielgruppen tätig sind. In der Praxis hängen aber die Aufgabenbereiche vielmehr davon ab, ob eine Schule auf beide Professionen oder – was öfter der Fall ist – nur auf die eine oder die andere Profession zurückgreifen kann.

8.2 Kontext Gesundheit

In diesem Kontext ist die Notwendigkeit für ein interdisziplinäres Arbeiten von Sozialer Arbeit, Medizin und Psychologie gut zu erklären, da sie sich theoretisch auf das seit mittlerweile 50 Jahren bestehende **biopsychosoziale Modell** (Engel 1977) stützt.

> „Die Entstehung einer Erkrankung resultiert aus der Interaktion diverser verursachender Faktoren auf der biochemischen, individuellen und sozialen Ebene […] Auch Behandlungserfolge sind stark von psychosozialen und subjektiven Faktoren sowie vom Beziehungsgeschehen in der Behandlung beeinflusst" (Gahleitner 2017, 26).

Die Gesundheitsfürsorge obliegt in erster Linie dem medizinisch-pflegerischen Bereich. Sie beginnt bei der Geburt in der Begegnung mit Hebammen und Geburtshelfern und setzt sich dann in der Regel mit den U-Untersuchungen beim Kinderarzt fort. Wenn bei einem Kind in dem einen oder anderen Bereich Entwicklungsrückstände zu verzeichnen sind, ist wie in dem oben beschriebenen

Beispiel das Gesundheitsamt dafür zuständig, eine Indikation für physiotherapeutische, ergotherapeutische, logopädische oder heilpädagogische **Frühförderung** auszusprechen. Wenn tiefergreifende Defizite im kognitiven oder emotionalen Bereich vermutet werden, ist es möglich Kinder z.B. in einem **Sozialpädiatrischen Zentrum (SPZ)** psychologisch untersuchen und diagnostizieren zu lassen. Eine Kindertherapie kann nicht von einem PsychologInnen, sondern muss von einem approbierten Kinder- und JugendlichenpsychotherapeutInnen durchgeführt werden.

1999 trat das erste **Psychotherapeutengesetz** in Kraft, das die Berufsgruppe der psychologischen PsychotherapeutInnen schuf. Bis dahin war „Psychotherapie" kein geschützter Begriff, d.h., im Grunde konnte sich jede/jeder so nennen. Im Rahmen der gesetzlichen Krankenkassen durften allerdings bis zu diesem Zeitpunkt nur ÄrztInnen Psychotherapie ausüben. PsychologInnen konnten nur im Rahmen eines sogenannten Delegationsverfahrens von ÄrztInnen beauftragt werden, Psychotherapien durchzuführen.

1998 wurde dann das Psychotherapeutengesetz verabschiedet und die Bezeichnungen „ärztliche/r PsychotherapeutIn", „psychologische/r PsychotherapeutIn" und „Kinder- und JugendlichenpsychotherapeutIn" eingeführt. Für Fachkräfte der Sozialen Arbeit besteht der Zugang zu einer psychotherapeutischen Tätigkeit im Rahmen einer Ausbildung als Kinder- und JugendlichenpsychotherapeutIn, die in einem der beiden Richtlinienverfahren (Tiefenpsychologische Psychotherapie und Verhaltenstherapie) zu absolvieren ist. Diese Ausbildung dauert im Durchschnitt drei bis fünf Jahre, schließt mit einer umfangreichen Approbationsprüfung ab und ermöglicht je nach Lage der zur Verfügung stehenden Sitze eine Niederlassung als Kinder- und JugendlichenpsychotherapeutIn. Zurzeit kommen etwa 80 % aller Kinder- und JugendlichenpsychotherapeutInnen aus dem Feld der Sozialen Arbeit/Pädagogik.

Kinder- und Jugendlichenpsychotherapie kann als **entwicklungsorientierte Psychotherapie** verstanden werden, die sich von einem strikt symptomorientierten Ansatz abgrenzt. Sie versteht Psychotherapie eben nicht nur als Heilbehandlung, sondern richtet sich auch auf die Entwicklung nicht vorhandener bzw. die Förderung unzureichend ausgeprägter Fähigkeiten (Mattejat 2004). Insofern bemüht sich Kinder- und Jugendlichenpsychotherapie mit therapeutischen und auch pädagogischen Elementen, psychisch belastete und beeinträchtigte Kinder und Jugendliche individuell bei der Bewältigung und Lösung anstehender Entwicklungsaufgaben zu unterstützen.

In den 2010er Jahren wird erneut über eine Reform des Psychotherapeutengesetzes debattiert. Dabei geht es hauptsächlich, darum, dass zukünftige Psychotherapiestudiengänge an Universitäten und ihnen gleichgestellten Hochschulen angeboten werden sollen und die Approbation – so wie im Studium der Medizin – im Rahmen eines Studiums und nicht einer Ausbildung erworben werden sollte. Das würde allerdings AbsolventInnen eines Studiums der Sozialen Arbeit an Fachhochschulen komplett den Zugang zu einer psychotherapeutischen Ausbildung versperren, weswegen u.a. die angewandten Hochschulen dagegen auch massiv protestieren.

Eine weitere wichtige Differenzierung besteht in den Aufgabengebieten von PsychiaterInnen und PsychotherapeutInnen. Die Psychiatrie und die Kinder- und Jugendpsychiatrie werden von FachärztInnen der Psychiatrie bzw. der Kinder- und Jugendpsychiatrie geleitet; Psychologie und Soziale Arbeit gelten neben der Medizin in diesen Arbeitsfeldern als zentrale Fachdisziplinen.

Im Bereich der **Kinder- und Jugendpsychiatrie** entstand bereits Ende des 19. Jahrhunderts eine sich wechselseitig befruchtende Beziehung zwischen der Psychiatrie des Kindes- und Jugendalters und heilpädagogischen Ansätzen wie z.B. die kombinierte Behandlungsmethode der Psychagogik nach Karl Ludwig Kahlbaum (Nissen 2005). Auch bei der Entwicklung der Kinderpsychotherapie und der klientenzentrierten Spieltherapie standen PädagogInnen, LehrerInnen und ErzieherInnen Pate (Mrochen 1998).

Im Konzept der **Sozialpsychiatrie** verknüpfen sich die Beachtung der soziokulturellen Einflüsse auf Entstehung, Auswirkungen und auch Behandlungsmöglichkeiten psychiatrischer Erkrankungen (Krumm/Becker 2012).

PsychologInnen, die in der stationären Psychiatrie bzw. Kinder- und Jugendpsychiatrie arbeiten, übernehmen meistens Aufgaben im Bereich der **Diagnostik** und **Therapie** mit den PatientInnen, während SozialarbeiterInnen neben oftmals **sozialrechtlichen Tätigkeiten** vor allem eine **vernetzende** und **kooperativ angelegte Funktion** ausfüllen:

„Das Studium der Sozialpädagogik vermittelt ein breites Wissen über

> Methoden, die dazu befähigen, zu vernetzen, zu moderieren und Prozesse zu gestalten. Diese Eigenschaften sind gerade in psychiatrischen Einrichtungen von hoher Bedeutung, da sie auf eine effektive und effiziente interdisziplinäre Zusammenarbeit angewiesen sind. (Heimann/Schmeck 2012, 220).

Bei der ambulanten Betreuung chronisch psychiatrisch erkrankter Menschen arbeiten PsychologInnen und SozialpädagogInnen in enger Abstimmung mit dem **Sozialpsychiatrischen Dienst (SPD)** – bei den Kindern und Jugendlichen stellt das Pendant dazu der **Kinder- und Jugendpsychiatrische Dienst (KJPD)** dar, der seinerseits wiederum auf eine enge Zusammenarbeit mit dem **Allgemeinen Sozialen Dienst (ASD)** angewiesen ist. Auch hier sind die Arbeitsfelder und Aufgabenschwerpunkte in der Praxis nicht klar getrennt, sondern überlappen sich sehr oft, auch wenn PsychologInnen überproportional häufig mit Leitungsaufgaben betraut werden.

Zu chronisch psychiatrisch erkrankten Menschen zählen oftmals auch ältere Menschen, die unter sozialer Isolation und Vereinsamung leiden, und bei denen der Einsatz von sozialpädagogischen Konzepten, wie z.B. **Lebensweltorientierung** (Grunwald/Thiersch 2004) oder auch Empowerment (Lenz/Stark 2002, Herriger 2014) ebenso wie in der Jugendhilfe sehr nützlich ist. Dennoch kann auch in solchen Fällen die Berücksichtigung psychodynamischer Prozesse für die Realisierung dieser Konzepte mitunter recht hilfreich sein.

Herr H. ist 72 Jahre alt und leidet unter einer rezidivierenden – also immer wiederkehrenden – depressiven Störung. Er fühlt sich oft antriebslos, müde und traurig gestimmt und verlässt die Wohnung nur noch zum Einkaufen. Seine Frau ist vor mehreren Jahren gestorben, zum einzigen Sohn hat er den Kontakt abgebrochen. Er verweigert zunächst jedes Gespräch mit dem ihn betreuenden Sozialarbeiter, der ihn zunächst vor allem dazu motivieren möchte, seinen Alltag aktiver zu gestalten. Erst als sich der Sozialarbeiter darauf einlässt, mit Herrn H. Fotos anzuschauen, behutsam über seine Vergangenheit spricht und es auf diese Weise gelingt, einen Trauerprozess bei Herrn H. zu initiieren, wird es möglich, Herrn H. auch davon zu überzeugen, sich seiner gegenwärtigen Lebensrealität aktiver zu stellen.

8.3 Kontext Hilfen

Der Kontext Hilfe ist eindeutig der fachlichen Domäne der Sozialen Arbeit zuzuordnen – sie ist die federführende Disziplin in diesem Bereich (Müller 2008). Der Begriff **„Hilfe"** ist zum einen als Form der Unterstützung hinsichtlich einer **gesellschaftlichen Teilhabe** und zum anderen als Bewältigung von jeweils **lebensweltbezogenen Anforderungen** (Grunwald/Thiersch 2004) zu verstehen.

Die nachhaltige Verankerung der **Frühen Hilfen** ist eine der zahlreichen Eckpunkte des **Bundeskinderschutzgesetzes**, das 2012 in Kraft trat. Frühe Hilfen stellen ein lokales und regional bezogenes Unterstützungssystem dar, das Angebote für werdende Eltern sowie für Kinder in den ersten drei Lebensjahren und deren Eltern bereithält (Renner/Heimeshoff 2010). Sie sind eine Reaktion auf das Ausmaß von **Kindeswohlgefährdungen**; die Prävalenz körperlicher **Misshandlungen** liegt beispielsweise in Deutschland bei 9 % und erreicht somit im Vergleich zu anderen europäischen Ländern einen relativ hohen Wert (Egle et al. 2012, Hantel-Quitmann 2015).

Frühe Hilfen sind **systemübergreifende Hilfen**, d.h., sie speisen sich aus der Kinder- und Jugendhilfe, allgemeiner sozialer Dienste und dem Gesundheitswesen (Paul 2012). Die Angebote Früher Hilfen sind pädagogisch, psychologisch, medizinisch oder sozial ausgerichtet. Eine strenge Abgrenzung ist laut der Gesellschaft für seelische Gesundheit (GAIMH) in der frühen Kindheit weder notwendig noch möglich. Das von der GAIMH entwickelte dreiteilige Versorgungskonzept von **Begleitung, Beratung** und **Therapie** beinhaltet z.B. eine Vielzahl von noch niedrigschwelligen und auf die Alltagsbewältigung ausgerichteten Angeboten (Begleitung) über zeitlich begrenzte problembezogene Beratungen bis zu einer auf Heilung ausgerichteten psychotherapeutischen Behandlung, die im Falle von Eltern-Säuglings/Kleinkindpsychotherapie in einer Vielzahl von Fällen nur wenige Sitzungen benötigen (Cierpka 2012).
Zu den am häufigsten eingesetzten ambulanten **niedrigschwelligen Hilfen** zählt die **Sozialpädagogische Familienhilfe** (Gerull 2014). Zu den Hilfeanlässen zählen neben Erziehungsschwierigkeiten und Beziehungsproblemen auch Entwicklungsauffälligkeiten und -störungen von Kindern und Jugendlichen (Pothmann 2009; Fröhlich-Gildhoff et al. 2006). Um in diesem anspruchsvollen und komplexen Feld angemessen professionell agieren zu können ist u.a.

auch klinisch-psychologisches Wissen notwendig (Köckeritz 2006, Bräutigam/Müller 2014).

> „Die SPFH wird als niedrigschwellige Eingangshilfe gesehen und hat zugleich den Status einer generalistischen Universalhilfe, mit der nahezu jede Problemlage bearbeitet werden kann. Unter Berücksichtigung der Situation, dass im Laufe der Zeit die Fachleistungsstunden erheblich reduziert wurden, ist in der Praxis daher eine beträchtliche Verschärfung der Bewältigungserfordernisse an die HelferInnen zu sehen, die zugleich deutliche höhere Anforderung an die Fachlichkeit der Fachkräfte stellt" (Müller 2017).

Bei der **aufsuchenden Familientherapie**, die allerdings zunehmend weniger von den Jugendämtern finanziert wird, arbeiten oftmals Sozialarbeiter und Psychologen mit einer hochbelasteten Familien im häuslichen Setting (Engelmann 2011). Bei dem finnischen Modell der bedürfnisangepassten Behandlung **(need-adapted treatment)** werden Menschen, die erstmalig eine Psychose entwickeln unter der Einbeziehung ihrer Familienangehörigen und ihrer weiteren sozialen Netzwerke im Rahmen von Therapieversammlungen im häuslichen Umfeld behandelt (Aderhold/Greve 2011). Dies sind nur zwei Beispiele, bei denen Wissensbestände der Sozialen Arbeit und Psychologie ineinandergreifen und sich gegenseitig befruchten.

Zu den stationären Hilfen zählt die **Heimerziehung** oder auch im Rahmen des Zwangskontextes der **Strafvollzug**. In beiden Feldern sind SozialarbeiterInnen und PädagogInnen wiederum mit nicht klar getrennten Aufgabenschwerpunkten tätig. Oftmals arbeiten PsychologInnen deutlich stärker im **Einzelsetting** mit den KlientInnen oder gehen im Strafvollzug beispielsweise **gutachterlichen Tätigkeiten** nach. Die Heimerziehung zielt auf die Förderung der individuellen Entwicklung durch die Verbindung von umfassender Unterstützung im Alltag und pädagogischen und therapeutischen Angeboten (Freigang 2003). Der Ulmer Heimkinderstudie zufolge leiden bis zu 60 % aller stationär untergebrachten Kinder und Jugendlichen an einer psychischen Störung, dazu zählen nicht selten komplexe Traumatisierungen und tiefgreifende Bindungsstörungen (Schmid et al. 2008, Ziegenhain 2004). Insofern wird auch in diesem Bereich deutlich, dass soziales und psychisches Leid stark miteinander verknüpft sind.

Bräutigam, B., Müller, M. (Hrsg.) (2011): Hilfe, sie kommen! Systemische Arbeitsweisen im aufsuchenden Kontext. Carl Auer, Heidelberg

Hasselhorn, M. (Hrsg.): Handbuch Schulpsychologie. Psychologie für die Schule. Verlag W. Kohlhammer, Stuttgart, 95–108

Seifried, K. (2015): Aufgaben der Schulpsychologie in der inklusiven Schule. In: Drewes, S., Seifried, K.,

Schmid, M., Tetzer, M., Rensch, K., Schlüter-Müller, S. (2012): Handbuch Psychiatriebezogene Sozialpädagogik. Vandenhoeck & Ruprecht, Göttingen

Worin unterscheiden sich PsychologInnen, PsychiaterInnen und PsychotherapeutInnen?

Beschreiben Sie die unterschiedlichen Aufgaben und Schnittmengen von SchulsozialarbeiterInnen und SchulpsychologInnen.

Was ist unter entwicklungsorientierter Psychotherapie zu verstehen?

Welche besonderen professionsbezogenen Kompetenzen bringen Fachkräfte der Sozialen Arbeit für die klinische Arbeit mit?

Was ist unter dem Ansatz des „need adapted treatment" zu verstehen?

Literatur

Adams, D., Hamm, M. (1996): Cooperative Learning. Critical Thinking and Collaboration Across the Curriculum. Thomas Books, Springfield

Aderhold, V., Greve, N. (2011): Bedürfnisangepasste Behandlung und offene Dialoge. In: Bräutigam B., Müller M. (Hrsg.): Hilfe, sie kommen! Systemische Arbeitsweisen im aufsuchenden Kontext. Carl Auer, Heidelberg, 313–323

Ainsworth, M.D. S., Bell, S.M., Stayton, D.J. (1974/2011): Bindung zwischen Mutter und Kind und soziale Entwicklung. „Sozialisation" als Ergebnis gegenseitigen Beantwortens von Signalen (1974). In: Grossmann, K.E., Grossmann, K. (Hrsg.): Bindung und menschliche Entwicklung. John Bowlby, Mary Ainsworth und die Grundlagen der Bindungstheorie. 3. Aufl. Klett-Cotta, Stuttgart, 242–279

Ajzen, I., Fishbein, M. (1980): Understanding Attitudes and Predicting Social Behavior. Prentice-Hall, Michigan

Albert, M., Hurrelmann, K., Stenzel, G. (2010): Jugend 2010. Selbstbehauptung trotz Verunsicherung. In: Albert, M., Hurrelmann, K., Stenzel, G. (Hrsg.): 16. Shell Jugendstudie. Jugend 2011. Fischer, Frankfurt/M., 37–52

Allen, J. G., Fonagy, P., Bateman, A.W. (2008): Mentalisieren in der psychotherapeutischen Praxis. Klett-Cotta, Stuttgart

Allport, G.W. (1971): Die Natur des Vorurteils. Kiepenheuer & Witsch, Köln

Archer, D., Gartner, R. (1984): Violence and Crime in Cross-National Perspective. Yale University Press, New Haven

Argelander, H. (1970): Das Erstinterview in der Psychotherapie.10. Aufl. WBG, Darmstadt

Ariès, P. (1975): Geschichte der Kindheit. Deutscher Taschenbuch-Verlag, München

Arnold, R. (2007): Ich lerne, also bin ich. Eine systemisch-konstruktivistische Didaktik. 1. Aufl. Carl-Auer-Systeme Verlag, Heidelberg

Aronson, E., Wilson, T., Akert, R. (2014): Sozialpsychologie. 6. aktualisierte Aufl. Pearson Studium, München [u. a.]

Asch, S. (1951/1956): Studies of Independence and Conformity. I. A Minority of One against a Unanimous Majority. Psychological Monographs. General and Applied 70 (9), 1-70

Asen, E., Scholz, M. (2012): Praxis der Multifamilientherapie. 2. vollständ. überarb. und erw. Aufl. Carl-Auer-Verlag, Heidelberg

Atabavikpo Lochmann, L. (2015): Migration – ein krisenhafter Prozess. Das Mutter-Kind-Paar, das sich nicht trennen kann. In: Burkhardt-Mußmann, C. (Hrsg.): Räume, die Halt geben. Psychoanalytische Frühprävention mit

Migrantinnen und ihren Kleinkindern. 1. Aufl. Brandes und Apsel, Frankfurt/M., 117–135

Atkinson, R.C., Shiffrin, R.M. (1968): Human Memory: A Control System and Its Control Processes. In: Spence, K. (Ed.): The Psychology of Learning and Motivation. Vol. 2. Academic Press, New York, 98–195

Auckenthaler, A. (2012): Kurzlehrbuch Klinische Psychologie und Psychotherapie. Georg Thieme Verlag, Stuttgart/New York

Ayllon, T., Cole, A. (2015): Münzenverstärkung (Token Economy) In: Linden, M., Hautzinger, M. (Hrsg.): Verhaltenstherapiemanual. Springer-Verlag, Berlin/Heidelberg, 199–201

Bachmann, I. (2017): Male Oscuro. Aufzeichnungen aus der Zeit der Krankheit. Traumnotate, Brief- und Redeentwürfe. Herausgegeben von Isolde Schiffermüller und Gabriella Pelloni. Suhrkamp, Berlin

Baecker, D. (2012): Die Texte der Systemtheorie. In: Ochs, M., Schweitzer, J. (Hrsg.): Handbuch. Forschung für Systemiker. Vandenhoeck & Ruprecht, Göttingen, 153–186

Baker, L. (2012): Experiential Person-Centred Therapy. In: Sanders, P. (Hrsg.): The Tribes of the Person-Centred Nation. An Introduction to the Schools of Therapy Related to the Person-Centred Approach. 2. Aufl. PCCS Books, Ross-on-Wye, 77–103

Baltes, P.B. (2011): Entwicklungspsychologie der Lebensspanne. Klett-Cotta, Stuttgart

Baltes, P.B., Staudinger, U.M., Lindenberger, U. (1999): Lifespan Psychology. Theory and Application to Intellectual Functioning. Annual Review of Psychology 50, 471–507

Bandura, A. (1976): Lernen am Modell. Ansätze zu einer sozial-kognitiven Lerntheorie. 1. Aufl. Klett-Cotta, Stuttgart

Barnow, S. (2015): Gefühle im Griff! Wozu man Emotionen braucht und wie man sie reguliert. 2. korr. Aufl. Springer, Berlin/Heidelberg

Bastine, R. (1998): Grundlegung der allgemeinen klinischen Psychologie. 3. vollst. überarb. und erw. Aufl. Kohlhammer, Stuttgart [u.a.]

Beck, A.T. (1999): Kognitive Therapie der Persönlichkeitsstörungen. 4. Aufl. Beltz, Weinheim

Beck, U., Giddens, A., Lash, S. (1996): Reflexive Modernisierung. Eine Kontroverse. Suhrkamp, Frankfurt/M.

Becker-Carus, C., Wendt, M. (2017): Allgemeine Psychologie. Eine Einführung. 2. vollst. überarb. u. erw. Aufl. Springer, Berlin

Belardi, N. (2011): Beratung. Eine sozialpädagogische Einführung. 6. Aufl. Juventa-Verl., Weinheim [u.a.]

Bem, D.J. (1972): Self-Perception Theory. In: Berkowitz, L. (Hrsg.): Advances in Experimental Social Psychology. Academic Press, New York, 1–62

Benecke, C. (2016):Psychodynamische Therapien und Verhaltenstherapie im Vergleich. Zentrale Konzepte und Wirkprinzipien, Vandenhoeck & Ruprecht, Göttingen

Berger, R. (2015): Stress, Trauma, and Posttraumatic Growth. Social Context, Environment, and Identities. Routledge, New York [u.a]

Berk, L.E. (2005): Entwicklungspsychologie. Pearson Studium, München [u.a.]

Berking, M., Rief, W. (2012): Klinische Psychologie und Psychotherapie für Bachelor. Band I. Grundlagen und Störungswissen. Springer, Berlin/Heidelberg

Bernard, M.M., Maio, G.R., Olson, J.M. (2003): The Vulnerability of Values to Attack. Inoculation of Values and Value-Relevant Attitudes. Personality and Social Psychology Bulletin 29, 63–75

Besser, L. (2013): Wenn die Vergangenheit Gegenwart und Zukunft bestimmt. Wie Erfahrungen und traumatische Ereignisse Spuren in unserem Kopf hinterlassen, Gehirn und Persönlichkeit strukturieren und Lebensläufe determinieren. In: Bausum, J., Besser, L.M., Weiß, M. (Hrsg.): Traumapädagogik. Grundlagen, Arbeitsfelder und Methoden für die pädagogische Praxis. 3. durchgesehene Aufl. Beltz Juventa, Weinheim/Basel, 38–55

Bettighofer, S. (2004): Übertragung und Gegenübertragung im therapeutischen Prozess (Psychoanalytische Behandlung). 3. Aufl. Kohlhammer, Stuttgart

Bierhoff, H.-W., Herner, M.J. (2002): Begriffswörterbuch Sozialpsychologie. 1. Aufl. Kohlhammer, Stuttgart

Bierhoff, H.-W. (1988): Verantwortungszuschreibung und Hilfsbereitschaft. In: Montada, L., Bierhoff, H.-W. (Hrsg.): Altruism in Social Systems. Hogrefe, Lewiston, NY, 224–253

Bindt, C. (2003): „Mein Baby will mich quälen". Mütterliche Phantasien, psychosomatische Symptombildung im Säuglingsalter und die Chancen der Psychotherapie. In: Scheuerer-Englisch, H., Suess, G.J., Pfeiffer, W.-K. (Hrsg.): Wege zur Sicherheit. Bindungswissen in Diagnostik und Intervention. Psychosozial Verlag, Gießen, 69–92

Bischof, N. (1989): Das Rätsel Ödipus. Die biologischen Wurzeln des Urkonflikts von Intimität und Autonomie. Piper-Verlag, München

Bischof-Köhler, D. (2011): Soziale Entwicklung in Kindheit und Jugend. Bindung, Empathie, theory of mind. 1. Aufl. Kohlhammer, Stuttgart

Blakemore, S.J., Frith, U. (2006): Wie wir lernen. Was die Hirnforschung darüber weiß. 1. Aufl. Deutsche Verlags Anstalt, München

Borg-Laufs, M. (2012): Schwierige Situationen in Therapie und Beratung mit Kindern und Jugendlichen. 1. Aufl. Beltz, Weinheim [u.a.]

Bowlby, J. (1969): Attachment and Loss. Basic Books, New York

Bräutigam, B. (2016): … und meine Seele spannte weit ihre Flügel aus …. Psychisches Wachstum von Kindern und Jugendlichen. Philosophisches Jahrbuch AUFGANG 2016, 127–142

Bräutigam, B. (2011): Mal ist es ein Scheißleben und mal ganz cool. Psychotherapie und Beratung mit Jugendlichen. Psychologie & Gesellschaftskritik 35 (1), 113–131

Bräutigam, B. (2000): Der ungelöste Schmerz. Psychosozial Verlag, Gießen

Bräutigam, B., Märtens, M., Petzold, H. (2000): Leitgedanken für Eltern und

Angehörige traumatisierter Kinder. In: van der Kolk, B., McFarlane, A., Weisaeth, L. (Hrsg.): Traumatic Stress. Grundlagen und Behandlungsansätze. Theorie, Praxis und Forschung zu posttraumatischem Stress, sowie Traumatherapie. Junfermann. Paderborn, 425–445

Bräutigam, B., Müller, M. (2014): Die Sehnsucht einen Pudding an die Wand zu nageln. Vom Ertragen und dem produktiven Umgang mit Diffusität und Unsicherheit im Kontext niedrigschwelliger Beratung. In: Seel, H., Sichler, R. (Hrsg.): Beratung und Reflexivität. Beratung als zentrale Institution „reflexiver" Modernisierung. Journal für Psychologie 22 (2), 137–155

Bräutigam B., Müller, M., Lüngen, S. (2011): Die Kunst sich einzulassen und dennoch ein anderer zu bleiben. In: Müller, M., Bräutigam B. (Hrsg.): Hilfe, sie kommen! Systemische Arbeitsweisen im aufsuchenden Kontext. Carl Auer, Heidelberg, 20–27

Brisch, K.H. (2015): Kindergartenalter. In: Brisch, K.H. (Hrsg.): Bindungspsychotherapie. Bindungsbasierte Beratung und Therapie. Klett-Cotta, Stuttgart

Brisch, K.H. (2011): SAFE. Sichere Ausbildung für Eltern. Sichere Bindung zwischen Eltern und Kind. Für Schwangerschaft und erste Lebensjahre. 3. Aufl. Klett-Cotta, Stuttgart

Brockmann, I., Kirsch, H. (2010): Konzept der Mentalisierung. Relevanz für die psychotherapeutische Behandlung. Psychotherapeut 55, 279–290

Brooks, R., Goldstein, S. (2015): Das Resilienz-Buch. Wie Eltern ihre Kinder fürs Leben stärken. Das Geheimnis der inneren Widerstandskraft. 6. Aufl. Klett-Cotta, Stuttgart

Brown, G.W., Harris, T. (1978): Social Origins of Depression. A Study of Psychiatric Disorder in Women. Tavistock Publications, London

Bühring, P. (2012): Postpartale Depression. Erkennen und schnell behandeln. Deutsches Ärzteblatt PP 11 (5), 198

Burchartz, A., Hopf, H., Lutz, C. (2016): Psychodynamische Therapien mit Kindern, Jugendlichen und jungen Erwachsenen. Geschichte, Theorie, Praxis. Kohlhammer, Stuttgart

Budde, N. (2010): Such dir was aus, aber beeil dich. Kindsein in zehn Kapiteln. Fischer-Taschenbuch-Verlag, Frankfurt/M.

Buselmaier, W. (2016): Der Gen-Kultur-Konflikt. Springer Berlin/Heidelberg

Butollo, W., Karl, R. (2012): Dialogische Traumatherapie. Manual zur Behandlung der Posttraumatischen Belastungsstörung. Klett-Cotta, Stuttgart

Cartwright D., Zander, A. (1968): Groups and Group Membership. Introduction. In: Cartwright, D., Zander, A. (Hrsg.) Group Dynamics. Research and Theory. Harper & Row, New York

Cattell, R. (1963): Theory of Fluid and Crystallized Intelligence. A Critical Experiment. Journal of Educational Psychology 54, 1–22

Cherry, E.C. (1953): Some Experiments on the Recognition of Speech, with one and with two Ears. Journal of the Acoustical Society of America 25, 975–979

Cierpka, M. (2012): Frühe Kindheit 0–3. Beratung und Psychotherapie für Eltern mit Säuglingen und Kleinkindern. Springer Medizin, Berlin [u.a.]

Cole, P.M., Putnam, F.W. (1992): Effect of Incest on Self and Social Functioning. A Developmental Psychopathology Perspective. Journal of Consulting and Clinical Psychology 60(2), 174–184.

Conen, M.L. (2002): Aufsuchende Familientherapie. In: Conen, M.L. (Hrsg): Wo keine Hoffnung ist, muss man sie erfinden. Aufsuchende Familientherapie. 3. Aufl. Carl Auer, Heidelberg, 41–164

Corey, S. (1947): Education of American Youth IV. The Discovery of Outstanding Talent in Youth. Teachers College 4, 260–268

Correll, L., Lepperhoff, J. (2013): Kinder im familienpolitischen Diskurs. Vom unsichtbaren Familienmitglied zum Hoffnungsträger der Gesellschaft In: Correll, L., Lepperhoff, J. (Hrsg.): Frühe Bildung in der Familie. Perspektiven der Familienbildung. Beltz, Weinheim, 81–91

Davison G., Neale, J. (2007): Klinische Psychologie. Ein Lehrbuch. 7. vollst. überarb. und erw. Aufl. Beltz, Weinheim [u.a.]

Degenhardt, J. (2006): Kooperation zwischen Erziehungsberatung und Psychotherapie im Kontext von Psychotraumatologie und Gesundheitsreform. In: Zimmer, A., Schrapper, C. (Hrgs.): Zukunft der Erziehungsberatung. Herausforderungen und Handlungsfelder. Juventa, Weinheim [u.a.], 167–180

DeMause, L. (1989): The Role of Adaptation and Selection in Psychohistorical Evolution. The Journal of Psychohistory 16 (4), 355–372

Devereux, G. (1973): Angst und Methode in den Verhaltenswissenschaften. Hanser, München

Devine, P.G., Monteith, M.J. (1999): Automaticity and Control in Stereotyping. In: Chaiken, S., Trope, Y. (Eds.): Dual Process Theories in Social Psychology. Guilford, New York, 339–360

Dewe, D., Schwarz, M.P. (2014): Professionalität. Wissen – Kontext. Sozialwissenschaftliche Analysen und pädagogische Reflexionen zur Struktur bildenden und beratenden Handelns Klinkhardt, Bad Heilbrunn

Diamond, G.S., Stern, R.S. (2003): Attachment-Based Family Therapy for Depressed Adolescents. Repairing Attachment Failiures. In: Johnson, S.M., Whiffen, V.E. (Hrsg.): Attachment Processes in Couple and Family Therapy. Guildford, New York/London, 191–214

Dietrich, G. (1991): Allgemeine Beratungspsychologie. Eine Einführung in die psychologische Theorie und Praxis der Beratung. 2. Aufl. Hogrefe, Göttingen [u.a.]

Dilling, H., Freyberger, H. (2015):Taschenführer zur ICD-10-Klassifikation psychischer Störungen. 8. überarb. Aufl. unter Berücksichtigung der Änderungen gemäß ICD-10-GM (German Modification). Hogrefe, Bern

Dornes, M. (2012): Die Modernisierung der Seele. Kind-Familie-Gesellschaft. Fischer-Taschenbuch-Verlag, Frankfurt/M.

Dornes, M. (1993): Der kompetente Säugling. Fischer, Frankfurt/M.

Drewes, S. (2015): Geschichte der Schulpsychologie in Deutschland. In: Seifried, K., Drewes, S., Hasselhorn, M. (Hrsg.): Handbuch Schulpsychologie. Psychologie für die Schule. Verlag W. Kohlhammer, Stuttgart, 13–23

Drilling, M. (2009): Schulsozialarbeit. Antworten auf veränderte Lebenswelten. Haupt, Bern [u.a.]

Eckardt, G. (2015): Sozialpsychologie. Quellen zu ihrer Entstehung und Entwicklung. Springer, Wiesbaden

Egle, U.T., Hardt, J., Nickel, R., Kappis, B., Hoffmann, S.O. (2002): Belastungen in der Kindheit und Gesundheit im Erwachsenenalter. Möglichkeit der Prävention in der Psychosomatischen Medizin. Psychotherapeut 47, 124–127

Eichenberg, C., Kühne, S. (2014): Einführung Onlineberatung und -therapie. Grundlagen, Interventionen und Effekte der Internetnutzung. Ernst Reinhardt, München/Basel

Elsner, B., Pauen, S. (2012): Vorgeburtliche Entwicklung und frühe Kindheit. In: Schneider, W., Lindenberger, U.(Hrsg.): Entwicklungspsychologie. 7. Aufl. Beltz-Verlag, Weinheim, 159–186

Ende, M. (1973): Momo. Ein Märchen-Roman. Thienemann, Stuttgart

Engel, G.L. (1977): The Need for a New Medical Model. A Challenge for Biomedicine. Science 196 (4286), 129–136.

Engelmann, A. (2011): Aufsuchende Familientherapie: Perspektiven eines Hilfeansatzes für Familien mit besonderen dynamischen Herausforderungen. In: Müller, M., Bräutigam B. (Hrsg.): Hilfe, sie kommen! Systemische Arbeitsweisen im aufsuchenden Kontext. Carl Auer, Heidelberg, 110–123

Eribon, D. (2016): Rückkehr nach Reimes. edition Suhrkamp, Berlin

Erikson, E.H. (1988): Der vollständige Lebenszyklus. 1. Aufl. Suhrkamp-Verlag, Frankfurt/M.

Faßbinder, E., Klein, J.P., Sipos, V., Schweiger, U. (2015): Therapie-Tools Depression. Beltz, Weinheim

Federn, E. (1999): Ein Leben mit der Psychoanalyse. Von Wien über Buchenwald und die USA zurück nach Wien. Psychosozial-Verlag, Gießen

Fegert, J.M. (2015): Sexueller Missbrauch von Kindern und Jugendlichen. Ein Handbuch zur Prävention und Intervention für Fachkräfte im medizinischen, psychotherapeutischen und pädagogischen Bereich. Springer, Berlin

Felitti, V.J., Fink, P.J., Fishkin, R.E., Anda, R.F. (2007): Ergebnisse der Adverse Childhood Experiences (ACE)-Studie zu Kindheitstrauma und Gewalt. Epidemiologische Validierung psychoanalytischer Konzepte. Trauma & Gewalt 1 (2), 18–32

Feltham, C. (1997): Time Limited Counselling. Sage Pub., London [u.a.]

Fend, H. (2013): Entwicklungspsychologie des Jugendalters. Ein Lehrbuch für pädagogische und psychologische Berufe. 3. Aufl. Springer Verlag, Berlin

Feshbach, N.D. (1978): Studies of Empathic Behavior in Children. In: Maher, B.A. (Hrsg.): Progress in Experimental Personality Research. Academic Press, New York, 1–47

Festinger, L. (1978): Theorie der kognitiven Dissonanz. Huber, Bern [u.a.]

Fischer, G., Riedesser, P. (2009): Lehrbuch der Psychotraumatologie. 3. Aufl. Ernst Reinhardt, München/Basel

Fitzek, H. (2014): Gestaltpsychologie kompakt. Grundlinien einer Psychologie für die Praxis. Springer VS, Wiesbaden, 2

Flammer, A., Alsaker, F.D. (2002): Entwicklungspsychologie der Adoleszenz. Die Erschließung innerer und äußerer Welten im Jugendalter. 1. Aufl. Huber, Bern [u.a.]

Fonagy, P., Gergely, G., Jurist, E., Target, M. (2004): Affektregulierung, Mentalisierung und die Entwicklung des Selbst. Klett-Cotta, Stuttgart

Frances, A. (2016): Eine entfesselte Diagnose-, Test- und Therapiewut. Kritische Überlegungen zum Diagnostischen und Statistischen Manual Psychischer Störungen – DSM-5. Familiendynamik 41 (2), 142–170

Frank, A. (1995): Anne-Frank-Tagebuch. Ungekürzte Ausg. Fischer-Taschenbuch-Verlag, Frankfurt/M.

Frankl, V.E. (1996): Die Sinnfrage in der Psychotherapie. 6. Aufl. Piper, München [u.a.]

Freigang, W. (2003): Wirkt Heimerziehung? Heimerziehung im Spiegel empirischer Studien. In: Struck, N., Galuske, M., Thole, W. (Hrsg.): Reform der Heimerziehung. Eine Bilanz. Leske & Budrich, Opladen, 37–52

Freigang, W., Bräutigam, B., Müller, M. (in Vorb.): Gruppenpädagogik. Beltz-Juventa, Weinheim

Freud, S. (1922): Totem und Tabu. Einige Übereinstimmungen im Seelenleben der Wilden und der Neurotiker. 3. unveränderte Aufl. Internationaler Psychoanalytischer Verlag, Leipzig

Freud, S. (1923/1975): Gesammelte Werke Bd. III, Fischer, Frankfurt/M.

Freund, A.M., Nikitin, J. (2012): Junges und mittleres Erwachsenenalter. In: Schneider, W., Lindenberger, U. (Hrsg.): Entwicklungspsychologie. Beltz, Weinheim, 259–283

Fröhlich, A.J. (2016): Die Kraft des Vertrauens. Zur Bedeutung von ‚Nicht-Direktivität' in der Person zentrierten Theorie und Praxis. Masterarbeit. Hochschule Neubrandenburg

Fröhlich-Gildhoff, K. (2013): Angewandte Entwicklungspsychologie der Kindheit. Begleiten, Unterstützen und Fördern in Familie, Kita und Grundschule. Kohlhammer, Stuttgart

Fröhlich-Gildhoff, K., Engel, E.M., Rönnau, M. (2006): Sozialpädagogische Familienhilfe im Wandel. FEL, Freiburg/Breisgau

Fuhrer, U. (2005): Lehrbuch Erziehungspsychologie. 1. überarb. Aufl. Huber, Bern

Gahleitner, S.B. (2017): Soziale Arbeit als Beziehungsprofession. 1. Aufl. Beltz Juventa, Weinheim

Gahleitner, S.B. (2014): Psychosoziale Interventionen: Klinische Sozialarbeit. 1. Aufl. Psychiatrie-Verlag, Köln

Gahleitner, S.B. (2013): Biopsychosoziale Diagnostik aus Sicht der Sozialen Arbeit. In: Gahleitner, S., Wahlen, K., Bilke-Hentsch, O., Hillenbrand, D. (Hrsg.) (2013): Biopsychosoziale Diagnostik in der Kinder- und Jugendhilfe. Interprofessionelle und Interdisziplinäre Perspektiven. Kohlhammer, Stuttgart

Gahleitner, S.B., Mühlum, A. (2010): Klinische Sozialarbeit als Fachsozialarbeit. Professionstheoretische Annäherung und professionspolitische Folgerungen. In: Gahleitner, S., Hahn, G. (Hrsg.): Klinische Sozialarbeit. Gefährdete Kindheit. Risiko, Resilienz und Hilfen. Psychiatrie Verlag, Bonn, 44–62

Gahleitner, S.B., Hensel, T., Baierl, M., Kühn, M., Schmid, M. (Hrsg.) (2014): Traumapädagogik in psychosozialen Handlungsfeldern. Ein Handbuch für Jugendhilfe, Schule und Klinik. Vandenhoeck & Ruprecht, Göttingen

Galuske, M. (2013): Methoden der sozialen Arbeit. Eine Einführung. 10. Aufl. Beltz Juventa, Weinheim

Gardner, H. (1996): So genial wie Einstein. Schlüssel zum kreativen Denken. Klett-Cotta, Stuttgart

Gerull, S. (2014): Hausbesuche in der Sozialen Arbeit. Eine arbeitsübergreifende empirische Studie. Budrich, Opladen

Geuter, U. (1985): Nationalsozialistische Ideologie und Psychologie. In: Ash, M.G. (Hrsg.): Geschichte der deutschen Psychologie im 20. Jahrhundert. Ein Überblick. Westdt. Verlag, Opladen, 172–201

Gloger-Tippelt, G. (2012): Bindung im Erwachsenenalter. Ein Handbuch für Forschung und Praxis. 2. überarb. und erg. Aufl. Huber, Bern

Grawe, K. (1997): Research-informed psychotherapy. In: Psychotherapy Research 7 (1), 1–19

Groen, G., Petermann, F. (2015): Therapie-Tools Depression im Kindes- und Jugendalter. Beltz Verlag, Weinheim/Basel

Grossmann, K., Grossmann, K. (2006): Bindungen. Das Gefüge psychischer Sicherheit. 3. Aufl. Klett-Cotta, Stuttgart

Grothe, K.-D. (2014): Die Menschen sind so unterschiedlich wie die Finger einer Hand. Zur seelischen Situation von unbegleiteten minderjährigen Flüchtlingen. Zeitschrift für psychoanalytische Familientherapie 1, 1–27

Grunwald, K., Thiersch, H. (2004): Das Konzept Lebensweltorientierte Soziale Arbeit. Einleitende Bemerkungen In: Grunwald, K., Thiersch, H.: Praxishandbuch lebensweltorientierte soziale Arbeit. Handlungszusammenhänge und Methoden in unterschiedlichen Arbeitsfeldern. Beltz, Weinheim/Basel, 13–25

Gühne, U., Becker, S. , Riedel-Heller, S. (2016): Psychosoziale Therapien bei schweren psychischen Erkrankungen. Ausblick auf das Update der S3-Leitlinie der DGPPN. Psychotherapie, Psychosomatik, Medizinische Psychologie 66 (08), 337–340

Günter, M., Bruns, G. (2010): Psychoanalytische Sozialarbeit. Praxis-Grundlage-Methode. Klett-Cotta, Stuttgart

Häcker, H., Stapf, K.-H. (2009): Dorsch Psychologisches Wörterbuch. 15., überarb. u. erw. Aufl. Huber, Bern

Haddock, G., Maio, G.R. (2014): Einstellungen. In: Jonas, K., Stroebe, W., Hewstone, M. (Hrsg.): Sozialpsychologie. 6. vollst. überarb. Aufl. Springer, Berlin [u.a.], 197-231

Hahlweg, K., Baucom, D.H. (2008): Partnerschaft und psychische Störung. Hogrefe, Göttingen

Haney, C., Zimbardo, P.G. (1977): The Socialization into Criminality: On Becoming a Brisoner and a Guard. In: Tapp, J.L. & Levine, F.L. (Eds.): Law, Justice and the Individual in Society: Psychological and Legal Issues. Holt, Rinehart & Winston, New York, 198–223

Hantel-Quitmann, W. (2015): Klinische Familienpsychologie. Klett-Cotta, Stuttgart

Harrington, R. (2001): Kognitive Verhaltenstherapie bei depressiven Kindern und Jugendlichen. Hogrefe, Göttingen[u.a.]

Hartung, J. (2000): Sozialpsychologie. 3. Aufl. Kohlhammer, Stuttgart

Havighurst, R.J. (1982): Developmental Tasks and Education. 7. Aufl. Longmans, New York

Hayes, S.C. (2004): Acceptance and Commitment Therapy, Relational Frame Theory, and the Third Wave of Behavioral and Cognitive Therapies. BEHAVIOR THERAPY 35, 639–665

Hecht, H., Desnizza, W. (2012): Psychologie als empirische Wissenschaft. Essentielle wissenschaftstheoretische und historische Grundlagen. Spektrum Akademischer Verlag, Heidelberg

Hédervári-Heller, É. (2011): Emotionen und Bindung bei Kleinkindern. Entwicklung verstehen und Störungen behandeln. Beltz, Weinheim [u.a.]

Heidbrink, H. (2013): Psychologische Freundschaftsforschung. Ein aktueller Überblick. Familiendynamik 38 (3), 180–188

Heimann, R., Schmeck, K. (2012): Führungsaufgaben von Sozialpädagogen in der Kinder- und Jugendpsychiatrie. In: Schmid M., Tetzer, M., Rensch, K., Schlüter-Müller, S. (Hrsg.): Handbuch Psychiatriebezogene Sozialpädagogik. Vandenhoeck & Ruprecht, Göttingen, 220–227

Heinitz, M.R. (2014): Als der Sommer seine Farbe verlor. Bloomsbury, Berlin

Herpertz-Dahlmann, B. (2008): Entwicklungspsychiatrie. Biopsychologische Grundlagen und die Entwicklung psychischer Störungen. Schattauer Verlag, Stuttgart

Herriger, N. (2014): Empowerment in der sozialen Arbeit. Eine Einführung. Kohlhammer, Stuttgart

Herzog, W. (2012): Wissenschaftstheoretische Grundlagen der Psychologie. VS Verlag für Sozialwissenschaften, Wiesbaden

Hess, E.H. (1975): Prägung. Die frühkindliche Entwicklung von Verhaltensmustern bei Tier und Mensch. Kindler, München

Hobmair, H. (2013): Psychologie. 5. Aufl. Bildungsverlag EINS, Troisdorf

Hoff, T. (2015): Konzepte der Beratung. In: Hoff, T., Zwicker-Pelzer, R.(Hrsg.): Beratung und Beratungswissenschaft. 1. Aufl. Nomos, Baden-Baden, 147–207

Hoffman, M.L. (1982): Development of Prosocial Motivation. Empathy and Guilt. In: Eisenberg, N. (Hrsg.): The Development of Prosocial Behavior. Academic Press, New York, 281–338

Hoffmann, J., Engelkamp, J. (2013): Lern- und Gedächtnispsychologie. Springer, Berlin

Hofstede, G. (2001): Culture's Consequences. Comparing Values, Behaviors, Institutions and Organizations Across Nations. 2. Aufl. Sage Publ., Thousand Oaks, CA [u. a.]

Holzkamp, K. (2003): Grundlegung der Psychologie. 2. Aufl. Campus, Frankfurt/M.

Höwler, E. (2016): Kinder- und Jugendpsychiatrie für Gesundheitsberufe, Erzieher und Pädagogen. 1. Aufl. Springer, Berlin/Heidelberg

Hoyer, J. (2016): Positive Nebenwirkungen von Psychotherapie. Ein Plädoyer für die Erfassung multifinaler Wirkeffekte. Zeitschrift für Klinische Psychologie und Psychotherapie, 45, 163–173.

Hübner-Liebermann, B., Hausner, H., Wittmann, M. (2012): Peripartale Depressionen erkennen und behandeln. Deutsches Ärzteblatt 109 (24), 419

Hunt, M. (1992): Das Rätsel der Nächstenliebe: der Mensch zwischen Egoismus und Altruismus. Campus-Verlag, Frankfurt/M.

Hurrelmann, K., Quenzel, G. (2016): Lebensphase Jugend. Eine Einführung in die sozialwissenschaftliche Jugendforschung. 13. überarb. Aufl. Beltz Juventa, Weinheim

Izard, C.E. (1999): Die Emotionen des Menschen: eine Einführung in die Grundlagen der Emotionspsychologie. 4., neu ausgestattete Aufl. Beltz, Psychologie Verlags Union, Weinheim

Jacobi, F. (2017): Integration von Methoden und Verfahren. In: Brakemeier, E.-L., Jacobi, F. (Hrsg.): Verhaltenstherapie in der Praxis. Beltz, Weinheim, 566–600

Jaenicke, C. (2006): Das Risiko der Verbundenheit. Intersubjektivitätstheorie in der Praxis. Klett-Cotta, Stuttgart

Jeske, J., Bullinger, M., Wiegand-Grefe, S. (2010): Familien mit psychisch kranken Eltern. In Familiendynamik 4, 328–337

Jonas, K., Stroebe, W., Hewstone, M. (2014): Einführung in die Sozialpsychologie. In: Jonas, K., Stroebe, W., Hewstone, M. (Hrsg): Sozialpsychologie. 6. vollst. überarb. Aufl. Springer, Berlin [u. a.], 6–28

Jungbauer, J. (2014): Familienpsychologie. Beltz, Weinheim

Jungmann, T., Pfeiffer, C. (2010): Zur Notwendigkeit von Prävention für Kinder sozial benachteiligter Familien. Eine kriminologische Betrachtung. In: Kißgen, R., Heinen, N. (Hrsg.): Frühe Risiken und frühe Hilfen: Grundlagen, Diagnostik und Prävention. Klett-Cotta, Stuttgart, 17–46

Jureit, U. (2006): Generationenforschung. Vandenhoeck & Ruprecht, Göttingen

Juul, J. (2011): Elterncoaching. Gelassen erziehen. Beltz, Weinheim/Basel

Kahnemann, D. (1973): Attention and Effort. Prentice-Hall, Englewood Cliffs, NJ

Kaminski, J.W., Valle, L.A., Filene, J.H., Boyle, C.L. (2008): A Meta-Analytic Review of Components Associated with Parent Training Program Effectiveness. Journal of Abnormal Child Psychology 36, 567–589.

Kelley, H.H. (1973) The Process of Causal Attribution. American Psychologist 28, 107–128
Kerr, N.L., Tindale, R.S. (2004): Group performance and decision making. In: Annual Review of Psychology, 55. Jg., 623–655
Kiesel, A., Koch, I. (2012): Lernen. Grundlagen der Lernpsychologie. 1. Aufl. VS Verlag für Sozialwissenschaften/Springer Fachmedien Wiesbaden GmbH, Wiesbaden
Kindler, H. (2005): Verfahren zur Einschätzung der Gefahr zukünftiger Misshandlung bzw. Vernachlässigung. Ein Forschungsüberblick. In: Deegener, G., Körner, W. (Hrsg.): Kindesmisshandlung und Vernachlässigung. Ein Handbuch. Göttingen, 385–404
King, V. (2015): Intergenerationelle Beziehungen, Transmission und Transformation. In: Mey, G. (Hrsg.): Von Generation zu Generation. Sozial- und kulturwissenschaftliche Analysen zu Transgenerationalität. Psychosozial-Verlag, Gießen, 199–207
Kirsch, H. (2016): Praxis des Mentalisierens. Klett-Cotta, Stuttgart
Kirsch, H. (2014): Das Mentalisierungskonzept in der Sozialen Arbeit. Vandenhoeck & Ruprecht, Göttingen [u.a.]
Kirsch, I., de Jong, J., Lafontaine, D., McQueen, J., Mendelovits, J., Monseur, C. (2003): Lesen kann die Welt verändern. Leistung und Engagement im Ländervergleich. Ergebnisse von Pisa 2000. OECD Publications, Paris
Kißgen, R. (2009): Kontinuität und Diskontinuität von Bindung. In: Julius, H., Gasteiger-Klicpera, B., Kißgen, R. (Hrsg.): Bindung im Kindesalter. Diagnostik und Interventionen. Hogrefe, Göttingen, 65–84
Klemenz, B. (2014): Beratungspsychologie. Konzepte, Methoden, Perspektiven. dgvt-Verlag, Tübingen
Köckeritz, C. (2006): Wirksamkeit ambulanter Jugendhilfe. Bedeutung und Perspektiven einer überfälligen Debatte. In: Evangelischer Erziehungsverband e.V. (Hrsg.): Wirkungen in den Erziehungshilfen. EREV Schriftenreihe 3/2006, Hannover, 108–123
Kohlberg, L. (1996): Die Psychologie der Moralentwicklung. Suhrkamp Verlag, Frankfurt/M.
Köhler-Ludescher, A. (2014): Paul Watzlawick – die Biografie. Die Entdeckung des gegenwärtigen Augenblicks. 1. Aufl. Huber, Bern
Körner, J. (2016): Psychodynamische Interventionsmethoden. 1. Aufl. Vandenhoeck & Ruprecht, Göttingen
Körner, W., Hensen, G. (2008): Erziehungsberatung. Strömungen, Entwicklungen und Standortbestimmung der institutionellen Beratung in der Jugendhilfe. Einleitung. In: Hörmann, G., Körner, W. (Hrsg.): Einführung in die Erziehungsberatung. Kohlhammer (Sozialpädagogik), Stuttgart, 10–26
Kraft, V. (1993): Probleme einer pädagogischen Theorie der Beratung. Bildung und Erziehung 46 (3), 345–359
Krause, C., Mayer, C.-H., Assmann, M. (2007): Profil und Identität professioneller Berater und Beraterinnen. Beratung Aktuell 2007 (3), 1–20

Krause, M., Montenegro, C. (2016). Community as a Multifaceted Concept. In Bond, M.A., Keys, C.B., Serrano-García, I. (Hrsg.): Handbook of Community Psychology. American Psychological Association, Washington, D.C., 275–294

Krause, M., Altimir, C., Pérez J.C., de la Parra, G. (2015): Generic Change Indicators in Therapeutic Processes with Different Outcomes. Psychotherapy Research, 25(5), 533–545

Kray, J., Schäfer, S. (2015): Entwicklungspsychologie. Kohlhammer Verlag, Stuttgart

Kreppner (1998): Sozialisation in der Familie. In: Hurrelmann, K. (Hrsg.): Handbuch der Sozialisationsforschung. 5. Aufl. Beltz, Weinheim, 321–334

Kriz, J. (2014): Grundkonzepte der Psychotherapie. 7. überarb. und erw. Aufl. Beltz, Weinheim [u.a.]

Krumm, B., Becker, T. (2012): Historische Aspekte und Konzepte der Sozialpsychiatrie. In: Schmid, M., Tetzer, M., Rensch, K., Schlüter-Müller, S. (2012): Handbuch Psychiatriebezogene Sozialpädagogik. Vandenhoeck & Ruprecht, Göttingen, 40–58

Kuckuck, A. (2013): Die Erziehungsberatung. Eine Betrachtung der geschichtlichen Entwicklung in Deutschland. Masterarbeit. Hochschule Neubrandenburg

Kühn, T. (2015): Kritische Sozialpsychologie des modernen Alltags. Zum Potenzial einer am Lebenslauf orientierten Forschungsperspektive. Springer VS, Wiesbaden

Lambert, M.J., Ogles, B.M. (2004): The Efficacy and Effectiveness of Psychotherapy. In: M.J. Lambert (Hrsg.): Bergin and Garfield's Handbook of Psychotherapy and Behavior Change, 5. Aufl. Wiley, New York, 139–193

Landhäußer, A. (2013): Schubladen auf! Ein Blick in die Welt der Stereotype. In: Sozialpsychologie Mannheim (Hrsg.): Ich, du, wir und die anderen. Spannendes aus der Sozialpsychologie. 2. Aufl. Beltz Verlag, Weinheim/Basel, 156–170

Landolt, M.A., Hensel, T. (2012): Grundlagen der Traumatherapie. In: Landolt, M.A., Hensel, T. (Hrsg): Traumatherapie bei Kindern und Jugendlichen Hogrefe, Göttingen, 15–34

Langfeldt, H.-P., Nothdurft, W. (2015): Psychologie. Grundlagen und Perspektiven für die Soziale Arbeit. 5. akt. Aufl. Ernst Reinhardt, München/Basel

Latané, B., Darley J.M. (1970): The Unresponsive Bystander. Why Doesn´t He Help? Appleton-Century-Crofts, New York

Lemma, A. (2016): Der Körper spricht immer. Körperlichkeiten in psychoanalytischen Therapien und jenseits der Couch. Brandes & Apsel, Frankfurt/M.

Lempp, R. (1999): Pädagogik oder Psychotherapie beim Kind. Wo ist der Unterschied? In: Becker, U., Hermann, A., Stanek, M. (Hrsg.): Chaos und Entwicklung. Theorie und Praxis psychoanalytisch orientierter sozialer Arbeit. Psychosozial-Verlag, Gießen, 179–185

Lennertz, I. (2011): Trauma und Bindung bei Flüchtlingskindern. Erfahrungs-

verarbeitung bosnischer Flüchtlingskinder in Deutschland. Vandenhoeck & Ruprecht, Göttingen
Lenz, A., Stark, W. (2002): Empowerment. Neue Perspektiven für soziale Praxis und Organisation. dgvt-Verlag, Tübingen
Levine, R.V., Norenzayan, A., Philbrick, K. (2001): Cross-Cultural Differences in Helping Strangers. Journal of Cross-Cultural Psychology 32, 543–560
Levold, T. (2014): Systemische Epistemologie. In: Levold, T., Wirsching, M. (Hrsg.): Systemische Therapie und Beratung. Das große Lehrbuch. Carl-Auer Verlag, Heidelberg, 45–95
Libermann A., Chaiken S. (1992): Defensive Processing of Personally Relevant Health Messages. Personality and Social Psychology Bullentin 18, 669–679
Lichtenberg, J.D. (1991): Psychoanalyse und Säuglingsforschung. Springer, Berlin
Lieb, K., Frauenknecht, S., Brunnhuber, S. (2012): Intensivkurs Psychiatrie und Psychotherapie. 8. Ausg. Elsevier Urban & Fischer Verlag, München
Lindenberger, U., Staudinger, U.M. (2012): Höheres Erwachsenenalter. In: Schneider, W., Lindenberger, U. (Hrsg.): Entwicklungspsychologie. Beltz, Weinheim, 283–305
Lindgren, A. (1969): Kalle Blomquist. Gesamtausgabe Gebundene Ausgabe Band 1, Oetinger Verlag, Hamburg
Ludewig, K. (2001): Junge Menschen lügen nicht, Erwachsene dagegen sehr. Über den Umgang mit Selbstverständlichkeiten und Besonderheiten in der Therapie mit Jugendlichen. In: Rotthaus, W. (Hrsg.): Systemische Kinder- und Jugendlichenpsychotherapie. Carl-Auer, Heidelberg, 162–185
Luhmann, N. (1987): Soziale Systeme. Grundriß einer allgemeinen Theorie. Suhrkamp taschenbuch wissenschaft, Frankfurt/M.
Main, M., Solomon, J. (1986): Discovery of an Insecure-Disorganized/Disoriented Attachment Pattern. Procedures, Findings and Implications for the Classification of Behavior. In: Brazelton, T.B., Yogman, M. (Hrsg.): Affective Development in Infancy. Ablex, Norwood, NJ, 95–124
Manstead, A., Livingstone, A. (2014): Forschungsmethoden in der Sozialpsychologie In: Jonas, K., Stroebe, W., Hewstone, M.(Hrsg.): Sozialpsychologie. 6. vollst. überarb. Aufl. Springer, Berlin [u.a.], 29–65.
Mattejat, F. (2004): Perspektiven einer entwicklungsorientierten Psychotherapie. In: Lehmkuhl, G., Lehmkuhl, U. (Hrsg.): Frühe psychische Störungen und ihre Behandlung. Vandenhoek & Ruprecht, Göttingen, 97–116
Márai, S. (1999): Die Glut. Roman. 14. Aufl. Piper, München [u.a.]
Marcia, J. (1980): Identity in Adolescence. In: Adelson, J. (Hrsg.): Handbook of Adolescent Psychology. Wiley, New York, 159–187
Markie-Dadds, C., Turner K.M.T., Sanders M.R. (2007): Das Triple P Gruppenarbeitsbuch. PAG Institut für Psychologie AG, Münster
Marvin, R.S. (2003): Das Projekt „Kreis der Sicherheit". Bindungsgeleitete Intervention bei Eltern-Kind-Dyaden im Vorschulalter. In: Scheuerer-Englisch, H., Suess, G.J., Pfeifer, W.-K. (Hrsg.): Wege zur Sicherheit. Bindungswissen in Diagnostik und Intervention. Gießen, 25–51

McDaniel, S.H., Doherty, W.J., Hepworth, J. (2013): Familientherapie in der Medizin und die therapeutische Persönlichkeit. Familiendynamik 38 (2), 92–107

McLeod, J. (2004): Beraten lernen. Das Übungsbuch zur Entwicklung eines persönlichen Beratungskonzepts. dgvt–Verlag, Tübingen

Menne, K., Hundsalz, A. (2006): Jahrbuch für Erziehungsberatung. Band 6. Juventa, Weinheim

Mentzos, S. (2009): Lehrbuch der Psychodynamik. Die Funktion der Dysfunktionalität psychischer Störungen. Vandenhoeck & Ruprecht, Göttingen

Metzmacher, B. (2004): Entwicklungsprozesse und die Beteiligten. Perspektiven einer schulenübergreifenden Kinder- und Jugendlichenpsychotherapie. Vandenhoeck & Ruprecht, Göttingen

Mey, G. (1999): Adoleszenz, Identität, Erzählung. Theoretische, methodologische und empirische Erkundungen. Köster, Berlin

Milch, W. (2001): Lehrbuch der Selbstpsychologie. Kohlhammer, Stuttgart

Miller, A. (1997): Das Drama des begabten Kindes. Suhrkamp, Frankfurt/M.

Miller, W.R., Rollnick, S. (2015): Motivierende Gesprächsführung. Motivational Interviewing. 3. Aufl. Lambertus, Freiburg i. Br.

Mischel, W. (2015). Der Marshmallow-Test. 2. Aufl. Siedlerverlag, München

Montada, L., Lindenberger, U., Schneider, W. (2012): Fragen, Konzepte, Perspektiven. In: Schneider, W., Lindenberger, U. (Hrsg.): Entwicklungspsychologie. 7. vollständig überarbeitete Aufl. Beltz, Weinheim, 27–59

Mrochen, S. (1998): Überlegungen zum Beitrag personenzentrierter Kinderpsychotherapie für Nicht-Psychotherapeuten. GwG-Zeitschrift 75, 192–194

Murray, L. (2011): Die Entwicklung von Kindern postpartal depressiver Mütter. Befunde der Cambridge-Längsschnittstudie. In: Brisch, K.H. (Hrsg.): Bindung und frühe Störungen der Entwicklung. Klett-Cotta Verlag, Stuttgart, 51–71

Müller, H., Krummenacher, J. (2006): Funktionen und Modelle der selektiven Aufmerksamkeit. In: Karnath, H-O., Thier, P. (Hrsg.): Neuropsychologie. 2. Aufl. Springer, Berlin [u.a.], 239–253

Müller, M. (2017): Sozialpädagogische Familienhilfe. Aufsuchende familienbezogene Hilfen. In: Becker-Textor, I., Textor, M.R., Büttner, P., Rücker, S. (Hrsg.): SGB VIII Online-Handbuch. In: http://www.sgbviii.de/files/SGB%20VIII/PDF/S174.pdf, 04.05.2017

Müller, M. (2008): Polyglotte Kommunikation. Soziale Arbeit und die Vielsprachigkeit ihrer Praxis. Carl Auer, Heidelberg

Munroe, J.F. (1995): Ethical Issues Associated with Secondary Trauma in Therapists. In: Stamm, B.H. (Ed.): Secondary Traumatic Stress. Self-Care Issues for Clinicians, Researchers and Educators. Sidran Press, Lutherville, 211–229

Myers, D.G. (2014): Psychologie. 3. vollst. überarb. und erw. Aufl. Springer, Berlin [u.a.]

Nave-Herz, R. (2012): Familie heute. Wandel der Familienstrukturen und Folgen für die Erziehung. Primus Verlag, Frankfurt/M.

Nelson-Jones, R. (2003): Basic Counselling Skills. A Helper's Manual. SAGE Publ., London [u.a.]

Neumann, O. (1992): Theorien der Aufmerksamkeit. Von Metaphern zu Mechanismen. Psychologische Rundschau 43, 69-82

Nissen, G. (2005): Kulturgeschichte seelischer Störungen bei Kindern und Jugendlichen. Klett-Cotta, Stuttgart

Nolting, H.P. (1997): Lernfall Aggression. Wie sie entsteht – wie sie zu vermindern ist. Ein Überblick mit Praxisschwerpunkt Alltag und Erziehung. Vollst. überarb. Neuausg. Rowohlt-Taschenbuch-Verlag, Reinbek bei Hamburg

Norcross, J.C., Goldfried, M.R. (Hrsg.) (2015): Handbook of Psychotherapy Integration. University Press, Oxford

Nowacki, K. (2012): Pflegekinder. Vorerfahrungen, Vermittlungsansätze und Konsequenzen. Centaurus Verlag & Media, Freiburg

Noyon, A., Heidenreich, T. (2012): Existenzielle Perspektiven in Psychotherapie und Beratung. Beltz-Verlag, Göttingen

Nußbeck, S. (2014): Einführung in die Beratungspsychologie. 3., aktual. Aufl. Ernst Reinhardt, München/Basel

Oerter, R., Dreher, E. (2008): Jugendalter. In: Oerter, R., Montada, L. (Hrsg): Entwicklungspsychologie. Beltz, Weinheim, 271–332

Olweus, D. (1995): Gewalt in der Schule. Was Lehrer und Eltern wissen sollten – und tun können. 1. Aufl. Huber, Bern

Omer, H., von Schlippe, A. (2010): Stärke statt Macht. Neue Autorität in Familie, Schule und Gemeinde. Vandenhoeck & Ruprecht, Göttingen

Orlinsky, D., Howard, K.J. (1987): A Generic Model of Psychotherapy. Journal of Integrative and Eclectic Psychotherapy 6, 6–27

Ornstein, A., Rass, E. (2011): Kindzentrierte psychodynamische Familientherapie. Eine Einführung, Psychosozial-Verlag, Lahn

Papoušek, H., Papoušek, M. (1987): Intuitive Parenting. A Dialectic Counterpart to the Infant's Integrative Competence. In Osofsky, J.D. (Hrsg.): Handbook of Infant Development. 2. Aufl. Wiley, New York

Parkinson, B. (2014): Soziale Wahrnehmung und Attribution. In: Jonas, K., Stroebe, W., Hewstone, M. (Hrsg.): Sozialpsychologie. 6. vollst. überarb. Aufl. Springer, Berlin [u.a.], 65–106

Paul, M. (2012): Was sind Frühe Hilfen? In: Deutsche Liga für das Kind e.V. (Hrsg.): Frühe Kindheit – Gesundes Aufwachsen ermöglichen. Sonderheft. Berlin, 6–7

Pauls, H. (2004): Klinische Sozialarbeit. Grundlagen und Methoden psychosozialer Behandlung. Juventa Verlag, Weinheim

Pennac, D. (2009) Schulkummer. Kiepenheuer & Witsch, Köln

Petermann, F., Koglin, U. (2015): Aggressive Kinder und Jugendliche. Prävention und Therapie. Ein Überblick. Springer, Wiesbaden

Petermann, F., Niebank, K., Scheithauer, H. (2004): Entwicklungswissenschaft. Entwicklungspsychologie – Genetik – Neuropsychologie. Springer, Berlin [u.a.]

Petty, R.E., Priester, J.R., Wegener, D.T. (1994): Cognitive Processes in Attitude Change. In: Wyer, R.S., Srull, T.K. (Eds.): Handbook of Social Cognition (Vol. 2), Erlbaum, Hillsdale, NJ, 69–142

Pfammatter, M., Tschacher, W. (2016): Klassen allgemeiner Wirkfaktoren der Psychotherapie und ihr Zusammenhang mit Therapietechniken. Zeitschrift für Klinische Psychologie und Psychotherapie 45 (1), 1–13

Pfinder, M., Feldmann, R. (2011): Die pränatale Alkoholexposition und ihre lebensbegleitenden Folgen. Suchttherapie 12 (03), 109–114

Piaget, J. (2003): Das Erwachen der Intelligenz beim Kinde. Klett-Cotta, Stuttgart

Pleyer, K.H. (2003): „Parentale Hilflosigkeit", ein systemisches Konstrukt für die therapeutische und pädagogische Arbeit mit Kindern. Familiendynamik 28 (4), 467–491

Popper, K.R. (1934/2002): Logik der Forschung. Verlag Mohr Siebeck, Tübingen

Pössel, P., Horn, A.B., Seemann, S., Hautzinger, M. (2004): Trainingsprogramm zur Prävention von Depressionen bei Jugendlichen. Hogrefe. Göttingen

Pothmann, J. (2009): Sozialpädagogische Familienhilfe im Zahlenspiegel. Forum Erziehungshilfen 2, 68–71

Premack, D., Woodruff, G. (1978): Does the Chipmanzee Have a Theory of Mind? Behavioral & Brain Sciences 1, 515–526

Rass, E. (2011): Bindung und Sicherheit im Lebenslauf. Psychodynamische Entwicklungspsychologie. 2. Aufl. Klett-Cotta, Stuttgart

Reddemann, L.(2015): Kriegskinder und Kriegsenkel in der Psychotherapie. Folgen der NS-Zeit und des Zweiten Weltkriegs erkennen und bearbeiten. Eine Annäherung. Klett-Cotta Verlag, Stuttgart

Reichle, B., Werneck, H. (1999): Übergang zur Elternschaft. Aktuelle Studien zur Bewältigung eines unterschätzten Lebensereignisses. Ferdinand Enke Verlag, Stuttgart

Remschmidt, H., Schmidt, M.H., Poustka, F. (2012): Multiaxiales Klassifikationsschema für psychische Störungen des Kindes- und Jugendalters nach ICD-10 der WHO. Mit einem synoptischen Vergleich von ICD-10 und DSM-IV. 6. Aufl. Hogrefe, Göttingen

Renner, I., Heimeshoff, V. (2010): Modellprojekte in den Ländern. Zusammenfassende Ergebnisdarstellung. Nationales Zentrum Frühe Hilfen, Köln

Resch, F. (1999): Entwicklungspsychopathologie des Kindes- und Jugendalters. Ein Lehrbuch. 2. überarb. und erw. Aufl. Beltz Psychologie Verl.-Union, Weinheim

Resch, F., Lehmkuhl, G. (2015): Psychotherapie des jungen Erwachsenenalters. Basiswissen für die Praxis und störungsspezifische Behandlungsansätze. Kohlhammer Verlag, Stuttgart

Rogers, C. (2016): Entwicklung der Persönlichkeit. 20. Aufl. Klett-Cotta, Stuttgart

Röhner, J., Schütz, A. (2012): Psychologie der Kommunikation. Springer Fachmedien, Wiesbaden

Romanczuck-Seiferth, N. (2017). Verhaltenssüchte. Diagnostik, Versorgungssituation, Neurobiologie und Therapieimplikationen. Psychotherapeutenjournal 1, 36–42

Romer, G., Haagen, M. (2007): Kinder körperlich kranker Eltern. Praxis der Paar- und Familientherapie. Hogrefe, Göttingen

Rosch, E. (1978): Principles of Categorization. In: Rosch, E., Lloyd, B.L. (Eds.): Human Communication. Theoretical Perspectives. Halsted Press, New York

Rosenberg, M.B. (2013): Gewaltfreie Kommunikation. Eine Sprache des Lebens. Gestalten Sie Ihr Leben, Ihre Beziehungen und Ihre Welt in Übereinstimmung mit Ihren Werten. 11. Aufl. Junfermann, Paderborn

Rosenberg, M.B. (2012): Gewaltfreie Kommunikation. Junfermann Verlag, Paderborn

Rosenthal, G. (1997): Der Holocaust im Leben von drei Generationen. Familien von Überlebenden der Shoah und von Nazi-Tätern. Psychosozial Verlag, Gießen

Rosenthal, R., Jacobson, L. (1971): Pygmalion im Unterricht. Beltz, Weinheim

Roth, G., Strüber, N. (2014): Wie das Gehirn die Seele macht. Klett-Cotta, Stuttgart

Röttgen, J. (2009): Worüber denken wir vor Ort in der SPFH nach? Forum Erziehungshilfen 15, 81–84

Ruf, M., Schauer, M., Neuner, F., Schauer, E., Catani, C., Elbert, T. (2012): KIDNET. Narrative Expositionstherapie (NET) für Kinder. In: Landolt, M.A., Hensel, T. (Hrsg.): Traumatherapie bei Kindern und Jugendlichen. Hogrefe, Göttingen, 120–148

Rupp, M., Mengel, M., Smolka, A. (2011): Handbuch zur Familienbildung im Rahmen der Kinder- und Jugendhilfe in Bayern. Staatsinstitut für Familienforschung an der Universität Bamberg

Sack, M., Sachsse, U. (2013): Therapiemethoden und Behandlungstechniken. In: Sack, M., Sachsse, U., Schellong, J. (Hrsg.). Komplexe Traumafolgestörungen. Diagnostik und Behandlung von Folgen schwerer Gewalt und Vernachlässigung. Schattauer, Stuttgart, 247–297

Sander, K., Ziebertz, T. (2010): Personzentrierte Beratung. Ein Lehrbuch für Ausbildung und Praxis. Juventa, Weinheim

Sauer, S. (2008): Die Zusammenarbeit von Pflegefamilie und Herkunftsfamilie in dauerhaften Pflegeverhältnissen. Widersprüche und Bewältigungsstrategien doppelter Elternschaft. Budrich, Opladen [u.a.]

Schäfter, C. (2010): Die Beratungsbeziehung in der Sozialen Arbeit. Eine theoretische und empirische Annäherung. 1. Aufl. Verl für Sozialwiss., Wiesbaden

Schermer, F.J. (2011): Grundlagen der Psychologie. 3. überarb. Aufl. Kohlhammer, Stuttgart

Schermer, F.J. (2005): Verhaltensänderung. Basisstrategien. 1. Aufl. Kohlhammer, Stuttgart

Schmid, M., Tetzer, M., Rensch, K., Schlüter-Müller, S. (2012): Handbuch Psychiatriebezogene Sozialpädagogik. Vandenhoeck & Ruprecht, Göttingen

Schmid M., Goldbeck L., Nützel J., Fegert, J.M. (2008): Prevalence of Mental Disorders among Adolescents in German Youth Welfare Institutions. Child and Adolescent Psychiatry and Mental Health 2 (2)

Schmidbauer, W. (2013): Hilflose Helfer. Über die seelische Problematik der helfenden Berufe. 19. Aufl. Rowohlt-Taschenbuch-Verlag, Reinbek bei Hamburg

Schneewind, K. (2016): Familienpsychologie. Skizze einer „querliegenden" psychologischen Disziplin. Familiendynamik 41 (3), 242–251

Schneider, W., Lindenberger, U. (2012): Gedächtnis In: Schneider, W., Lindenberger, U. (Hrsg.): Entwicklungspsychologie. 7. vollständig überarbeitete Aufl. Beltz, Weinheim, 413–433

Schneider, S., Margraf J. (2013): DIPS Diagnostisches Interview bei psychischen Störungen. Interviewleitfaden. Springer, Berlin/Heidelberg

Schone, R., Wagenblass, S. (2010): Wenn Eltern psychisch krank sind … Kindliche Lebenswelten und institutionelle Handlungsmuster. 3. Aufl. Juventa-Verl., Weinheim [u. a.]

Schönpflug, W. (2013):Geschichte und Systematik der Psychologie. 3. vollst. überarb. Aufl. Beltz, Weinheim

Schubert, F. C. (2015): Die historischen Dimensionen von Beratung. In: Hoff, T., Zwicker-Pelzer, R. (Hrsg.): Beratung und Beratungswissenschaft. 1. Aufl. Nomos, Baden-Baden, 28–45

Schulz von Thun, F. (1981). Miteinander reden 1. Störungen und Klärungen. Allgemeine Psychologie der Kommunikation. 50. Aufl. Rowohlt-Taschenbuch-Verlag, Reinbek bei Hamburg

Schuster, B. (2017): Pädagogische Psychologie. Lernen, Motivation und Umgang mit Auffälligkeiten. Springer, Berlin

Schwenck, C., Reichert, A. (2012): Plan E. Eltern stark machen! Modulares Training für Eltern von psychisch kranken Kindern und Jugendlichen. 1. Aufl. Beltz, Weinheim [u. a.]

Schwendter, R. (2000): Einführung in die Soziale Therapie. dgvt-Verlag, Tübingen

Schweer, M. K. W., Schulte-Pelkum, J. (2013): Psychologische Grundlagen professionellen Handelns in sozialen Berufen. Bd. 1. Entwicklung und Lernen. Verlag für wissenschaftliche Literatur, Berlin

Schweizer, K. (2006): Leistung und Leistungsdiagnostik. Springer Medizin Verlag, Heidelberg

Schwing, R., Fryszer, A. (2013): Systemische Beratung und Familientherapie. Kurz, bündig, alltagstauglich. Vandenhoeck & Ruprecht, Göttingen [u. a.]

Seel, H.-J. (2014): Beratung. Reflexivität als Person. Vandenhoeck & Ruprecht, Göttingen

Seiffge-Krenke, I. (2015): Psychoanalytische und tiefenpsychologisch fundierte Psychotherapie mit Jugendlichen. 3. Aufl. Klett-Cotta, Stuttgart

Seiffge-Krenke, I. (2012): Therapieziel Identität. Veränderte Beziehungen, Krankheitsbilder und Therapie. Klett-Cotta, Stuttgart

Seifried, K. (2015): Aufgaben der Schulpsychologie in der inklusiven Schule. In: Drewes, S., Seifried, K., Hasselhorn, M. (Hrsg.): Handbuch Schulpsychologie. Psychologie für die Schule. Verlag W. Kohlhammer, Stuttgart, 95–108

Shannon, C., Weaver, W. (1949): The Mathematical Theory of Communication. University of Illinois Press, Urbana

Sherif, M., Harvey, O.J., White, B.J., Hood, W.R., Sherif, C.W. (1961): Intergroup Conflict and Cooperation. The Robbers Cave Experiment. University of Oklahoma Book Exchange, Norman

Shoda, Y., Mischel, W. (1995): A Cognitive-Affective System Theory of Personality. Reconceptualizing Situations, Dispositions, Dynamics, and Invariance in Personality Structure. Psychological Review 102, 246–268

Shpancer, N. (2011): Der gute Psychologe. Albrecht Knaus Verlag, Hamburg

Sickendiek, U., Engel, F., Nestmann, F. (2008): Beratung. Eine Einführung in sozialpädagogische und psychosoziale Beratungsansätze. 3. Aufl. Juventa Verlag, Weinheim

Sodian, B. (2012): Denken. In: Lindenberger, U., Schneider, W. (Hrsg.): Entwicklungspsychologie. 7. vollst. überarb. Aufl. Beltz, Weinheim [u.a.], 385–413

Sommerfeld, P., Hüttemann, M. (2007): Evidenzbasierte Soziale Arbeit. Nutzung von Forschung in der Praxis. Schneider-Verlag, Hohengehren

Sonnenmoser, M. (2009): Psychotherapie in der DDR. Die Opfer leiden, die Täter verschwinden. Ärzteblatt PP 8, 496

Spangler, G. (2011): Die Bindungstheorie. Grundlagen, Forschung und Anwendung. 6. durchges. Aufl. Klett-Cotta, Stuttgart

Speck, K. (2014): Schulsozialarbeit. Eine Einführung. 3., überarb. und erw. Aufl. Ernst Reinhardt, München/Basel

Spohr, B., Gantner, A., Bobbink, J.A., Liddle, H.A. (2011): Multidimensionale Familientherapie. Jugendliche bei Drogenmissbrauch und Verhaltensproblemen wirksam behandeln. Vandenhoeck & Ruprecht, Göttingen [u.a.]

Stemmler, G., Hagemann, D., Amelang, M., Bartussek, D. (2016): Differentielle Psychologie und Persönlichkeitsforschung. Kohlhammer Verlag, Stuttgart

Stern, D. (1979): Mutter und Kind. Die erste Beziehung. Klett-Cotta, Stuttgart

Stern, D., Bruschweiler-Stern, N.(2004): Geburt einer Mutter, Piper, München

Sternberg, R.J. (2001): The Evolution of Intelligence. Mahwah, Lawrence Erlbaum Associates, New York

Stolorow, D., Brandchaft, B., Atwood, G.E. (1996): Psychoanalytische Behandlung. Ein intersubjektiver Ansatz. Fischer Taschenbuch Verlag, Frankfurt/M.

Stumm, G., Keil, W.W. (Hrsg.) (2014): Praxis der Personzentrierten Psychotherapie. Springer, Berlin

Swenson, C.C., Henggeler, S.W. (2005): Die multisystemische Therapie. Ein ökologisches Modell zur Behandlung schwerer Verhaltensstörungen bei Jugendlichen. Familiendynamik 30 (2), 129–144

Tajfel, H. (1982): Social Psychology of Intergroup Relations. Annual Review of Psychology 33, 1–39

Tasche, J. (2016): Körperpsychotherapie zwischen Bioenergetik und Psychoanalyse. Springer, Heidelberg

ter Horst, K. (2010): Das Fetale Alkoholsyndrom (FAS). Prävention, Diagnostik, Behandlung und Betreuung. Unsere Jugend 62 (6), 279-284

Terr, L. (1995): Schreckliches Vergessen, heilsames Erinnern. Kindler, München

Thomas, A. (2016): Interkulturelle Psychologie. Verstehen und Handeln in internationalen Kontexten. Hogrefe, Göttingen

Tiefel, S. (2004): Beratung und Reflexion. Eine qualitative Studie zu professionellem Beratungshandeln in der Moderne. 1. Aufl. Verl. für Sozialwiss., Wiesbaden VS

Trojan, A., Legewie, H. (2001): Nachhaltige Gesundheit und Entwicklung. Leitbilder, Politik und Praxis der Gestaltung gesundheitsförderlicher Umwelt- und Lebensbedingungen. VAS – Verlag für Akademische Schriften, Frankfurt/M.

Ulich, D. (2005): Grundriss der Psychologie. Bd. 2. Einführung in die Psychologie. 4. überarb. und erw. Aufl. Kohlhammer, Stuttgart

Uslucan, H.-H. (2014): Stereotype, Viktimisierung und Selbstviktimisierung von Muslimen. Wie akkurat sind unsere Bilder über muslimische Migranten. Springer Fachmedien Wiesbaden, Wiesbaden

van Deurzen, E. (1988): Existential Counselling & Psychotherapy in Practice. 2. Aufl. Sage Publications Ltd. Los Angeles [u. a.]

van der Kolk, B. A., McFarlane, A., Weisaeth, L. (Hrsg.)(2000): Traumatic Stress. Grundlagen und Behandlungsansätze. Junfermann, Paderborn

von Kotzebue, A. (1802): „Es kann ja nicht immer so bleiben". Volkstümliches Lied aus dem 19. Jahrhundert. In: https://www.volksliederarchiv.de, 25.07.2017

Völter, B. (2008): Generationsforschung und „transgenerationale Weitergabe" aus biographietheoretischer Perspektive. In: Radebold, H., Bohleber, W., Zinnecker, J. (Hrsg.): Transgenerationale Weitergabe kriegsbelasteter Kindheiten. Juventa Verlag, Weinheim 95–106.

von Schlippe, A., Grabbe, M. (2012): Werkstattbuch Elterncoaching. Elterliche Präsenz und gewaltloser Widerstand in der Praxis. 3. Aufl. Vandenhoeck & Ruprecht, Göttingen [u. a.]

von Schlippe, A., Schweitzer, J. (2016): Lehrbuch der systemischen Therapie und Beratung I. Das Grundlagenwissen. Band 1. Vandenhoeck & Ruprecht, Göttingen

von Sydow, K. (2015): Systemische Therapie. Ernst Reinhardt, München/Basel

von Sydow, K., Beher, S., Retzlaff, R., Schweitzer, J. (2007): Die Wirksamkeit der systemischen Therapie/Familientherapie. Hogrefe, Göttingen

von Uexküll, T. (1963): Grundfragen der psychosomatischen Medizin. Rowohlt, Hamburg

Walach, H. (2013): Psychologie. Wissenschaftstheorie, philosophische Grundlagen und Geschichte. Ein Lehrbuch. 3. überarb. und erw. Aufl. Kohlhammer, Stuttgart

Walper, S., Pekrun, R. (Hrsg.) (2001): Entwicklung der Familienpsychologie. Zur Einleitung. In: Walper, S., Pekrun, R. (Hrsg.): Familie und Entwicklung. Aktuelle Perspektiven der Familienpsychologie. Hogrefe, Göttingen, 9–21

Wälte, D., Borg-Laufs, M., Brückner, P. (2011): Psychologische Grundlagen der Sozialen Arbeit. Kohlhammer, Stuttgart

Wampold, B.E., Imel, Z.E. (2015): The Great Psychotherapy Debate. The Evidence for what Makes Psychotherapy Work. Routled, New York, NY

Warschburger, P. (2009): Beratungspsychologie. Springer, Heidelberg

Watson, D., Tharp, R. (1975): Einübung in Selbstkontrolle. Grundlagen und Methoden der Verhaltensänderung. Verlag J. Pfeiffer, München

Watzlawick, P., Weakland, J., Fisch, R. (2008): Lösungen. Zur Theorie und Praxis menschlichen Wandel. 7. unveränd. Aufl. Huber, Bern

Watzlawick, P., Beavin, J., Jackson, D.D. (2011): Pragmatics of Human Communication. A Study of Interactional Patterns, Pathologies and Paradoxes. W.W. Norton & Company, New York

Weinberger, S. (2011): Klientenzentrierte Gesprächsführung. Lern- und Praxisanleitung für psychosoziale Berufe. 13. Aufl. Juventa-Verl., Weinheim [u.a.]

Weischedel, W. (1998): Die philosophische Hintertreppe. 34 große Philosophen im Alltag und Denken. 19. Aufl. Nymphenburger, München

Weiß, P. (2010): Tagungsdokumentation „Seelische Gesundheit und Teilhabe von Kindern und Jugendlichen braucht Hilfe!" 8.11. 9.11.2010 in Kassel. 1. Aufl. Psychiatrie-Verlag, Bonn

Wentura, D., Frings, C. (2013): Kognitive Psychologie. Springer VS, Wiesbaden

White, M. (1992): Therapie als Dekonstruktion. In: Schweitzer, J., Retzer, A., Fischer, H.R. (Hrsg): Systemische Praxis und Postmoderne. Suhrkamp, Frankfurt/M., 39–63.

Wicki, W. (2015): Entwicklungspsychologie 2. akt. u. erw. Aufl. Ernst Reinhardt, München/Basel

Wimmer, H., Perner, J. (1983): Beliefs about Beliefs. Representation and Constraining Function of Wrong Beliefs in Young Children's Understanding of Deception. Cognition 13(1), 103–128.

Winkel, S., Petermann, U., Petermann, F. (2006): Lernpsychologie. Ferdinand Schönigh, Paderborn

Wirth, J.V. (2011): Aufsuchen Macht Sinn. In: Müller, M., Bräutigam, B. (Hrsg): Hilfe, sie kommen! Carl Auer, Heidelberg, 60–70

Wittchen, H.U. (2011): Diagnostische Klassifikation psychischer Störungen. In: Wittchen, H.U., Hoyer, J. (Hrsg.): Klinische Psychologie & Psychotherapie. Springer-Medizin-Verlag, Heidelberg, 27–55

Wittchen, H.U., Hoyer, J. (2011): Was ist Klinische Psychologie? Definitionen, Konzepte und Modelle. In: Wittchen, H.U., Hoyer, J. (Hrsg.): Klinische Psychologie & Psychotherapie. Springer-Medizin-Verlag, Heidelberg, 3–25

Wittenberger, A. (2016): Psychoanalytische und tiefenpsychologisch fundierte Psychotherapie bei Kindern. Kohlhammer Verlag, Stuttgart

Wolfradt, U. (2017): Deutschsprachige Psychologinnen und Psychologen 1933–

1945. Ein Personenlexikon, ergänzt um einen Text von Erich Stern. 2. Aufl. Springer Fachmedien, Wiesbaden

Wunderlich, H. (2014): Familienpolitik vor Ort. Strukturen, Akteure und Interaktionen auf kommunaler Ebene. Online-Ausg. Springer VS, Wiesbaden

Wundt, W. (1919): Vorlesungen über die Menschen- und Tierseele. 6. Aufl. Voss, Leipzig.

Wurmser, L. (1998): Die Maske der Scham. Die Psychoanalyse von Schamaffekten und Schamkonflikten. 3. erw. Aufl. Springer, Berlin [u.a.]

Yantis, S. (1993): Stimulus-driven Attentional Capture. In: Current Directions in Psychological Science 2, 156–161

Young, J.E., Klosko, J.S., Weishaar, M.E. (2008): Schematherapie. Ein praxisorientiertes Handbuch. 2. Aufl. Junfermann, Paderborn

Ziegenhain, U. (2004): Beziehungsorientierte Prävention und Intervention in der Frühen Kindheit. In: Psychotherapeut 49 (4), 243–251

Zimbardo, P.G. (2008): Psychologie. 18. akt. Aufl. Pearson-Studium, München [u.a.]

Zirfas, J. (1996): Der Mensch schlechthin? Zur impliziten pädagogischen Anthropologie Jean-Jacques Rousseaus. In: Wulf, C. (Hrsg.): Anthropologisches Denken in der Pädagogik 1750–1850. Deutscher Studien Verlag, Weinheim, 15–48

Zito, D. (2010): Traumatherapie mit jungen Flüchtingen. In: Dieckhoff, P. (Hrsg.): Kinderflüchtlinge. Theoretische Grundlagen und berufliches Handeln. Verlag für Sozialwissenschaften, Wiesbaden, 125–141

Sachregister

Leseprobe aus

Hans-Peter Langfeldt / Werner Nothdurft:

Psychologie

2.2. Was ist eigentlich Psychologie?

2.2.1. Eine Annäherung

Spätestens nach der geschichtlichen Beschreibung der Psychologie wird bei manchem Leser oder mancher Leserin eine Frage (wieder) auftauchen, die bisher zurückgestellt wurde: „Was ist Psychologie eigentlich für eine Wissenschaft?" Leider ist die Antwort nicht so selbstverständlich wie die Frage.

Eine mögliche Antwort könnte aus dem geschichtlichen Rückblick gewonnen werden. Dieser zeigt jedoch, dass der Gegenstand der Psychologie zu keiner Zeit einheitlich war. Das, was Psychologie als Wissenschaft ist, war stets von den vorherrschenden Menschenbildern abhängig. Diese verändern sich im Laufe der gesellschaftlich-geschichtlichen Entwicklung. Die Antwort müsste lauten: Psychologie selbst ist veränderlich und lässt sich nicht festlegen.

Man könnte eine Antwort aber auch durch das Studium anerkannter Lehrbücher für Psychologen (z. B. Schönpflug 2006, Gerrig / Zimbardo 2008) finden. Schließlich müssen Psychologen selbst doch wissen, was Psychologie ist oder sein soll. Psychologie ist dann einfach das, was in anerkannten Lehrbüchern steht.

Für jemanden, der gerade beginnt, sich in ein neues Wissensgebiet einzuarbeiten, klingen diese beiden Antworten wohl nicht sehr ermutigend. Vollends zynisch muss es dem Laien vorkommen, wenn ihm mit Hinweis auf sein „falsches“ Verständnis von Wissenschaft die Antwort einfach verweigert wird (z. B. Groeben/Westmeyer 1981, S. 13).

Allgemeine Definition

Im Sinne einer Annäherung ist eine vorläufige, allgemeine Charakterisierung sinnvoll, um einen Einstieg in eine genauere Beschäftigung mit dem Wissenschaftsgebiet Psychologie zu erleichtern:

- Psychologie versteht sich als Wissenschaft, die alle Phänomene des Erlebens und Handelns von Menschen zu beschreiben, zu erklären, zu verstehen und zu beeinflussen sucht.
- Psychologie versteht sich primär als empirische Wissenschaft, d. h. als eine Wissenschaft, die ihre Erkenntnisse auf der Grundlage systematisch gewonnener Erfahrungen formuliert.

Dies ist eine sehr allgemeine Charakterisierung. Diese Zielsetzung kann je nach dem speziellen Wissenschaftsverständnis und Tätigkeitsbereich unterschiedlich akzentuiert sein. So kann der Schwerpunkt psychologischer Tätigkeit auf

- der möglichst differenzierten Beschreibung des psychischen Geschehens bzw. sozialen Verhaltens,

Leseprobe

- dem Erklären von Verhaltensweisen,
- dem Verstehen von Verhaltensweisen,
- dem Erstellen von Prognosen zukünftigen Verhaltens,
- dem Entwickeln von Maßnahmen der Veränderung

liegen.

Erinnern wir uns noch einmal an die Aufgaben der Alltagstheorien. Mit Hilfe seiner Alltagstheorien orientiert sich das Individuum in sozialen Situationen, schätzt die weitere Entwicklung ab und handelt dementsprechend. Man kann nun leicht erkennen, dass die Aufgaben des Alltags und die der Wissenschaft sich entsprechen.

(...)